Teil 2
Psychotoxische Menschen 78

LISA IRANI | ANNA ECKERT

IMMUN GEGEN TOXISCHE MENSCHEN

Psychologische Tools für den Umgang mit Narzissten und anderen Leuten, die dir nicht guttun

Inhalt

Einleitung

Warum hältst du dieses Buch gerade jetzt in deinen Händen? Eventuell, weil du in deinem Leben mit toxischen Menschen konfrontiert bist und darüber nachdenkst, wie du dich endlich von ihnen lösen kannst. Oder du möchtest herausfinden, ob es überhaupt möglich ist, in einer Welt zu überleben, in der du ständig an Energiesauger gerätst. Vielleicht beschäftigt dich auch die Frage, wie du deine psychische Widerstandsfähigkeit stärken kannst, weil du in deinem toxischen Umfeld ständig an deine Grenzen gerätst.

Oder könnte es sein, dass du dich manchmal als nicht gut genug, nicht schön genug oder nicht klug genug wahrnimmst? Und deshalb empfindest du dich als nicht liebenswert oder wertvoll? Vielleicht gerätst du auch schon dein Leben lang an Menschen, die dir einfach nicht guttun? Du solltest wissen, dass du mit diesen Unsicherheiten nicht allein bist. Es ist keine Seltenheit, in die Fänge toxischer Menschen zu geraten und das eigene Selbst auf der Reise des Lebens scheinbar »zu verlieren«. Toxische Beziehungen entstehen oft schleichend, man bemerkt zunächst wenig und allzu oft sagt man sich: »Es wird schon wieder.« Wir möchten dazu beitragen, dass dich niemand mehr derart emotional aussaugen oder in die Verzweiflung treiben kann – auch nicht deine engsten Bezugspersonen. Nicht deine Eltern, deine Geschwister, deine Partner, deine Vorgesetzten oder Lehrerinnen. Niemand.

In den sozialen Medien, Beratungsstellen oder psychotherapeutischen Praxen häufen sich Anfragen und Geschichten, die von großem Leidensdruck zeugen, verursacht durch zwischenmenschliche Beziehungen, die als toxisch wahrgenommen werden. Es gibt Momente im Leben, in denen uns bewusst wird, dass es so nicht mehr weitergehen kann. Dann fassen wir den Entschluss, aus dem Teufelskreis auszubrechen – das kann die Entscheidung sein, sich vom Elternhaus zu lösen, eine Beziehung zu beenden oder die Arbeitsstelle zu wechseln. Und genau das ist das Ziel unseres Buchs: Wir möchten dir dabei helfen, aus toxischen Beziehungs-Dynamiken endgültig auszusteigen.

Hast du dich jemals gefragt, warum bestimmte Menschen immer wieder in dein Leben treten und warum du dich in Situationen wiederfindest, die dich verletzen oder auslaugen? Vielleicht hast du sogar bereits im Gefühl, dass du von manipulativen Menschen umgeben bist, ohne genau zu wissen, wie du dich dagegen wehren kannst. Um dir diese komplexen psychologischen Fragen zu beantworten und dir neben konkreter Hilfestellung auch den entsprechenden wissenschaftlichen Background mit auf deinen Weg zu geben, haben wir das Buch in drei Teile gegliedert. Im ersten Teil geht es ganz allgemein um toxische Beziehungen. Wir zeigen dir, wie du die Grundlagen und Muster dieser Beziehungen verstehen kannst, um deine eigenen Bindungen und Dynamiken zu durchschauen. Wir beschäftigen uns damit, wie Manipulation und Traumatisierung unser Verhalten beeinflussen und wie wir uns langfristig davon lösen können. Im zweiten Teil tauchen wir tiefer in die Welt der Psychologie und Diagnostik ein. Wir erkunden die Besonderheiten »toxischer« Menschen und Persönlichkeitsstörungen. Dabei klären wir die Frage, welches Verhalten noch als normal gilt und wann es möglicherweise Krankheitswert annimmt. Keine Sorge, wir lassen dich nicht allein in diesem Labyrinth aus menschlichen Emotionen und Verhaltensweisen. Im dritten Teil zeigen wir dir, wie du dich gegen toxische Menschen »immunisieren« und allgemein deine psychische Widerstandskraft stärken kannst – damit du auch in Zukunft gut gegen toxische Menschen geschützt bist. Wir stellen dir hilfreiche Strategien und Tools für den Alltag vor, die dir dabei helfen können, den Umgang mit schwierigen Menschen zu meistern und deine Resilienz weiter auszubauen.

An manchen Stellen überlassen wir dir selbst die Entscheidung, wie tief du beim Lesen in die Psychologie einsteigen möchtest. Manchmal möchtest du es vielleicht genauer wissen – manchmal reicht dir für deinen Alltag auch ein Überblick über bestimmte Themen. Solche tiefergehenden Informationen, die du für einen besseren Umgang mit toxischen Menschen nicht unbedingt brauchst (die wir aber dennoch spannend finden, damit du diese Menschen besser verste-

hen kannst), haben wir extra für dich gekennzeichnet: Diese Infos findest du auf grau hinterlegten Seiten und in ebenfalls grau hinterlegten Abschnitten.
Schau in dich hinein und überlege ehrlich: Gibt es in deinem Umkreis Menschen, die wiederholt deine Nerven strapazieren? Personen, die ständig im Mittelpunkt stehen müssen, dabei deine Grenzen missachten, dich vor anderen bloßstellen oder für ihre eigenen Zwecke ausnutzen? Vielleicht sind es Menschen, die sich gern in endlosen Monologen verlieren und dabei betonen, wie außergewöhnlich und einfühlsam sie sind? Solche Personen können das Leben ziemlich kompliziert machen.
Wir widmen uns intensiv den verschiedensten Kommunikationsstrategien und zeigen dir, wie man mit Menschen umgehen kann, die möglicherweise von einer narzisstischen, histrionischen, emotional instabilen oder antisozialen Persönlichkeitsstörung betroffen sind. Welche Muster könnten dabei eine Rolle spielen? Vielleicht trägst auch du einen inneren Anteil in dir, der dich immer wieder dieselbe Art Mensch aussuchen lässt.
Als klinische Psychologinnen erläutern wir dir die Zusammenhänge nicht nur aus der professionellen Perspektive, sondern auch anhand von Beispielen aus unserer Beratungspraxis. Wir möchten dir konkrete Lösungsansätze bieten, die sowohl wissenschaftlich fundiert als auch praxiserprobt sind. Selbsttests helfen dir, Bereiche zu erkennen, an denen du weiterarbeiten kannst.
Dieses Buch soll dich auf deiner Reise zu einem stärkeren Selbst begleiten und dir zeigen, wie du deine inneren Anteile erforschen kannst, verborgene Dynamiken enthüllst, dich aus Abhängigkeiten löst. Es soll dir Mut machen, etwas zu verändern. Es soll dir helfen, immun zu werden gegen toxische Menschen und ihre Manipulationstechniken. Das ist nicht immer einfach, aber es klappt. Wir wünschen dir viel Erfolg dabei.

Anna und Lisa

Teil 1

Toxische Beziehungen

Toxische Menschen und Beziehungsstrukturen erkennen

Vergiftete Beziehungen

In den Tiefen unseres Bewusstseins, durch all unsere Erinnerungen und Erfahrungen, formt sich unser Selbst. Unsere zwischenmenschlichen Beziehungen spielen dabei eine entscheidende Rolle, weil wir Menschen nun mal höchst soziale Wesen sind. Wir begegnen in unserem Leben vielen Menschen, die in den ersten Augenblicken wie leuchtende Gestirne erscheinen – sei es ein neuer Freund, eine Chefin, ein Partner oder ein Familienmitglied. Häufig erweist sich unsere erste Begeisterung als berechtigt und diese Menschen bereichern und unterstützen uns.

Doch es gibt auch jene Menschen, deren Einfluss uns schadet und unsere mentale Gesundheit belastet. Während gesunde Beziehungen uns stärken und aufblühen lassen, können toxische Beziehungen lang anhaltende Spuren in unserer Psyche hinterlassen. Manchmal, ohne es zu bemerken, verfangen wir uns in Beziehungsdynamiken, die uns mehr abverlangen, als sie uns geben. Eine Freundschaft, eine Liebesbeziehung, die uns zunächst als Paradies erschien, entpuppt sich als Labyrinth, in dem man sich selbst verliert.

Der Einfluss toxischer Beziehungen kann verheerend sein. Unser psychisches Immunsystem (siehe Seite 192) wird durch Psychotoxine angegriffen. Als »psychotoxisch« werden in diesem Buch metaphorisch Menschen beschrieben, die sich so verhalten, dass es sich negativ auf die Gesundheit anderer Menschen auswirken kann. »Giftige« Menschen schleichen sich leise in unser Leben und schwächen

> **Was sind toxische Beziehungen?**
>
> Toxische Beziehungen sind jene, die von Manipulation, Kontrolle, unlösbaren Konflikten, permanenter Unsicherheit oder mangelnder Unterstützung geprägt sind. Solche Beziehungen hinterlassen destruktive Spuren und bringen unsere Gefühlswelt ins Wanken. Als toxisch manifestieren sie sich durch subtile Zeichen, die manchmal erst mit der Zeit deutlicher werden. Destruktive Beziehungen können unterschiedliche Formen annehmen – sei es innerhalb von Freundschaften, romantischen Partnerschaften, am Arbeitsplatz oder sogar innerhalb von familiären Bindungen.

unser Wohlbefinden. Ein abwertender Kommentar hier, eine erniedrigende Geste dort – die ersten Anzeichen können leicht übersehen werden. Manchmal haben wir Menschen an unserer Seite, deren Einfluss auf unser Leben uns nachhaltig belastet und das innere Gleichgewicht stört.

Diese Menschen können wie eine Art »emotionale Grippe« sein, die das psychische Immunsystem herausfordern und seine Widerstandskraft Stück für Stück schwächen. Die ständigen Konflikte und andauernden emotionalen Turbulenzen in toxischen Beziehungen hinterlassen tiefe emotionale Narben. Diese Narben können das Vertrauen in künftige Beziehungen erschüttern und auch das Selbstwertgefühl eines jeden schwächen. Es beginnt mit einem »emotionalen Schnupfen«, die langfristigen Auswirkungen kommen schleichend und schädlich, bis wir uns ausgebrannt und erschöpft fühlen.

Toxische Beziehungen zeichnen sich gehäuft durch Manipulation und dysfunktionale Verhaltensmuster aus. Oft beginnen sie, wenn Bedürfnisse und Wünsche nicht auf gesunde Weise kommuniziert werden. Ungelöste Konflikte, unterdrückte Emotionen und unausgesprochene Erwartungen legen den Grundstein für eine zunehmend angespannte Atmosphäre. Was zu Beginn wie Harmonie ausgesehen hat, wird allmählich zu einem dissonanten Klang. Kleine Bemerkungen, als Scherz getarnt, oder scheinbar nichtige Handlungen, die das Vertrauen untergraben, setzen sich fest.

Mit dysfunktionalem Verhalten sind Verhaltensweisen gemeint, die das Wohlbefinden einer Person untergraben und sie daran hindern, ihre Ziele zu erreichen. Dazu gehören beispielsweise andauernde Grenzüberschreitungen, übermäßige Eifersucht oder emotionale Gewalt. Das dysfunktionale Verhalten der toxischen Menschen wird zur Norm und die betroffenen Partner, Freunde oder Familienmitglieder geraten in einen Strudel aus Unsicherheit und Selbstzweifeln. Ständige Kritik, emotionale Ausbeutung oder offene Feindseligkeiten sind in toxischen Beziehungen an der Tagesordnung. Der Übergang zur Giftigkeit geschieht selten von heute auf morgen. Giftige Elemente schleichen sich langsam ein, getarnt als isolierte Vorfälle oder vorübergehende Krisen.

Eine toxische Beziehung zu erkennen und womöglich zu beenden erfordert Mut. Den Mut, genau hinzuschauen, bei sich selbst ebenso wie bei anderen Menschen. Doch der Weg zur Heilung beginnt mit der Erkenntnis, dass niemand dazu verdammt ist, in einer schädlichen Bindung gefangen zu sein. Es ist nie zu spät, den Kurs zu ändern und aus dem Schatten einer toxischen Beziehung herauszutreten. Es ist wie das Öffnen von Vorhängen, hinter denen man sich lange Zeit versteckt hat, um das grelle und blendende Licht der Wahrheit hereinzulassen.

Ein erster Schritt zur Heilung liegt darin, sich selbst einzugestehen, dass nicht jede Verbindung gesund ist, die wir zu einem anderen Menschen eingehen. Dann ist es an der Zeit, einen Ausweg aus der Beziehungsdynamik zu suchen, um wieder durchatmen zu können. Das Loslassen von toxischen Menschen oder Beziehungen bedeutet nicht nur Selbstschutz, sondern auch Selbstentfaltung. Es ist ein Akt der Selbstliebe, der neuen Raum für positive Energie schafft. Manchmal ist es notwendig, sich von Menschen, Beziehungen oder Arbeits-

stellen zu lösen, um Platz für solche zu machen, die uns dabei unterstützen, aufzublühen und uns zu entfalten. In diesem Prozess des Loslassens und Neuanfangs blüht auch die eigene Resilienz (siehe Seite ab 195) auf.
Der Weg aus einer toxischen Beziehung kann sehr herausfordernd sein, führt aber zu einem Ort, der von Freiheit, Selbstachtung und authentischen Verbindungen geprägt ist. Selbstreflexion, klare Grenzen und die Bereitschaft, sich von schädlichen Einflüssen zu lösen, können den Weg zu einer erfüllenden Beziehung zu sich selbst und zu anderen ebnen. Im eigenen Handeln liegt die Kraft.

Indikatoren für dysfunktionales Verhalten

»Ich kann nicht fassen, dass ich schon wieder auf denselben Typ Mensch reingefallen bin.« »Irgendwie werde ich immer von allen enttäuscht.« »Egal, was ich tue, irgendwann entpuppt sich mein Chef immer als Narzisst.« »Am besten bleibe ich für immer allein, ich habe einfach kein gutes Händchen für Menschen.« »Es ist, als würde ich toxische Menschen magisch anziehen.«
Kannst du dich in einer dieser Aussagen wiedererkennen und fragst dich, ob es reiner Zufall oder einfach nur Pech ist? »Toxisch« ist zwar ein chemischer, biologischer oder medizinischer Begriff, bezeichnet aber auch eine ungesunde soziale Beziehung zwischen Menschen. Solche Beziehungen zeichnen sich häufig durch extrem narzisstische Verhaltensweisen aus, eine Kommunikation auf Augenhöhe ist häufig unmöglich. Toxische Beziehungen und dysfunktionales Verhalten gibt es nicht nur zwischen zwei Menschen in ihren Liebesbeziehungen, sondern sie spielen auch immer wieder in Eltern-Kind-Beziehungen, Freundschaften, generationsübergreifenden Konflikten, an Arbeitsplätzen, in der Schule oder im Studium eine Rolle.

Diese Beziehungsmuster entstehen nicht aus dem Nichts. Nach einer schmerzhaften Kindheit, einem belastenden Elternhaus, einer Trennung oder gewalttätigen Beziehung sind wir häufig unbewusst dazu bereit, uns von Menschen in den Bann ziehen zu lassen, die (zumindest anfänglich) offen und freundlich zu uns sind. In der Regel gibt es einen empathischen, verständnisvollen und unterwürfigen Part, der auf einen dominanten und häufig narzisstisch getönten Part trifft. In psychotoxischen Konstellationen gibt es häufig abrupte Wechsel zwischen harmonischen Momenten und plötzlich aggressiven und heftigen Episoden. Warum verharren wir dennoch in diesen Beziehungen? Weil wir die dysfunktionalen und manipulativen Verhaltensweisen häufig bereits aus der Kindheit kennen und sie schnell zur Gewohnheit werden. Immer wiederkehrende Streitereien, Konflikte und gewaltvolle Auseinandersetzungen lassen uns mit der Zeit abstumpfen. Je häufiger wir uns als einsam und hilflos erleben, desto weniger trauen wir uns, nach Lösungen für diese Situation zu suchen. Wir bleiben gefangen und wiederholen immer wieder dieselbe leidvolle Erfahrung.

Zu dem Zeitpunkt, an dem eine Flucht noch möglich wäre, merken wir es meist selber nicht. Viele Menschen erkennen lange Zeit nicht, dass sie in ihrer selbst geschaffenen Falle gefangen sind, und können sich daher nur unter Mühen befreien. Die psychotoxischen Personen wenden so geschickt ihre Manipulationstaktiken an, dass ihr Gegenüber sich schnell in ihrem Geflecht verliert.

Hoffst auch du darauf, dass »dein« toxischer Mensch sich ändern wird und eure Beziehung sich verbessert, weil sie auch zu Beginn so wundervoll war? Oder sind es die Angst und die Gewohnheit, die dich daran hindern, dir selbst zu helfen? Der Unterschied zwischen »toxischem« und »normalem« Verhalten liegt darin, dass Auseinandersetzungen entweder destruktiv das Wachstum beider Beteiligten behindern oder konstruktiv fördern. Frage dich also:

- Wie gehen wir beide mit Konflikten um?
- Kann ein Streit produktiv sein?

- Können wir Kompromisse finden oder muss einer immer nachgeben?
- Haben wir beide gute Strategien, die wir kennen und anwenden können?

Mit diesen Fragen kannst du all deine Beziehungen untersuchen, bei denen du manchmal oder oft kein gutes Gefühl hast.

Toxische Menschen und ihre Manipulationstechniken

In den verschiedenen Formen zwischenmenschlicher Beziehungen können psychotoxische Menschen durch ihre manipulativen Fähigkeiten eine giftige Dynamik schaffen. Die Psychologie hinter ihrem Verhalten ist komplex: Psychotoxische Menschen zeigen oft Merkmale wie geringe Empathie, ein hohes Maß an Egozentrik und einen Mangel an Verantwortungsbewusstsein. Mithilfe ihrer manipulativen Verhaltensweisen und subtilen Taktiken, die oft auf der Ausnutzung der Schwächen anderer basieren, gelingt es ihnen, andere zu beeinflussen oder zu kontrollieren, um ihre eigenen Ziele zu erreichen. Die Psychologie der Manipulation umfasst verschiedene Techniken wie Gaslighting, Schuldzuweisung, soziale Isolation oder das Schaffen von Abhängigkeiten. Wenn psychotoxische Menschen diese Methoden geschickt einsetzen, können sie ihre Opfer dazu bringen, an ihrer eigenen Realität zu zweifeln und sich zunehmend machtlos zu fühlen.

Die süße Täuschung der Liebe – Love Bombing

In alten Märchen wie »Schneewittchen« begegnen wir oft Symbolen, die versteckte Botschaften über zwischenmenschliche Beziehungen vermitteln. Denken wir an den vergifteten Apfel, den die böse Königin Schneewittchen anbietet. Diese scheinbar altruistische Geste birgt eine gefährliche Täuschung. Ein ähnliches Prinzip findet sich Beziehungen, vor allem romantischer Natur, wenn wir über »Love Bombing« sprechen. Es gleicht dem nach außen strahlend schönen, aber vergifteten Apfel, der uns von jemandem angeboten wird, der vorgibt, uns bedingungslos zu lieben und zu schätzen. Im Kern besteht Love Bombing darin, einer Person überwältigende Zuneigung, Aufmerksamkeit und zum Teil auch Liebe zukommen zu lassen. Der psychotoxische Partner fegt förmlich wie ein Sturm der Leidenschaft durch das Leben seines Opfers und überhäuft es mit Komplimenten, Geschenken und scheinbar bedingungsloser Hingabe. Das Objekt der Begierde soll sich geschmeichelt, begehrt und einzigartig fühlen – das kann jedoch zu einer tiefen emotionalen Abhängigkeit führen.

Die Enthüllung von Love-Bombing gestaltet sich schwierig, denn auch zu Beginn einer gesunden Liebesbeziehung gibt es die rosarote Verliebtheitsphase, in der sich beide Partner gegenseitig mit Aufmerksamkeit überschütten, viel Zeit miteinander verbringen und eine tiefe emotionale Verbindung miteinander eingehen. Wer würde nicht gerne von jemandem umworben werden, der einem das Gefühl gibt, der wichtigste und begehrenswerteste Mensch auf der Welt zu sein? Wer träumt nicht von einem Partner, der einen auf Händen trägt, die Wünsche von den Lippen abliest und immer an seiner Seite steht? Jemand, der einen bedingungslos liebt und den man nie wieder loslassen möchte. In seiner Gegenwart fühlen wir uns gewollt und attraktiv und das stärkt unser Selbstwertgefühl. Die Sehnsucht nach einem solchen Partner ist tief in einem jeden von uns verwurzelt und die Hoffnung auf die große Liebe bleibt bestehen. Das ist verständlich, denn als Menschen brauchen wir Nähe und Verbundenheit zu anderen. Doch leider ist die Vorstellung der Liebe häufig von Illusionen geprägt, die der Realität nicht standhalten können. Manche Wünsche lassen sich einfach nicht erfüllen.

Unter dem zauberhaften Deckmäntelchen des Love Bombing lauert die Dunkelheit der Manipulation. Das Love Bombing durch psychotoxische Menschen kann sowohl bewusst als auch unbewusst zum Einsatz kommen und hat dabei mehrere Funktionen. Zunächst soll es den Partner emotional abhängig machen. Zudem wird es dazu verwendet, die in der Zukunft folgenden problematischen Verhaltensweisen und bevorstehenden Manipulationsversuche der psychotoxischen Person zu bagatellisieren. Wer uns so mit Zuneigung überschüttet hat, muss uns schließlich wohlgesonnen sein. Das mit der Manipulation ist bloße Einbildung, oder? Zeitgleich erzeugt es bei den Betroffenen das Gefühl, in der Schuld der manipulierenden Person zu stehen.

Die Love-Bombing-Opfer werden also sowohl im Hinblick auf die wahre Natur ihres Partners als auch auf ihre Beziehung systematisch verwirrt. Das Selbstwertgefühl, die Selbstwirksamkeit und auch die Selbstsicherheit der Betroffenen werden dadurch zunehmend untergraben. Wenn psychotoxische Menschen erst einmal die Emotionen ihrer Opfer kontrollieren können, gewinnen sie nach und nach Macht und Kontrolle über die gesamte Beziehung und können diese dominieren.

Pauline, eine alleinstehende Frau in ihren späten Dreißigern, hat schon eine Reihe von enttäuschenden Beziehungen hinter sich. Sie sehnt sich nach Liebe und Geborgenheit, als sie eines Tages in einem Café Alex kennenlernt. Alex ist charismatisch, attraktiv und scheint genau auf einer Wellenlänge mit Pauline zu sein. Von Beginn an haben beide die perfekte Verbindung zueinander und Alex überschüttet sie mit Komplimenten und Aufmerksamkeiten. Er überrascht Pauline auf der Arbeit, kauft ihr gigantische Blumensträuße, schreibt liebevolle Nachrichten und verbringt jede seiner freien Minuten mit ihr.

Pauline fühlt sich wie im siebten Himmel und kann ihr eigenes Glück kaum fassen. Vorher ist sie immer an Männer geraten, die sie nach dem Treffen geghostet, sich nicht mehr gemeldet haben oder die noch an ihren

Exfreundinnen hingen. Endlich scheint sie jemanden gefunden zu haben, der sie respektiert und auf Händen trägt, ganz ohne Vorbehalte und Zweifel. Sie erzählt ihren Freundinnen von Alex und verbringt zunehmend mehr Zeit mit ihm. Alex erfüllt bis dato alle ihre Bedürfnisse und Pauline kann nicht anders, als sich Hals über Kopf in ihn zu verlieben. Das erste Mal in ihrem Leben fühlt sie sich vollständig geliebt und angenommen. Seine intensive Zuneigung gibt ihr das Gefühl, etwas Besonderes zu sein, und verstärkt ihre Gefühle und emotionale Abhängigkeit gegenüber Alex. Durch die übermäßigen Liebesbekundungen und Geschenke hat Pauline das Gefühl, Alex nicht dasselbe zurückgeben zu können, was er ihr gibt, und sie fühlt sich schuldig. Mit der Zeit zeigen sich jedoch subtile Veränderungen in Alex' Verhalten. Seine Besuche bei der Arbeit haben nicht mehr nur einen romantischen, sondern zunehmend auch einen kontrollierenden Charakter. Er beginnt damit, Paulines Zeit einzuschränken, und äußert Unmut, wenn sie sich ohne ihn mit ihren Freundinnen trifft. Doch Pauline, von den intensiven Liebesbekundungen (»Du bist meine Seelenverwandte«, »Ich würde mein Leben für dich geben«, »Nichts und niemand wird uns jemals trennen können«) geblendet, bemerkt diese Veränderungen zunächst nicht. Alex nutzt Paulines bedürftige Situation und die durch seine Manipulation erzeugten Schuldgefühle aus, um Macht über sie zu gewinnen. Je tiefer Pauline in ihre Paarbeziehung verstrickt ist, desto schwieriger wird es für sie, die zunehmende Kontrolle und die Manipulation von Alex zu erkennen.

Alex spielt das Love-Bombing-Spiel geschickt, indem er sofort Paulines Sehnsüchte und Bedürfnisse erkennt. Die Kunst seiner manipulativen Verführung bildet den Kern ihrer Beziehung. Love Bombing ist dabei nicht nur ein Mittel, um Nähe zwischen ihnen zu schaffen und Pauline für sich allein zu gewinnen, sondern auch ein Instrument, um Macht über sie auszuüben, Abhängigkeit zu schaffen und gleichzeitig selbst autonom zu bleiben. Alex schenkt Pauline Träume, die ihr Bedeutung verleihen, ihren Selbstwert steigern und ihr Selbstbild aufpolieren. Sie kann der Faszination ihres Märchenprinzen oder einer romantischen Sommerliebe im Sonnenuntergang nicht widerstehen. In ihrer Überzeugung glaubt sie, dass Alex alles aufrichtig meint. Endlich jemand, der sie versteht, schätzt und sich wirklich für sie interessiert.

Die rosige Zukunft – Future Pacing

Future Pacing (zu Deutsch etwa »Vorwegnehmen der Zukunft«) beschreibt den Manipulationsversuch einer psychotoxischen Person, durch gezielte Handlungen, Worte oder Versprechungen eine rosarote Zukunftsvision zu skizzieren. Auch dabei liegt eine der zentralen Facetten in der Kunst der Illusion. Häufig werden gezielt besonders positive Zukunftsbilder eingesetzt, um eine scheinbare Harmonie innerhalb der zwischenmenschlichen Beziehung vorzugaukeln. Dadurch wird das Opfer im Verlauf der Beziehung in einem schier endlosen Kreislauf aus Hoffnung und Enttäuschung gefangen gehalten. Future Pacing greift tief in die emotionale Dynamik der Beziehung ein, indem es die Erwartungshaltung des Partners geschickt manipuliert. Dies geschieht durch Versprechen, die den Anschein von Veränderung, Engagement oder Verbesserung erwecken. Die manipulative Person schafft eine verzerrte Form der Realität (»positive Illusion«), um die Kontrolle über die Beziehung zu behalten und die Strippen zu ziehen. Das funktioniert, weil fundamentale menschliche Bedürfnisse ausgenutzt werden, denn fast jedes Individuum sehnt sich nach Sicherheit, Liebe und Stabilität innerhalb seiner engen Beziehungen. Was ist schöner als eine gemeinsame Zukunft mit der Person, die man über alles liebt?

Paul arbeitet seit zwei Jahren in einem kleinen Unternehmen und ist ein engagierter Mitarbeiter. Sein Chef, Herr Anton, lockt ihn immer wieder mit der Aussicht auf eine Beförderung oder Gehaltserhöhung, um ihn zu motivieren. Herr Anton gibt sich gerne als »Kumpeltyp«, lacht viel und gibt Paul das Gefühl, ein wichtiger Teil des Teams zu sein. Doch jedes Mal, wenn Paul nachfragt, wann die Gehaltserhöhung kommt, gibt es eine Ausrede oder Verschiebung der Frist. Trotzdem setzt Paul sich weiterhin jeden Tag voll ein, macht Überstunden und bringt Höchstleistungen, in der Hoffnung, dass sein Einsatz endlich gesehen und belohnt wird. Doch die Beförderung bleibt aus. Paul ignoriert sein ungutes Bauchgefühl und traut sich nicht, seinen Chef zur Rede zu stellen. Einerseits möchte er seine Zukunft in dem Unternehmen nicht gefährden, andererseits fürchtet er, die freundschaftliche Beziehung zu seinem Chef zu verlieren.

Herr Anton ist wiederum sehr zufrieden, denn er kann weiterhin seine Karriere verfolgen, hat engagierte Mitarbeiter und setzt seine persönlichen Bedürfnisse durch. Damit ihm das dauerhaft gelingen kann, nutzt er immer wieder Future Pacing und malt Paul eine positive Zukunft in seinem Unternehmen, wodurch er die finanzielle und emotionale Abhängigkeit von Paul verstärkt. Er gibt ihm die Hoffnung auf eine »bessere Zukunft«, die jedoch nur durch Pauls stetiges Bemühen erreicht werden kann. Paul beginnt, sich zunehmend mehr und mehr auf die Arbeit und seine Leistungen im Unternehmen zu konzentrieren und dabei seine Bedürfnisse zurückzustellen. Das Future Pacing erweist sich für Herrn Anton als wertvolles Instrument, um die Kontrolle über die Arbeitsbeziehung, seine Wünsche und Vorstellungen zu behalten. Er kreiert die Vorstellung eines idealen Arbeitsplatzes, der aber in der Zukunft liegt und nichts mit dem aktuellen realen Arbeitsalltag der beiden zu tun hat (der immer häufiger von Ausbeutung, Dominanz und unterschiedlichen Vorstellungen in Sachen Autonomie überschattet wird). Es entsteht eine emotionale Abhängigkeit. Die Situation belastet Paul zunehmend, aber er findet keinen Weg, sich aus diesem Teufelskreis zu befreien. Er fragt sich, wie lange er noch auf die leeren Versprechungen seines Chefs hereinfallen soll und ob es überhaupt eine Möglichkeit gibt, seine berufliche Zukunft zu sichern, ohne dabei die Beziehung zu seinem Chef zu gefährden. Er ist bereit, gegenwärtiges Leid zu ertragen, um die verheißungsvolle Zukunft am Arbeitsplatz erleben zu können.

Das Future Pacing hilft Herrn Anton dabei, seine Verantwortung für die gegenwärtigen Schwierigkeiten am Arbeitsplatz zu verschleiern, und sorgt zugleich dafür, dass Paul sich seine Arbeitsbeziehung schönredet. Diese Form der Manipulation ist nicht nur auf berufliche Verhältnisse beschränkt, sondern kann in verschiedenen Umgebungen wie Freundschaften, romantischen oder familiären Beziehungen auftreten. Die Unstimmigkeit zwischen den Versprechungen der rosigen Zukunft und der Realität führt häufig zu einem Zustand der Verunsicherung und zur emotionalen Erschöpfung der Betroffenen.

Im Nebel der Manipulation – Gaslighting

Anastasia bemerkt nach und nach, dass sie sich zu Hause in einem Strudel aus Verwirrung und Selbstzweifeln wiederfindet, kann jedoch keinen Auslöser dafür ausmachen. Sie überlegt sich vermehrt, ob sie vielleicht an Depressionen oder einem Burn-out leiden könnte. Eines Tages kommt ihr Vater Thomas von der Arbeit nach Hause und scheint sehr verärgert und gereizt zu sein. Er ist schweigsam und distanziert. Anastasia macht sich Sorgen, denn sie kann sein Verhalten nicht einordnen, und fragt ihn, was mit ihm los sei. Thomas' Antwort ist nicht das, was Anastasia erwartet hat. Er sieht sie ernst an und beschwert sich: »Du hast mir mal wieder nicht richtig zugehört, du weißt genau, dass ich keine Nudeln mag.« Anastasia ist überrascht, schockiert und verletzt. Jeden Abend kocht sie für sich vor und packt ihrem Vater eine kleine Portion für die Arbeit ein, weil er seit der Trennung von Anastasias Mutter nur schwer allein zurechtkommt. Seine mangelnde Selbstständigkeit und das andauernde Aussprechen von Kritik waren auch einige der Gründe, wieso sich ihre Mutter von Thomas getrennt hat. Anastasia fühlt sich schuldig, weil sie ihrem Vater Nudeln für die Arbeit mitgegeben hat, kann sich jedoch nicht daran erinnern, jemals von ihm gehört zu haben, dass er keine Nudeln mag. Ihr Vater fährt fort, sie mit Vorwürfen zu bombardieren: »Du machst immer alles falsch«, »Du hörst nie richtig zu« oder »Hätte ich mich lieber auf mich selbst verlassen«. Anastasia findet sich plötzlich in der Verteidigungssituation wieder und versucht verzweifelt, Thomas zu erklären, dass sie ihm sehr wohl zuhört und sich immer bemüht, alles richtig zu machen. Sie beginnt zu weinen, woraufhin Thomas sie mit weiteren Anschuldigungen konfrontiert: »Du bist so emotional, das ist jetzt einfach nur lächerlich.« Anastasias Vater lässt nicht locker und beharrt darauf, dass sie falschliegt. Thomas erklärt ihr mehrfach, dass sie ein massives Problem mit ihrer Erinnerung und emotionalen Stabilität hat – genau wie ihre Mutter.

Anastasia ist am Boden zerstört und beginnt, an sich selbst zu zweifeln. Sie spürt, dass sie wieder ein Stück verunsicherter ist, fühlt sich hilflos und hinterfragt sich in ihrer Rolle als Tochter. Immer wieder kommt dabei der Gedanke auf, dass ihre Stimmungsschwankungen durch ihre depressive Verstimmung zustande kommen. Thomas hat es geschafft, sie dazu zu bringen, an ihrer eigenen Wahrnehmung und ihrem Verstand zu zweifeln. Gaslighting hat seinen destruktiven Tribut gefordert.

Gaslighting, ein überaus hinterhältiges manipulatives Verhalten, kann verschiedene Formen annehmen. Stell dir vor, dein Gegenüber beschuldigt dich, »verrückt«, »übermäßig emotional« oder »einfach nicht klug genug« zu sein. Das sind direkte Angriffe auf dein Selbstwertgefühl. Dabei ist niemand um dein Wohlbefinden besorgt. Das ist Gaslighting, eine Manipulationsmethode, bei der ein psychotoxischer Mensch versucht, dein Selbstvertrauen und deine Sichtweise zu erschüttern.

Diese Taktik ist besonders giftig und schädlich, weil sie das Opfer systematisch in einem ständigen Zustand des Zweifels, der Verwirrung und Unsicherheit hält und dadurch oftmals in eine starke Abhängigkeit manövriert. Thomas gelingt es, geschickt Zweifel bei Anastasia zu säen, indem er negative Andeutungen über ihr Verhalten macht und wiederholt Situationen schafft, die darauf hindeuten, dass sie nicht vernünftig und rational handelt. Sobald sie sich aber traut, ihren Vater mit seinem eigenen Verhalten zu konfrontieren, dreht er den Spieß um. Erneut lenkt Thomas das Gespräch und vermittelt Anastasia das Gefühl, dass sie sich inkorrekt verhalten hat.

Gaslighting lässt sich wie ein schleichender Nebel beschreiben, der das klare Denken und die eigene Realität eines Menschen langsam verschleiern kann. Mit subtilen Lügen und Manipulationstechniken wird langsam, aber sicher Anastasias Sicht auf die Realität getrübt. Immer dann, wenn sie versucht, die Klarheit wiederzuerlangen und sich auf ihren inneren Kompass zu verlassen, wird der Nebel durch Thomas weiter verdichtet. Ihm gelingt es immer wieder, sie davon zu überzeugen, dass sie sich irrt und ihre eigenen Gedanken, Grundsätze und Gefühle falsch sind. In diesen Situationen wird sich Anastasia weiterhin für Dinge entschuldigen, die eigentlich nicht ihre Probleme oder Fehler gewesen sind. Ganz im Gegenteil: Thomas ist deren Verursacher! Trotzdem fügt er dem Nebel stetig neue Schichten hinzu, bis seine Tochter sich in einem undurchdringlichen Gewirr aus Unsicherheit und Verwirrung wiederfindet.

Das dunkle Labyrinth des Gaslighting

Gaslighting, das von jemandem mit psychotoxischer Natur ausgeht, kann die mentale Klarheit und das Selbstvertrauen eines Menschen langsam, aber sicher aushöhlen. Der Betroffene findet sich in einem Labyrinth aus Zweifeln und Unsicherheit wieder, weil die manipulative Person die Realität verzerrt und zunehmend verdreht. Der Begriff Gaslighting geht auf das Theaterstück *Gas Light* zurück, das vor allem durch eine Verfilmung mit Ingrid Bergmann Mitte der 1940er-Jahre Bekanntheit erlangte. Es erzählt die Geschichte eines Mannes, der durch gezielte Lügen und Täuschungen die Wahrnehmung seiner Frau derart manipuliert, dass sie zunehmend an ihrer Zurechnungsfähigkeit zweifelt.

Die kalte Schulter zeigen – Silent Treatment

Kommunikation ist das Herzstück jeder zwischenmenschlichen Beziehung. Die Art, wie Menschen miteinander sprechen und kommunizieren, beeinflusst maßgeblich, wie sie sich fühlen und miteinander interagieren. Doch in manchen Beziehungen, besonders in denen, die von Gaslighting geprägt sind, kann das Fehlen von Kommunikation selbst eine Rolle spielen. »Cold Shouldering« oder »Silent Treatment« ist nicht unbedingt eine Sonderform von Gaslighting, hat jedoch ähnliche Auswirkungen. Auswirkungen, die Beziehungen massiv beeinträchtigen können. Opfer neigen dazu, ihr eigenes Verhalten infrage zu stellen, anstatt zu erkennen, dass es sich hier um eine Manipulationstechnik handelt. Das sogenannte *Silent Treatment* wird häufig als stumme Waffe eingesetzt. Es dient vor allem dazu, das Gegenüber einzuschüchtern und ihm das Gefühl zu vermitteln, dass es aktuell nicht in der Nähe der psychotoxischen Person erwünscht ist. Diese Nicht-Kommunikation wird häufig manipulativ eingesetzt, um das Opfer zu bestrafen, zu kontrollieren und seine Gefühle abzuwerten. Das Schweigen drückt emotionale Kälte aus, die den Betroffenen isolieren und entmachten soll. Durch das Schweigen wird dem Gegenüber jegliche Möglichkeit genommen, den emotionalen Kontakt wiederherzustellen oder Klarheit über die Gesamtsituation zu erlangen. Dieser Mangel an Kommunikation führt nicht nur zu Frustration, sondern auch zu einer schmerzhaften Unsicherheit über den Stand der Beziehung zueinander.

Unter der Oberfläche der Mutter-Sohn-Beziehung von Claudia und dem 15-jährigen Nicolas brodelt etwas Dunkles, das Nicolas allmählich zu ersticken scheint. Eines Tages bricht seine Mutter Claudia mal wieder ein Versprechen, dass sie Nicolas gegeben hat. Sie hatte ihm schon vor Wochen zugesagt, dass sie am Abend mit ihm ins Kino gehen wird, und Nicolas hat sich die ganze Woche darauf gefreut. Nicolas, von Natur aus empathisch, geduldig und nachsichtig, ist dennoch verärgert und enttäuscht von

dem Verhalten seiner Mutter. Er fühlt sich verletzt und missachtet. Aber anstatt sofort mit seiner Mutter darüber zu sprechen und emotional zu reagieren, beschließt er, sich Zeit zu nehmen, um seine Gefühle zu sortieren, sich zu beruhigen und die Situation zu reflektieren.
Als er schließlich bereit ist, das Gespräch mit Claudia zu suchen, spürt er eine drückende Anspannung in der Luft. Seine Hände zittern leicht, als er die Worte formuliert, die ihm auf dem Herzen liegen. Er erzählt seiner Mutter von seinem Ärger und seiner Enttäuschung über ihre wiederholt gebrochenen Versprechen. Claudias Reaktion ist jedoch nicht die, die Nicolas erwartet hat. Sie sieht ihn mit kalten, emotionslosen Augen an und erwidert knapp: »Du hattest vorhin die Chance, darüber zu sprechen, und hast sie nicht genutzt.« Dann wendet sich seine Mutter von ihm ab, zeigt ihm die kalte Schulter und ignoriert ihn für den Rest des Abends. Das Schweigen, das zwischen ihnen liegt, ist erdrückend. Nicolas fühlt sich gedemütigt, nicht wertgeschätzt und hilflos. Er versuchte, seine Gefühle auf eine gesunde Art und Weise auszudrücken, aber anstatt auf sein Anliegen einzugehen, hat seine Mutter ihm das Recht auf Kommunikation komplett entzogen. In ihren Worten und ihrer Ignoranz liegt die subtile, aber zerstörerische Botschaft, dass Nicolas unrecht hatte, sich Zeit zu nehmen, um die Situation zu verarbeiten.

Der Schmerz, den manipulatives Schweigen in toxischen Beziehungen verursacht, spielt sich auf verschiedenen Ebenen ab. Die Anerkennung und Bestätigung der eigenen Existenz ist ein grundlegendes menschliches Bedürfnis, das gerade in den innigsten zwischenmenschlichen Beziehungen von großer Bedeutung ist. Durch Schweigen, also Silent Treatment, untergräbt Claudia die Bedürfnisse ihres Sohnes und lässt Nicolas in schmerzlicher Unsicherheit zurück. Das Ausbleiben von emotionalen Reaktionen kann die Bindungssicherheit des Gegenübers bedrohen. So entsteht in der ohnehin toxischen Mutter-Sohn-Beziehung für Nicolas ein zerstörerischer Kreislauf, in dem das Schweigen seiner Mutter nicht nur als Mittel zur Kontrolle dient, sondern auch weitere Konflikte in Nicolas auslöst. Claudias Verhalten bringt Nicolas durcheinander und verursacht Selbstzweifel und Schuldgefühle. Er versteht nicht, was er falsch gemacht hat – und kann sein Verhalten auch gar nicht auf mögliche Fehler hin überprüfen, da seine Mutter ihm ein klärendes Gespräch verwehrt.

> **Eiskalte Zurückweisung**
>
> Die kalte Schulter zu zeigen kann, ähnlich wie Gaslighting, die gesamte Kommunikation einer zwischenmenschlichen Beziehung sabotieren und das Gegenüber daran hindern, seine Gefühle und Bedürfnisse auszudrücken. Es ist eine Form der Bestrafung, die erniedrigend ist und die Betroffenen in Unsicherheit und Schweigen hüllt. Das beeinflusst ihre Psyche nachhaltig. Das Ziel liegt darin, das Verhalten der Opfer zu kontrollieren.

Du bist schuld – Schuldumkehr

Ganz gleich, was in eurer Beziehung schiefläuft, die Schuld liegt immer bei dir – nicht nur gelegentlich, sondern immer. Auch in Situationen, in denen du nur den passiven Part übernimmst, bist letztlich du schuld. Dein psychotoxisches Gegenüber reflektiert sein Verhalten nicht, sondern schiebt die Verantwortung immer dir zu und erklärt dir, was bei dir nicht stimmt. Es scheint, als hätte dieser Mensch keine Erinnerung an die zahlreichen Male, in denen ihr über die gleichen Vorfälle gesprochen habt. Streitereien, die außer Kontrolle geraten sind, Unzuverlässigkeit, mangelnde Erreichbarkeit, übermäßiger Alkoholkonsum – aus der Perspektive der psychotoxischen Person trägst du am Ende die Schuld für das Scheitern. Dabei wissen toxische Menschen meist ziemlich genau, dass ihr Verhalten irrational,

inakzeptabel, verletzend und extrem unangemessen ist. Sprichst du sie darauf aber an, haben Sie komischerweise nie Erinnerungen an ihre massiven Beleidigungen, das andauernde Kritisieren, die Seitensprünge – nichts davon darf jemals zur Diskussion stehen und niemals werden sie die Verantwortung für das eigene Handeln oder Unterlassen übernehmen. Reflexion findet nicht statt. Stattdessen kehren sie die Schuld um: Nicht die psychotoxische Person hat sich falsch verhalten, sondern du hast nicht korrekt gehandelt. Sie projiziert die Schuld für alles, was schiefgeht, auf dich.
Mit Aussagen wie »Mit dir stimmt etwas nicht«, »Du bist einfach nur gestört«, »Du verdrehst mir die Worte im Mund« oder »Ohne mich bist du nichts« findet langsam eine manipulative Schuldumkehr statt. Solche Äußerungen sind typisch für psychotoxische Menschen. Langsam beginnst du, dich zu fragen, ob es nicht doch an dir gelegen hat, ob der andere vielleicht doch recht hatte und du dich mehr hättest anstrengen müssen. Du beginnst, an dir zu zweifeln, und verinnerlichst all diese Vorwürfe – all das Negative, was dir immer wieder eingetrichtert wird. Nichts, was du gibst, scheint je genug zu sein – so auch du selbst.
So akzeptierst du die Vorwürfe, fühlst dich schuldig und gerätst in eine Spirale aus Scham und Schuld, die sich immer weiterdreht. In einer toxischen Beziehung verlierst du zwangsläufig den Blick für das Wesentliche. Es fühlt sich so an, als ob diese Gefühle von außen auf dich projiziert werden, wenn du stunden-, tage- oder sogar jahrelang abgewertet wirst, deine Wahrnehmung infrage gestellt wird und es wenig bis keine externe Regulierung eurer Situation gibt. Schließlich ist nur selten jemand dabei, der sich einzumischen wagt und dir beisteht. Dann wird das Erleben eurer Beziehung auf euch beide reduziert, auf das, was du erlebst und was die psychotoxische Person dir sagt.

Lena und Tim, Geschwister im Alter von 22 und 18 Jahren, leben seit ihrer Kindheit in einer komplizierten Beziehung zueinander. Lena, die ältere Schwester, hat immer versucht, die Rolle der Beschützerin einzunehmen und Tim bei allem zu unterstützen. Doch im Laufe der Jahre hat sich ihr Verhältnis verändert. Tim hat Schwierigkeiten, sein Leben zu organisieren, Verantwortung zu übernehmen, und neigt dazu, impulsiv zu handeln, was zunehmend zu Konflikten mit Lena führt. Er lebt in den Tag hinein, ist sehr chaotisch und unstrukturiert.

Eines Tages beschädigt Tim aus Versehen Lenas Laptop, während er unvorsichtig nach einem Ladekabel in ihrem Zimmer sucht. Er stolpert darüber und verletzt sich dabei am Fuß. Anstatt Verantwortung zu übernehmen und sich bei Lena für die Beschädigung und das Eindringen in ihre Privatsphäre zu entschuldigen, kehrt er die Schuld um. Tim beschuldigt Lena, den Laptop absichtlich in seinen Weg gestellt zu haben, damit er sich verletzt. Er behauptet, dass sie ihn immer sabotieren möchte und eifersüchtig auf seinen unbeschwerten Lebensstil ist. Lena ist schockiert über diese Anschuldigungen, verletzt und erzürnt über Tims Verhalten. Sie versucht dennoch, aus einer erwachsenen Perspektive die Situation zu klären. Sie betont, dass es ein Unfall gewesen ist und dass sie in keiner Weise versucht hat, Tim zu schaden. Doch dieser bleibt bei seiner Darstellung und beschuldigt Lena weiterhin, ihre Eltern gegen ihn aufzuhetzen und ihm sein Glück nicht zu gönnen.

Die Situation spitzt sich zu, als Tim versucht, auch die anderen Familienmitglieder auf seine Seite zu ziehen. Er demonstriert immer wieder lauthals, wie schmerzhaft seine Wunde am Fuß ist. Lenas Eltern haben Mitleid mit Tim und sehen über Lenas kaputten Laptop hinweg. Tim kritisiert sie immer weiter und beschuldigt sie, eine schlechte Schwester zu sein, die ihren Bruder absichtlich schädigt. Er nutzt die toxische Schuldumkehr, um die Aufmerksamkeit von seinem Fehlverhalten wegzulenken und seine Verantwortung zu umgehen. Nicht nur ihre Geschwisterbeziehung leidet unter diesem Verhalten, auch das gesamte familiäre Klima ist vergiftet.

Vergiftete Liebe – toxische Eifersucht

Auch in gesunden Beziehungen können gelegentlich eifersüchtige Gefühle auftreten. Jedoch ist es dann möglich, die damit verbundenen Emotionen auf eine sinnvolle Art und Weise zu bewältigen. Anstatt Vorwürfe zu machen, hilft es, offen über die verletzten Gefühle zu sprechen und so zu einem gemeinsamen Verständnis der Beziehung beizutragen.

Aber was ist Eifersucht überhaupt? Es ist zunächst nichts anderes als ein menschliches Gefühl, das eng mit den Grundbedürfnissen verbunden ist. Die Angst vor Verlust dient dazu, das Selbstwertgefühl vor Verletzungen zu bewahren. Dadurch wird das Bedürfnis nach Kontrolle berührt, weil instinktiv der Wunsch besteht, die Bindung zu schützen und schmerzhafte Gefühle zu vermeiden. Der Ursprung dieser Gedanken liegt häufig in frühen negativen Erfahrungen, die sich tief in das emotionale Gedächtnis eingegraben haben. Wenn wir uns vorstellen, dass die Chefin ihr Interesse und ihre Dankbarkeit immer nur gegenüber einem bestimmten Arbeitskollegen äußert, fühlen wir uns in unserem Selbstwert verletzt. Ein gewisses Maß an Eifersucht ist normal, weil es auf das Bedürfnis nach Aufmerksamkeit und Zuwendung hinweist.

Manche Menschen begleiten diese Gefühle jedoch schon ein Leben lang, denn sie stammen häufig aus der Kindheit, wo beispielsweise eine bestehende Geschwisterrivalität nicht gelöst werden konnte. Wenn immer der Bruder oder die Schwester gelobt und bevorzugt wurde, wurde der Wunsch nach Zuwendung und Wertschätzung nicht erfüllt und eine sichere Bindung durch die Eltern blieb aus.

In toxischen Beziehungen zeigt sich oft ein regelrecht paranoides Verhalten. Psychotoxische und gleichzeitig extrem eifersüchtige Menschen überwachen und spionieren, durchsuchen persönliche Gegenstände, lesen E-Mails und Text-Nachrichten. Sie rechtfertigen ihr Verhalten mit dem Argument, dass es doch kein Problem darstellen sollte, solange es keine Geheimnisse gibt.

Die Beziehung von Markus und Oliver scheint von außen betrachtet perfekt zu sein. Markus, ein aufstrebender Architekt, ist lebensfroh und sozial, während Oliver, ein charmanter Vertriebsleiter, ihn mit seiner aufmerksamen Art um den Finger gewickelt hat. Doch hinter den glücklichen Fotos auf Instagram und den leidenschaftlichen Liebesschwüren in Liebesbriefen verbirgt sich zunehmend eine toxische Dynamik, die Markus jedoch nicht sehen kann.

Oliver ist ein Meister der Manipulation und er nutzt geschickt Markus' Liebe zu ihm, um ihn in seine gefährliche Eifersuchtsfalle zu locken. Am Anfang scheint Olivers Eifersucht harmlos zu sein. Er sagt Markus oft, wie sehr er ihn liebt und wie sehr er es schätzt, ihn an seiner Seite zu haben. Zunehmend mischen sich subtile Andeutungen in seine Beteuerungen. Er stellt außerdem Fragen wie: »Warum hast du gestern auf der Party so lange mit diesem Typen gesprochen?«, und will immer wieder Markus' Chat-Verläufe lesen. Markus' Herz sinkt, als er sich mit diesen Fragen und Anspielungen konfrontiert sieht. Er fühlt sich schuldig und versucht, Oliver zu beruhigen, indem er immer wieder beteuert, dass er nur Augen für ihn hat. Oliver fühlt sich dann offenbar beschwichtigt und sagt Markus immer wieder, dass seine Eifersucht ein Zeichen seiner Liebe sei und er ihn einfach nicht teilen möchte. Markus, der wirklich glaubt, dass Oliver ihn über alles liebt, findet Trost in dieser Idee.

Mit der Zeit breitet sich Olivers Eifersucht aber auch auf andere Bereiche aus. Sobald Markus seine Aufmerksamkeit auf andere Dinge, Aktivitäten oder Personen richtet, platzt Oliver vor Wut. Markus traut sich mittlerweile nicht mehr, ihm davon zu erzählen, dass er sich auf eine neue Arbeitsstelle beworben hat, da jeder seiner Schritte in die Unabhängigkeit mit beißender Wut bestraft wird. Selbst wenn Markus seine Eltern oder Cousins besuchen möchte, reagiert Oliver mit großer Frustration und versucht, ihn zu kontrollieren und zu manipulieren.

Markus wird zunehmend unglücklicher und fühlt sich isoliert von seinen sozialen Kontakten. Das Fass läuft schließlich über, als Oliver mit übermäßiger Eifersucht darauf reagiert, dass Markus mit Feuereifer in seine Lieblingsserie vertieft ist. Markus erkennt, dass eine Grenze erreicht ist:

Oliver bestimmt über seine gesamten sozialen Aktivitäten und Interessen und versucht andauernd, ihn und seine Wünsche und Bedürfnisse zu unterdrücken, um seine eigene Macht zu demonstrieren.
Besonders auffällig ist Olivers übermäßige Eifersucht ohne konkreten Anlass: Schon grundlose Verdachtsmomente lösen eine Negativ-Spirale von Gedanken, Beschimpfungen und verbaler Gewalt aus. Am Ende wird die extreme Eifersucht mit allen möglichen Gründen gerechtfertigt, egal wie irrational sie auch sind.

Der Gedanke daran, dass die Macht, die er über Markus ausübt, potenziell bedroht sein könnte, genügt, damit Oliver die Bedrohung als real empfindet und sein Gehirn in einen geradezu »giftigen« Zustand versetzt wird. Seine Eifersucht ist hauptsächlich durch die Angst geprägt, die Kontrolle über seine Bezugsperson zu verlieren. Je unabhängiger Markus wird, desto mehr fürchtet Oliver, ihn zu verlieren. Extremformen der Eifersucht sind weniger Ausdruck von Liebe als vielmehr ein Zeichen von Verlustangst und Unsicherheit, die Bezugspersonen nicht mehr beherrschen zu können. Die tiefe Selbstunsicherheit psychotoxischer Menschen tarnt sich als übermäßige Eifersucht. Alles um sie herum kann zu einem potenziellen Rivalen werden, selbst dann, wenn es nur der eigenen Einbildung entspringt. In zugespitzter Form lösen nicht nur zwischenmenschliche Beziehungen und Interaktionen Eifersucht aus, sondern jedes Verhalten und jedes Interesse, das nicht ausschließlich auf die psychotoxische Person ausgerichtet ist. Ein Besuch bei den Eltern, das Treffen mit einem Freund oder den eigenen Kindern, selbst ein Hobby oder eine TV-Serie können als Konkurrenz empfunden werden, was zu narzisstischer Wut und Verletztheit führt. So gelingt es, die von Eifersucht Betroffenen derart zu verunsichern, dass sie sich unterordnen und sich dem eifersüchtigen Partner verstärkt zuwenden, um ihre Welt in Ordnung zu bringen. Durch die Eifersucht wird also Macht ausgeübt. Langfristig führt dieses Verhalten aber dazu, dass die zwischenmenschliche Beziehung Stück für Stück zerstört wird.

10 Anzeichen für toxische Eifersucht

1. Die psychotoxische Person kritisiert kontinuierlich deine Persönlichkeit, deine Aktivitäten und deine Kleidung.
2. Der toxische Mensch sieht deine sozialen Kontakte außerhalb eurer Beziehung ungern.
3. Wenn du Zeit ohne diesen Menschen verbringst, erwartet er von dir, dass du dich ständig meldest und Kontakt aufnimmst.
4. Deine Selbstständigkeit wird stark eingeschränkt und es gibt klare Vorschriften, die du befolgen musst.
5. Die psychotoxische Person reagiert bei Nichtbeachtung ihrer Regeln übertrieben und lässt Konflikte eskalieren.
6. Durch negative und abfällige Kommentare wirst du regelmäßig verunsichert.
7. Die psychotoxische Person misstraut dir in allen Lebensbereichen.
8. Jede deiner Handlungen wird überwacht und kontrolliert.
9. In eurer Beziehung fühlst du dich in deinem Selbstausdruck und Handeln stark eingeschränkt.
10. Du wirst emotional erpresst und ständig vor eine Wahl gestellt, um dir ein schlechtes Gewissen zu machen.

Kontrolle und Macht – soziale Isolation

In giftigen Beziehungskonstellationen kristallisiert sich rasch ein Muster heraus, das die Beziehung nachhaltig prägen wird. Der psychotoxische Part setzt die Bedingungen, denen die andere Person nachkommen muss, und zwar ohne Raum für eine gleichberechtigte Diskussion. Es existieren keine Vereinbarungen auf Augenhöhe. Stattdessen gibt es immer einen dominierenden und einen unterlegenen Part in der Zweierbeziehung. Die psychotoxische Person als der dominante Teil versucht, die Kontrolle zu behalten und sich über den unterlegenen Part zu erheben. Dieses Machtgefälle ist charakteristisch und dient dem toxischen Menschen dazu, seine vermeintliche Überlegenheit zu festigen. Ein solches Interaktionsmuster zeigt sich besonders häufig in narzisstischen Beziehungen. Es gibt dem psychotoxischen Partner ein Gefühl von Sicherheit, dass er seine Bezugsperson beherrscht und die Macht über ihn oder sie innehat. Durch deren Anpassung an die Erwartungen des anderen und deren Unterordnung entsteht ein klares Ungleichgewicht. Oft verbirgt sich dahinter eine unbewusste Manipulationstechnik, bei der der unterlegene Part seelisch vereinnahmt wird, um zu einer Erweiterung des Selbst des überlegenen Parts zu werden (siehe auch das Kapitel über narzisstische Kollusion ab Seite 111).

Wenn deine eigenen Grenzen verschwimmen, ist das Spiel aber noch lange nicht vorbei. Du hast noch nicht alles aufgegeben, solange die vollständige Kontrolle über dich und dein Leben nicht in den Händen der psychotoxischen Person liegt.

Deine Entscheidungsfreiheit schwindet und du darfst nichts mehr bestimmen. Soziale Isolation wird zur Norm. Die Eifersucht der psychotoxischen Person wird zur Vorgabe und du musst Rücksicht auf ihre Gefühle nehmen – schließlich ist eure Beziehung von höchster Bedeutung. Du wagst es nicht mehr, mit Freunden über diese Beziehung zu sprechen. Dein Umfeld spürt, wie deine psychische Widerstandsfähigkeit schwindet, aber sie können es nicht mehr hören oder verstehen: Wieso ziehst du nicht einfach von zu Hause aus? Wieso wechselst du nicht einfach deinen Job? Wieso verlässt du deinen Partner nicht? Wieso brichst du den Kontakt zu deinen Geschwistern nicht einfach ab? Du schämst dich.

Innerhalb dieses Machtgefälles will der andere seinen Willen durchsetzen. Er belohnt dich mit Liebe, Aufmerksamkeit und Zuwendung, wenn du tust, was er will. Sobald du dich ihm widersetzt, gibt es Streit. Sein Ziel liegt darin, deinen Willen langfristig zu brechen und dich gefügig zu machen. Zunächst verschwimmen langsam deine Grenzen, bis du komplett die Kontrolle verlierst. In der Isolation weißt du immer weniger, wer du eigentlich bist und wer du gern sein möchtest. Du fühlst dich ohnmächtig, hilflos und allein.

Sarah und Tom, ein verheiratetes Paar in den frühen Dreißigern, scheinen nach außen hin das perfekte Duo zu sein. Tom, ein erfolgreicher Unternehmer, hat nicht nur beruflichen Erfolg, sondern besitzt auch die Kontrolle über die gesamten Finanzen des Paares. Was als eine gemeinsame Entscheidung begonnen hatte, entwickelt sich rasch zu einem ungesunden Machtgefälle. Sarah geht in ihrem Job als Hausfrau und Mutter vollkommen auf. Sie schmeißt den Haushalt, kocht jeden Tag für Tom und kümmert sich beinahe im Alleingang um die Erziehung ihrer einjährigen Tochter. Obwohl Tom die Familie ernährt und der Alleinverdiener ist, wünscht Sarah sich dennoch mehr Unterstützung. Sie bekommt gerade mal so alles unter einen Hut, hat aber kaum noch einen Moment für sich selbst.

Mit der Zeit verkümmert Sarahs einst so aktives soziales Leben, während Tom die Zügel strafft. Seine Kontrolle über die finanziellen Ressourcen der Familie gibt ihm nicht nur die Macht, sondern schafft auch eine Atmosphäre der Abhängigkeit. Sarah, die zu Beginn ihrer Ehe noch eine vielversprechende Karriere hatte, findet sich zunehmend in einer Rolle wieder, in der sie sich selbst für die kleinsten Geldbeträge rechtfertigen muss. Tom nutzt das, um seine Dominanz in anderen Bereichen weiter zu festigen. Konflikte werden vermieden, da Sarah Angst vor finanziellen Konsequenzen hat. Auch eine Trennung von Tom ist daher aus ihrer Sicht ausgeschlossen. Wie soll sie sich allein um ihr Wohlergehen und das ihrer Tochter kümmern? Ihr Selbstwertgefühl sinkt, während Toms Kontrolle wächst.

Die Dreiecksbeziehung – Triangulation

Toxische Menschen beherrschen die Kunst der Manipulation meisterhaft. Eine ihrer tückischsten Strategien ist die Triangulation. Diese Vorgehensweise ähnelt einem unsichtbaren Schachspiel der Psyche, bei dem die psychotoxische Person gezielt Dritte in die zwischenmenschliche Zweierbeziehung einbindet, um Unruhe zu stiften. Ziel ist es, eine Atmosphäre von Eifersucht und Konkurrenz zu schaffen und dabei die eigene Kontrolle zu verstärken. Die Triangulation wird genutzt, um innerhalb von Beziehungen ein komplexes Netz zu weben, das die Opfer in einem Zustand andauernder Spannung und Unsicherheit hält. Der Manipulator bewegt scheinbar unschuldig seine »Spielfiguren« – seien es Kollegen, Nachbarn, Freunde oder sogar Familienmitglieder. Alle werden strategisch platziert, um ein psychologisches Schauspiel zu inszenieren, das letztlich die Ziele des Manipulators vorantreibt. Vor allem die dadurch geschürte Eifersucht wird zu einem wirkungsvollen Werkzeug.

Elias ist der Chef einer Anwaltskanzlei und hat es mit seiner charmanten und charismatischen Art in diese Führungsposition geschafft. Inzwischen hat er viele Mitarbeiter unter sich, die zu ihm aufsehen. Elias nimmt selbst keine Mandate mehr an, sondern lässt seine Mitarbeiter für ihn arbeiten, während diese um seine Anerkennung buhlen. Dabei schafft er immer wieder gezielte Konkurrenzsituationen zwischen ihnen, um sie gegeneinander auszuspielen. Einer seiner besten Mitarbeiter ist Samir, der schon lange Zeit in der Kanzlei arbeitet. Da die Kanzlei derzeit finanziell nicht so gut dasteht, möchte Elias, dass Samir sich mehr engagiert. Um ihn anzutreiben, holt Elias Johannes ins Boot, einen neu eingestellten Mitarbeiter, und lässt die beiden gemeinsam an einem Fall arbeiten. Dabei lobt er Johannes immer wieder wortreich, hebt seine Erfolge hervor und schenkt ihm seine ganze Aufmerksamkeit, während er Samir links liegen lässt. Diese Ungleichbehandlung sorgt für Eifersucht und Unsicherheit im Team. Elias beobachtet, wie Johannes und Samir sich um seine Anerkennung bemühen

und sich in einem Wettbewerb verstricken. Dieser Wettbewerb führt zu einer angespannten Arbeitsatmosphäre – besonders für Samir, der nicht mehr sicher ist, wo er in der Gunst seines Vorgesetzten steht.
Elias übernimmt gezielt die Kontrolle, indem er Lob und Kritik nach Belieben verteilt. Psychologisch gesehen nutzt er die Triangulation, um das Selbstwertgefühl von Samir zu destabilisieren, während er Johannes mit Love Bombing um den Finger wickelt. Durch Samirs Unsicherheit über den eigenen Status und die fehlende Wertschätzung im Team steigt sein Bedürfnis nach Anerkennung. Dabei lenkt Elias geschickt die (emotionalen) Reaktionen von Samir und Johannes, um seine eigene Macht zu stärken und seine Ziele zu erreichen.
Obwohl es anders erscheinen mag, wird Johannes ebenfalls als Spielball in dieser Dynamik genutzt. Die durch die Dreiecksbeziehung geschaffene Unsicherheit führt das gesamte Team in einen Teufelskreis. Die Mitarbeiter misstrauen sich gegenseitig und betrachten ihre Kollegen als Konkurrenten. Alle streben danach, den Fall voranzutreiben und zu gewinnen, um die Dankbarkeit und Wertschätzung ihres Vorgesetzten zu gewinnen. Diese Form der Manipulation schwächt nicht nur das Teamgefühl und den Zusammenhalt, sondern verstärkt auch die Machtposition und Kontrolle von Elias über die gesamte Arbeitsumgebung.
Durch gezieltes Lob und die Aufmerksamkeiten gegenüber Johannes innerhalb dieser Dreiecksbeziehung entfacht Elias das Feuer der Eifersucht. »Warum bekommt er so viel Aufmerksamkeit und ich nicht?", fragt sich Samir. Hier wirkt die Macht des Chefs subtil und die Triangulation verwandelt zwei Kollegen in Opfer und in Konkurrenten. Der psychotoxische Elias beobachtet und genießt, wie sich die Dynamik verändert. Mit den Fäden in der Hand kann er nun nach Belieben manipulieren. Unsicherheiten wachsen und damit steigt die Kontrolle über die emotionalen Reaktionen seiner Spieler.

Um Triangulation zu verstehen, lohnt es sich, einen Blick in die Tiefen der menschlichen Psyche zu werfen. Die geschürte Eifersucht zwischen Samir und Johannes basiert auf dem fundamentalen Bedürf-

nis nach Anerkennung und Bestätigung. Indem der Manipulator die Aufmerksamkeit gezielt nur auf einen der Beteiligten lenkt, weckt er das Verlangen nach Wertschätzung bei dem anderen. Das Bedürfnis, gesehen und geschätzt zu werden, wird dadurch massiv verstärkt. Gleichzeitig entsteht eine Konkurrenzsituation, bei der beide Opfer der Triangulation versuchen herauszustechen. Kollegen, Freunde oder Familienmitglieder finden sich in einem Labyrinth wieder, in dem sie um die Gunst des Manipulators buhlen. Diese Dynamik verstärkt nicht nur dessen Kontrolle, sondern nährt auch seine fragile Selbstwahrnehmung. Er strebt nicht nur nach äußerer Bewunderung, sondern auch nach innerer Bestätigung.
Triangulation dient daher vorrangig als Mittel der Selbstregulierung. Durch die Schaffung einer Umgebung, in der andere um seine Gunst wetteifern, erlebt der Manipulator einen Anstieg seines Selbstwertgefühls. Die Atmosphäre wird oft vergiftet, die Zusammenarbeit oder das Zusammenleben zerbrechen und der Manipulator thront in einer Machtposition über seinem selbst geschaffenen Chaos.

Spiegel der Liebe – eigene Anteile erkennen

Zwischenmenschliche Beziehungen spiegeln oft die tiefsten Aspekte unserer Persönlichkeit wider. Wir neigen dazu, vor allem auf das toxische Verhalten anderer zu deuten. Doch es ist genauso wichtig, unsere eigenen Anteile zu erkennen, die zu problematischen zwischenmenschlichen Beziehungen beitragen können. Jeder und jede von uns birgt in sich erlernte Verhaltensmuster und Eigenschaften, die in gewissen Situationen toxisch werden können. In der Psychologie wird oft auf die Idee der »Wiederholung von Beziehungsmustern« hingewiesen. Danach tendieren Menschen dazu, Muster zu wiederholen, die sie aus vorangegangenen Beziehungen kennen – vorrangig in romantischen Beziehungen. Ein erster und wichtiger Schritt zur Heilung und Verbesserung unserer Beziehungen ist die Selbstreflexion und Selbsterkenntnis. Wir müssen bereit sein, auf uns selbst zu schauen und unsere eigenen Anteile zu erkennen.

Jeder Mensch trägt eine gewisse Unsicherheit in sich. Auch alle Eltern sind mal Kinder gewesen und wurden von verschiedenen Umweltbedingungen, Einflüssen und Menschen geprägt. Unsere eigenen Unsicherheiten können dazu führen, dass wir in zwischenmenschlichen Beziehungen permanent nach Bestätigung suchen – manchmal auf ungesunde und toxische Art und Weise. Unverarbeitete Traumata, schmerzhafte Erinnerungen und Vorerfahrungen können auf indirektem Weg dazu führen, dass wir in immer gleiche ungesunde Beziehungsdynamiken geraten. Auch ungünstige Kommunikationsweisen können immer wieder zu Missverständnissen und Konflikten führen.

Zudem gibt es eine faszinierende psychologische Dynamik hinter der Tatsache, dass Menschen häufig ähnliche Partner und Personen in ihrem Leben anziehen. Dieses Phänomen kann auf verschiedene Faktoren zurückgeführt werden. Die Dynamiken und Entscheidungen bei der Partnerwahl laufen häufig unbewusst ab. Wenn wir jedoch erkennen, warum wir bestimmte Partner anziehen, können wir bewusste Entscheidungen treffen und möglicherweise gesündere Beziehungen entwickeln. Deswegen schauen wir uns die unterschiedlichen Bindungsstile genauer an, also die Art und Weise, wie Menschen miteinander in Beziehung treten, agieren und reagieren.

Die Wiege der Liebe: Bindungsstile in der Kindheit und die Bedeutung der Eltern-Kind-Beziehung

Die Beziehung zwischen Eltern und Kindern spielt eine zentrale Rolle bei der Entwicklung zum Erwachsenen in seiner Einzigartigkeit: Unsere Kindheit und besonders, wie wir mit unseren wichtigsten Bezugspersonen verbunden waren, beeinflusst, wie wir später Beziehungen eingehen. Das betrifft sowohl die Wahl unserer Partner als auch die Art und Weise, wie unsere Beziehungen ablaufen. Eltern dienen dabei häufig als Vorbilder für die Partnerwahl und spielen eine Schlüsselrolle bei der Gestaltung unserer Paarbeziehungen. Experten sprechen von der »Internalisierung des Arbeitsmodells«. Demnach gibt es Anzeichen dafür, dass Menschen tendenziell nach Beziehungsmustern suchen, die denen ähneln, die sie in ihrer frühen Kindheit erfahren haben. Beispielsweise können Personen, die sich in ihrer Kindheit sicher und geborgen gefühlt haben, eher dazu neigen, sich zu einem Partner hingezogen zu fühlen, der ähnliche Merkmale von Sicherheit und Zuverlässigkeit zeigt. (Dass dies nicht immer der Fall sein muss, erfahren wir ab Seite 55 im Kapitel »Unsichtbare Fäden: Unbewusste Prozesse und Prägungen«.)
Als primäre Bezugspersonen haben die Eltern uns gezeigt, wie Liebe, Konfliktlösung und Unterstützung in Beziehungen verstanden und gelebt werden können. So sind sie nicht nur die prägenden Gestalten unserer Kindheit, sondern dienen oft auch als lebende Modelle, die unsere Vorstellung von einer Partnerschaft beeinflussen.
Bindung ist ein grundlegendes menschliches Bedürfnis, das ebenso lebenswichtig ist wie Essen, Trinken und Schlafen.

Unser Bindungssystem ist ein biologisch verankerter Mechanismus, der sich im Laufe der Evolution entwickelt hat. Es hilft Säuglingen und Kindern, eine enge Bindung zu ihren primären Bindungspersonen – normalerweise zu ihren Eltern – aufzubauen, um ihre Überlebensfähigkeit sicherzustellen. Diese innige Verbindung bietet Trost, Schutz und Nahrung für das Kind und gewährleistet seine physische und psychische Sicherheit. Die Bindungstheorie nach dem britischen Pädiater, Psychiater und Psychoanalytiker John Bowlby betont die fundamentale Bedeutung von frühkindlicher Bindung in der menschlichen Entwicklung und hebt hervor, wie dadurch das Beziehungsverhalten zu anderen Menschen aufgebaut und gepflegt wird.

Kinder entwickeln bestenfalls eine enge, stabile Bindung zu ihren Eltern, die ihnen hilft, in der Welt Vertrauen, Sicherheit und Rückhalt zu finden. Laut der Bindungstheorie entwickeln wir im Laufe des Lebens bestimmte Vorstellungen von uns selbst und anderen. Diese verdichten sich zu einem inneren Arbeitsmodell von Bindung. Dieses Modell ist bereits in der frühen Kindheit relativ stabil und beeinflusst, wie wir uns später in Beziehungen zu anderen Menschen verhalten. Unsere erste Bindungserfahrung wird später zum Modell für andere Beziehungen, die wir im Laufe des Lebens eingehen. Mit anderen Worten: Unsere frühkindlichen Erfahrungen beeinflussen unser Verhalten in allen weiteren zwischenmenschlichen Beziehungen und bestimmen auch darüber, wie wir uns in diesen Beziehungen sehen.

> **Das innere Arbeitsmodell der Bindung**
>
> Das innere Arbeitsmodell der Bindung besteht aus den Vorstellungen über sich selbst und die Rolle anderer in dieser Beziehung. Das Bindungssystem entwickelt sich in den ersten Lebensjahren eines Kindes. In den ersten Monaten entwickeln Säuglinge eine enge Bindung zu ihren Bezugspersonen. Im Laufe der Zeit lernen kleine Kinder, wie sie sich an ihre Eltern wenden können, wenn sie Trost, Sicherheit oder Unterstützung benötigen.

Die Erforschung und Messung der verschiedenen Qualitäten von Eltern-Kind-Bindungen hat in der Psychologie eine lange Geschichte. Eines der wegweisenden Werke auf diesem Gebiet wurde 1978 von Mary Ainsworth und ihren Kollegen von der John-Hopkins-Universität in Baltimore, Maryland, veröffentlicht. In ihrer bahnbrechenden Forschung identifizierte sie verschiedene Stile, die auf der Aktivierung des Bindungssystems basieren. Die Erfahrungen, die ein Kind in seiner frühen Lebensphase mit seinen Eltern macht, prägen seine Erwartungen und beeinflussen, wie es sich in zukünftigen Beziehungen verhalten wird. Sie bilden also die Grundlage dafür, wie ein Kind seinen eigenen Wert wahrnimmt und inwieweit es darauf vertraut, dass es Liebe und Aufmerksamkeit verdient.

Ainsworth und ihr Team identifizierten zunächst drei grundlegende Bindungsstile: sicherer Bindungsstil, vermeidender Bindungsstil und ängstlich-ambivalenter Bindungsstil. 1985 wurde ein vierter Bindungsstil identifiziert, der als **unsicher-desorientiert** klassifiziert wurde. Die Entwicklung des

Bindungsstils in der Kindheit wird maßgeblich von der Interaktion und dem Verhalten der Eltern beeinflusst:

- **Sicherer Bindungsstil:** In einer liebevollen und unterstützenden Kindheit entwickelt sich ein positives inneres Arbeitsmodell. Ein sicherer Bindungsstil entsteht dann, wenn die Bezugspersonen konstant und sensibel auf die Bedürfnisse ihres Säuglings reagieren. Das Kind fühlt sich wertvoll, geliebt und geschätzt. Es weiß, dass die individuellen Bedürfnisse durch die Eltern erfüllt werden können. Ein sicherer Bindungsstil aktiviert das Bindungssystem angemessen. Das bedeutet, dass Kinder dann ein gesundes Maß an Nähe und Unabhängigkeit in ihren Beziehungen erleben. Sie fühlen sich dabei gleichzeitig autonom und verbunden. Ihre Eltern trösten und unterstützen das Kind, wenn es ängstlich oder unruhig ist. Sie schaffen eine warme, liebevolle Umgebung des Vertrauens und der emotionalen Nähe.
- **Vermeidender Bindungsstil:** Kinder, die in einer unsicheren oder problematischen Umgebung aufwachsen, entwickeln oft ein weniger positives inneres Arbeitsmodell. Sie glauben, dass sie es nicht wert sind, Liebe und Unterstützung zu erhalten, und dass Beziehungen von Enttäuschungen oder Schmerz geprägt sind. Beim vermeidenden Bindungsstil ist das Bindungssystem nicht aktiv genug. Wenn die primären Bindungspersonen wenig emotionale Reaktionen auf die Bedürfnisse des Säuglings zeigen, kann sich ein vermeidender Bindungsstil entwickeln. Die Eltern sind distanziert und unempfindlich gegenüber den Gefühlen ihres Kindes. Kinder mit diesem Bindungsstil neigen dazu, ihre Bedürfnisse nach Nähe und Bindung zu unterdrücken. Häufig haben Betroffene den Eindruck, dass sie sich auf sich selbst verlassen müssen. Es fällt ihnen schwer, sich in innigen romantischen Beziehungen emotional zu öffnen, und sie versuchen vehement, ihre

Unabhängigkeit zu betonen. Die Bedürfnisse des Kindes nach Nähe und Trost wurden klein gehalten und minimiert, sodass dadurch unbewusst seine Autonomie zu stark betont wurde. Meist haben auch die Eltern Schwierigkeiten mit emotionaler Intimität und neigen dazu, Konflikte zu vermeiden.

- **Ängstlich-ambivalenter Bindungsstil:** Der ängstlich-ambivalente Bindungsstil geht mit einer Überaktivierung des Bindungssystems einher. Er entwickelt sich, wenn die Bezugspersonen unvorhersehbar auf die Bedürfnisse des Säuglings reagieren. Mal sind die Eltern sehr aufmerksam und fürsorglich, mal distanziert oder ablehnend. Häufig gelingt es den Eltern nicht, die grundlegenden Bedürfnisse der Kinder zu erkennen, sodass es ihnen schwerfällt, konstant emotionale Verfügbarkeit zu bieten. Kinder mit diesem Bindungsstil sehnen sich nach Nähe und Verbindung, haben aber häufig Angst vor Zurückweisung oder Verlust. Sie erleben in ihren Beziehungen große Unsicherheiten und Ängste.
- **unsicher-desorientierter Bindungsstil:** Ihn kennzeichnet eine gewisse Desorientierung in Bezug auf Bindung und Nähe. Er entwickelt sich besonders dann, wenn ein Säugling in einem extrem gestörten oder traumatischen Umfeld aufwächst. Die Eltern verhalten sich oft unberechenbar oder missbräuchlich in Beziehungen, sodass das Kind von klein auf mit widersprüchlichen Signalen und Verhaltensweisen konfrontiert wird. Meist haben auch die Eltern selbst traumatische Erfahrungen gemacht und es fällt ihnen daher schwer, eine stabile und konstante Bindung zu ihrem Kind aufzubauen. Diese Kinder sind in ihren Beziehungen häufig verwirrt und desorientiert, weil sie keine klaren Ankerpunkte für Bindung und Sicherheit gelernt haben. Betroffene zeigen in Beziehungen oft auch ein unvorhersehbares Verhalten und haben Schwierigkeiten, ein klares Muster zu etablieren.

Wie die Eltern-Kind-Beziehung die Partnerwahl formt

Frühkindliche Bindungsbedürfnisse sind auch im Erwachsenenalter noch immer vorhanden und verlagern sich vorwiegend auf den romantischen Partner. In diesen Beziehungen besteht die Möglichkeit, die Erfahrung von intensiver Nähe und Liebe zu machen. Das ist in freundschaftlichen Beziehungen seltener oder weniger gewünscht.

Der Bindungsstil, den wir während unserer Kindheit entwickeln, begleitet uns als eine Art »psychisches Erbe« bis in das Erwachsenenalter. Obgleich spätere Erfahrungen Veränderungen in unserem Bindungsverhalten bewirken können, bleibt das grundlegende Arbeitsmodell von Bindung im Kern als Prototyp bestehen. In unseren Erwachsenenbeziehungen suchen wir ähnliche Gefühle von Sicherheit, Geborgenheit und Nähe, wie wir sie als Kinder von unseren Eltern erfahren haben. Entsprechend haben Menschen unterschiedliche Bedürfnisse nach Zuwendung, Nähe und Autonomie. Die Psychologin Dr. Eva Neumann führte zahlreiche Studien dazu durch und unterstreicht die Bedeutung der elterlichen Bindung und Zuwendung für die emotionale Gesundheit und das Wohlbefinden im Erwachsenenalter. Die Qualität der elterlichen Fürsorge und die Art und Weise, wie jemand in seiner Kindheit Liebe und Unterstützung erfahren hat, wirken sich massiv auf sein späteres Verhalten und seine Erwartungen in romantischen Beziehungen aus. Die beiden US-amerikanischen Psychologen und Professoren der Psychologie Cindy Hazan und Phillip R. Shaver erweiterten das Bindungsmodell, indem sie zeigten, wie die verschiedenen Qualitäten der Eltern-Kind-Bindungen sich auf die partnerschaftliche Bindung im Erwachsenenalter übertragen. Dabei identifizierten sie drei Hauptbindungstypen: sicher, ängstlich und vermeidend. Diese drei Bindungstypen sind im wesentlichen Muster, die in der Kindheit entwickelt wurden:

- **Der sichere Bindungsstil im Erwachsenenalter:** Erwachsene Menschen mit einem sicheren Bindungsstil haben in der Regel eine positive und gesunde Sicht auf Beziehungen. Sie haben meist ein stabiles Selbstwertgefühl und sind in der Lage, sowohl sich selbst als auch anderen zu vertrauen. Sie empfinden keine übermäßigen Ängste vor Ablehnung oder Verlust in ihren Paarbeziehungen. Diese Sicherheit ermöglicht es ihnen, Konflikte konstruktiv zu bewältigen und intime Nähe zu genießen. Insgesamt prägen Zuversicht und Optimismus ihre Ansichten über Beziehungen. Sie glauben, dass sie fähig sind, stabile und unterstützende Beziehungen zu führen und betrachten diese als sichere Basis.
- **Der vermeidende Bindungsstil im Erwachsenenalter:** Betroffene mit vermeidendem Bindungsstil tendieren dazu, emotionaler Nähe, Abhängigkeit und Intimität auszuweichen. Häufig haben sie das Gefühl, dass sie ihre eigenen Bedürfnisse am besten allein erfüllen können. Deshalb distanzieren sie sich von intimen emotionalen Bindungen. Diese Menschen wahren oft ihre Autonomie und neigen dazu, Konflikte innerhalb ihrer Beziehungen zu umgehen. Ihre Ansichten über eine romantische Paarbeziehung sind meist von Distanz und Unabhängigkeit geprägt. Sie betrachten eine emotionale Bindung als Schwäche und sehen ihre Autonomie als höchstes Gut an. Nicht selten stellen sie in ihren Partnerschaften die eigenen Bedürfnisse über die ihres Partners.
- **Der ängstliche Bindungsstil im Erwachsenenalter:** Betroffene sehnen sich nach Nähe und Bindung, haben aber gleichzeitig große Angst vor Verlust oder Zurückweisung. Sie sind meist in ihrer Paarbeziehung unsicher, ängstlich und suchen ständig nach Bestätigung und Zuwendung im Außen. Zwar sind sie in ihren Partnerschaften leidenschaftlich und lieben intensiv, dennoch hegen sie zeitweise massive Zweifel und neigen dann

dazu, ihre Partner zu erdrücken. Ihre Ansichten über eine Partnerschaft sind von Sorgen und Unsicherheiten geprägt. Meist denken Betroffene, sie sind nicht genug oder nicht liebenswert. Deshalb haben sie ständig das Gefühl, um die Liebe und Aufmerksamkeit ihres Partners kämpfen müssen.

Partnerwahl: Bindungsstile als Wegweiser zur Liebe?

Bestimmt denn nun ausschließlich unsere Kindheit, wen und was wir anziehen? Sind unsere Bindungsstile so früh festgelegt und danach irreversibel? Tatsächlich besteht immer Raum für Veränderung und Anpassung, jedoch ist das Ganze komplex und hängt von verschiedenen Faktoren ab. Frühe Prägungen hinterlassen unweigerlich ihre Spuren und beeinflussen, wie wir uns in nachfolgenden Beziehungen verhalten und binden. Aber unsere Bindungsstile sind nicht in Stein gemeißelt und Menschen besitzen die Fähigkeit, an ihrer sozialen und emotionalen Intelligenz und ihren Beziehungen zu arbeiten, um wesentlich gesündere Bindungsmodelle zu entwickeln. Der erste Schritt zur Veränderung besteht darin, sich der eigenen Bindungsmuster bewusst zu werden und die Dynamik dahinter zu verstehen. Die emotionale Architektur aus unserer Kindheit entfaltet als unser »psychologisches Erbe« ihre Wirkung bis ins Erwachsenenalter. Doch selbst bei Erwachsenen unterliegt dieses Erbe einer gewissen Wandlungsfähigkeit, beeinflusst von späteren Lebenserfahrungen. Dennoch bleibt das grundlegende innere Arbeitsmodell von Bindung im Wesentlichen unverändert. Ein Mensch, der in seiner Kindheit eher vermeidende Tendenzen gezeigt hat, vermag diese bis zu einem gewissen Grad zugunsten eines sicheren Bindungsstils zu verändern. Dasselbe gilt für den ängstlichen Bindungsstil: Wer ursprünglich ängstlich gebunden war, kann durch gezielte Bemühungen zu einem sichereren Bindungsstil finden.

Bindungsstile können sich im Laufe des Lebens durchaus auch zum Negativen hin verändern. Menschen, die in ihrer Kindheit einen sicheren Bindungsstil erworben haben, könnten durch spätere schlechte Erfahrungen in eine vermeidende oder ängstliche Dynamik verfallen. Beispielsweise, wenn sie häufiger die Erfahrung machen, dass Vorgesetzte sie respektlos behandeln und dadurch ihr generelles Misstrauen gegenüber Autoritäten bestätigt oder verstärkt wird.

Welchen Bindungsstil hast du?

Bist du nun auch neugierig darauf, wie deine frühen Erfahrungen deine Bindungen beeinflusst haben könnten? Mit den folgenden Fragen kommst du deinem eigenen Bindungsverhalten auf die Spur:

- Inwiefern denkst du, dass deine Kindheitserfahrungen deine aktuelle Art der Bindung in zwischenmenschlichen Beziehungen beeinflusst haben? Beschreibe kurz, welche Schlüsselmomente oder Beziehungsdynamiken von damals möglicherweise dein aktuelles Bindungsverhalten prägen könnten.
- Welche Rolle spielen Erfahrungen aus vergangenen oder aktuellen zwischenmenschlichen Beziehungen in deinem Leben bei der Bildung von Vorurteilen oder Erwartungen gegenüber neuen Beziehungen? Kannst du konkrete Beispiele nennen, wie vergangene Beziehungen deine gegenwärtige Wahrnehmung und Erwartung beeinflussen?
- Neben Kindheitserfahrungen und vergangenen Beziehungen spielen auch andere Faktoren eine Rolle bei der Formung des Bindungsverhaltens. Welche Einflüsse wie berufliche oder soziale Erfahrungen haben einen signifikanten Einfluss auf dein aktuelles Verhalten in sozialen Interaktionen?

Es ist wichtig zu betonen, dass dieser kurze Einblick dir keine genaue Diagnose liefern kann. Vielmehr soll er dir helfen, dein Verhalten in zwischenmenschlichen Beziehungen besser zu verstehen, um es dann besser einordnen und gegebenenfalls anpassen zu können. Denke daran, dass eine diagnostische Einschätzung nur von einem Psychologen, Psychotherapeuten oder Psychiater getroffen werden kann. Du kannst dennoch in die Welt der Bindungsforschung eintauchen und darfst dein Bindungsverhalten reflektieren, ohne dabei eine endgültige Schlussfolgerung zu ziehen.

Bindungsstil-Dynamiken

Es ist immer wieder erstaunlich, wie Menschen in ihren Beziehungen zueinanderfinden, und oft scheint es, als wäre das reiner Zufall. Die Psychologen Lee Kirkpatrick und Keith David beobachteten jedoch bereits 1994, dass Menschen mit einem vermeidenden Bindungsstil oft mit Menschen zusammenkommen, die einen ängstlichen Bindungsstil haben. In derartigen Konstellationen entsteht eine Art Teufelskreis: Der eine Partner scheut Nähe und stößt den anderen ab, während der Nähe suchende Part besonders viel Zweisamkeit und Zuwendung braucht, um sich sicher zu fühlen. Die unterschiedlichen Bedürfnisse führen oft zu Konflikten, in denen Klammern und Distanzsuche sich gegenseitig verstärken. Solche Partnerschaften sind häufig durch emotionale Höhen und Tiefen gekennzeichnet, ganz wie bei einer Achterbahnfahrt.

Deaktivierungsstrategien: Wie Vermeider mit Nähe umgehen

Deaktivierungsstrategien sind psychologische Mechanismen, die Menschen in zwischenmenschlichen Beziehungen entwickeln, um ihre emotionalen Bedürfnisse und ihr Bindungssystem zu steuern. Ein Beispiel für eine Deaktivierungsstrategie ist, wenn eine Person, die sich unsicher oder bedroht fühlt, sich emotional distanziert oder zurückzieht, um sich vor potenziellen Verletzungen zu schützen. Sie bagatellisiert oder minimiert nun ihre Gefühle, um nicht verletzlich zu wirken. Oder sie sucht vielleicht Ablenkung, um nicht über die emotional belastende Situation nachdenken zu müssen. Ziel dieser Strategien ist es oft, Gefühle der Abhängigkeit oder Verletzlichkeit zu verringern. Diese Strategien sind besonders charakteristisch für Menschen mit einem tendenziell vermeidenden Bindungsstil.

Menschen mit deaktivierenden Strategien haben die Neigung, ihre emotionalen Bedürfnisse herunterzuspielen oder sogar gänzlich zu verleugnen. In ihren Partnerschaften fällt es ihnen häufig schwer, ihre Bedürfnisse nach Nähe und Zuneigung auszudrücken. Dadurch warten sie möglicherweise immer wieder auf den oder die vermeintlich »Richtige*n«, ohne aber dem potenziellen Partner ihre eigenen Gefühle und Bedürfnisse mitzuteilen. Diejenigen mit einem vermeidenden Bindungsstil ziehen sich wiederholt aktiv aus ihren engen emotionalen Bindungen zurück. Sie nehmen Intimität als Bedrohung ihrer eigenen Unabhängigkeit wahr. Das kann dazu führen, dass sie Schwierigkeiten haben, sich auf tiefergehende emotionale Verbindungen einzulassen.

Die Betonung von Unabhängigkeit und Selbstständigkeit steht im Zentrum der deaktivierenden Strategien. Dies kann dazu führen, dass diese Personen möglicherweise Schwierigkeiten haben, sich auf partnerschaftliche Nähe einzulassen, aus Sorge, dadurch ihre Autonomie zu gefährden.

Deaktivierungsstrategien in Beziehungen

- Aufbau von gesteigerter emotionaler Distanz nach intimen (Bindungs-)Momenten
- Ausweichen oder Zögern bei der Planung gemeinsamer Aktivitäten
- «Ich liebe dich«-sagen vermeiden
- Meidung von physischer Nähe und Intimität
- Schweigen oder Errichten von emotionalen Mauern während Konfliktsituationen
- Schwierigkeiten, die Bindung nach einem Streit oder einem anderen Konflikt wiederherzustellen

Zwischen Furcht und Sehnsucht: ängstlich klammerndes Verhalten

Ein ängstlicher Bindungsstil, geprägt von der Sorge vor Ablehnung und Verlust, zeigt sich innerhalb von Beziehungen mit ganz anderen Verhaltensmustern als ein vermeidender Bindungsstil. Menschen mit ängstlichem Bindungsstil suchen intensiv und übermäßig nach Nähe, um ihre Angst vor Ablehnung zu lindern. Dabei klammern sie sich oft an ihren Partner und sehnen sich nach Bestätigung und Beruhigung. Die ständige Angst vor Trennung ist ein weiteres deutliches Merkmal, das auf einen ängstlichen Bindungsstil schließen lässt. Selbst ohne klare Anzeichen für ein Ende der Beziehung lauert im Hintergrund immer eine intensive Furcht davor, verlassen zu werden. Diese Besorgnis führt zu Unsicherheiten und dem ständigen Wunsch nach Bestätigung, der sich in der Suche nach verbalen oder physischen Zeichen der Zuneigung zeigt.

Menschen mit ängstlichem Bindungsstil reagieren empfindlich auf alle Signale, die ihre Ängste verstärken könnten. Typisch ist auch, dass sie Signale überinterpretieren. Das Partnerverhalten wird intensiv analysiert und selbst kleinste oder nur vermeintliche Auffälligkeiten im Verhalten werden als Ablehnung interpretiert. Selbstwertprobleme sind oft eine Folge dieses Bindungsstils. Die Betroffenen zweifeln häufig an ihrer Selbstwirksamkeit und daran, ob sie es überhaupt wert sind, geliebt zu werden. Das wiederum kann zu einem Teufelskreis von Unsicherheiten und Verlustängsten führen. Die emotionale Unruhe, die dadurch entsteht, macht es ihnen schwer, sich zu beruhigen, besonders wenn der Partner sich emotional distanziert. In einem Versuch, die Unsicherheit zu bewältigen, neigen Menschen mit diesem Bindungsstil dazu, Kontrolle auszuüben. Doch dieser Kontrollversuch führt langfristig zu Spannungen in der Partnerschaft.

Das Verhalten einer Person mit einem vermeidenden Bindungsstil kann bei Problemen oder Verstimmungen durch eine gewisse Distanz und möglicherweise Kälte geprägt sein. Dieses Verhalten führt oft zu erheblichen Herausforderungen in Beziehungen, besonders dann, wenn der Partner einen ängstlichen Bindungsstil aufweist. Personen mit einem ängstlichen Bindungsstil suchen typischerweise bei Schwierigkeiten und Konflikten eher Kontakt und Nähe, in der Hoffnung, das Problem aktiv zu lösen. Dies dient als eine Art von Schutz und Sicherheit. Auch der sichere Bindungstyp neigt dazu, in Zeiten von Verstimmungen die Nähe zum Partner zu suchen, um gemeinsam Lösungen zu finden. Die Suche nach Nähe kann jedoch auf Unverständnis stoßen, wenn der Partner einen vermeidenden Bindungsstil hat und dazu neigt, sich bei Problemen zurückzuziehen.

Trotz ihrer sehr unterschiedlichen Strategien suchen die Anhänger beider Bindungsstile letztlich nach einem Gleichgewicht zwischen Nähe und Autonomie. Die Anziehung zwischen Menschen mit ängstlichem und Menschen mit vermeidendem Bindungsstil ist häufig auf eine Art von komplementärer Dynamik zurückzuführen, den sogenannten Push-and-Pull-Effekt. Während der ängstliche Partner versucht, Nähe zu schaffen, möchte der vermeidende Partner sich zurückziehen. Dies kann zu einem ständigen Hin und Her innerhalb der Beziehung führen. Menschen mit einem ängstlichen Stil fühlen sich häufig von der Unnahbarkeit eines vermeidenden Partners angezogen, während vermeidende Menschen die Intensität eines ängstlichen Partners als herausfordernd erleben. Dabei bestätigen ängstliche und vermeidende Bindungsstile unbewusst die jeweilige Rolle des Anderen.

Unsichtbare Fäden: Unbewusste Prozesse und Prägungen

Projektionen sind unbewusste Mechanismen, bei denen Eigenschaften, Gedanken und Gefühle auf andere Menschen übertragen werden. Dadurch können die Wahrnehmungen und Entscheidungen in Bezug auf potenzielle Partner, Familienmitglieder, Kollegen, Vorgesetzte, Lehrer oder Dozenten verzerrt und beeinflusst werden. Wir Menschen neigen dazu, Eigenschaften in unseren Bindungspersonen zu suchen, die denen unserer Eltern ähneln, sei es in positiver oder negativer Hinsicht. In Bezug auf die Wahl von Partnern wiederholt sich das Muster, wie Eltern ihre Liebes- und auch die Eltern-Kind-Beziehung gestaltet haben:

- **Die Elternsynchron-Dynamik:** Die Mutter- und/oder Vatersynchrondynamik tritt dann auf, wenn man sich einen Partner sucht, der große Ähnlichkeit mit den eigenen Eltern oder Elternteilen hat. Wenn jemand beispielsweise als Kind in einer liebevollen, harmonischen und unterstützenden Beziehung zu seinen Eltern aufgewachsen ist, wird er dazu neigen, einen Partner zu wählen, der die positiven Qualitäten, Eigenschaften oder Moralvorstellungen seiner Eltern teilt. Dieser Partner spiegelt die vertraute und unterstützende Umgebung aus der Kindheit und bildet nun die sichere Basis. Die Wahl eines Partners, der den Eltern ähnlich ist, kann eine natürliche Konsequenz eines positiven elterlichen Vorbilds sein. Diese Form der Partnerwahl basiert auf dem Wunsch, die wohltuenden Erfahrungen der Kindheit fortzusetzen und eine Beziehung zu entwickeln, die auf Sicherheit und Vertrauen aufbaut. Menschen, die mit liebevollen Eltern aufgewachsen sind, haben häufig ein gesundes Selbstwertgefühl und das Vertrauen, geliebt zu werden. Sie fühlen sich in Beziehungen wohl und können Konflikte konstruktiv bewältigen.

- **Die Elterndissychnron-Dynamik:** Auf der anderen Seite kann es auch Elterndissynchronizität geben. Wer in einem Umfeld mit dominierenden und kritischen Elternteilen aufgewachsen ist, kann sich zu Partnern hingezogen fühlen, die das genaue Gegenteil dieser negativen Eigenschaften verkörpern. Betroffene scheinen aktiv zu entscheiden, sich von den dysfunktionalen Eigenschaften ihrer Eltern zu distanzieren. In solchen Fällen wird die Partnerwahl zu einer Art Gegenpol, um eine gegensätzliche Dynamik zu erfahren und zu kultivieren. Manche Menschen, die in einer eher unterdrückenden Umgebung groß geworden sind, verspüren in ihren romantischen Paarbeziehungen das Bedürfnis, ihre Freiheit und Autonomie auszuleben, und suchen sich eher lässige, lockere Partner. Sie treffen diese Wahl meist bewusst, um sich von den schädlichen Mustern der Kindheit zu distanzieren.

Zum Beispiel durchlebt ein Kind, das mit einem alkoholkranken Elternteil aufwächst, eine äußerst herausfordernde Kindheit. Solche Erfahrungen können tiefgreifend sein und sich auf die spätere Partnerwahl auswirken, sei es in synchroner oder dissynchroner Weise. Im Fall einer dissychronen Partnerwahl könnte das Kind dazu neigen, einen Partner zu wählen, der Stabilität bietet, Trost spendet und ihm unterstützend zur Seite steht, um die traumatischen Erlebnisse der Kindheit auszugleichen. Indem dieser Partner eine sichere Basis bildet und für Geborgenheit steht, verkörpert er das Gegenteil des alkoholkranken Elternteils. Die dissynchrone Partnerwahl dient ihm als Schutzmechanismus, um der schmerzhaften Vergangenheit zu entkommen und sicherzustellen, dass die Beziehung von Anfang an von einer gesunden Basis ausgeht. Aber es gibt auch jene, die sich trotz des erlebten Leids ihrer Kindheit für eine elternsynchrone Wahl entscheiden. Ihnen bietet das bereits bekannte toxische Muster Vorhersehbarkeit und Struktur.

Die Wiederholung von toxischen Mustern in romantischen Beziehungen

Viele, die mit psychotoxischen Menschen zu tun haben, tragen schmerzhafte Erinnerungen aus ihrer Vergangenheit mit sich. Diese Erlebnisse reichen von physischer und psychischer Gewalt, Ablehnung, Zurückweisung bis hin zu Demütigung und Trennung. Solche Prägungen beeinflussen unser Verhalten, hinterlassen ihre Spuren und gestalten unbewusst auch unsere zwischenmenschlichen Beziehungen. Eine wichtige Erkenntnis der Bindungstheorie ist, dass Menschen oft unbewusst Muster aus ihrer Kindheit in ihren zwischenmenschlichen Beziehungen wiederholen. Die Wahl eines dysfunktionalen Partners, der einem dysfunktionalen Elternteil ähnelt, ist ein komplexes und vielschichtiges Phänomen. In vielen Fällen wiederholt sich dieses Muster mehrfach. Menschen gehen dann wieder und wieder Beziehungen ein, die Parallelen zu den toxischen Beziehungen ihrer Kindheit aufweisen. Oftmals gehen Betroffene selbst davon aus, dass ihre gegenwärtige Bindungsperson und die Beziehung, die sie mit ihr führen werden, sich als genauso »negativ« entpuppt wie alle anderen Bekanntschaften und Erfahrungen, die sie in ihrem Leben bislang gemacht haben. Sie erwarten, erneut ausgenutzt, verlassen, gekränkt oder abgelehnt zu werden. Diese pessimistische Sichtweise beeinflusst ihre Einstellung und auch die Interaktion mit dem Gegenüber. Haben diese Menschen beispielsweise als Kind gelernt, Konflikte zu vermeiden oder sich emotional zurückzuziehen, zeigen viele in späteren Beziehungen ähnliche Verhaltensweisen.

Häufig sind die Vorlieben für bestimmte Persönlichkeitstypen oder Verhaltensweisen unbewusst. Meist fühlt man sich von Menschen angezogen, die Charakterzüge oder Eigenschaften haben, die wir bereits aus unserer Kindheit kennen. Diese Präferenzen werden von den Erfahrungen geprägt und beeinflusst, wer und welches Verhalten als anziehend erlebt wird.

Doch warum wählt jemand, der als Kind mit einem alkoholkranken Elternteil aufgewachsen ist, in seiner Paarbeziehung ebenfalls einen alkoholkranken Partner? Kindheitserfahrungen haben einen nachhaltigen Einfluss auf die Persönlichkeit, Überzeugungen und eigenen Verhaltensmuster. Kinder sind äußerst anpassungsfähig und lernen, wie sie in ihrer familiären Umgebung überleben können. Wächst ein Kind in einem Umfeld mit einem alkoholkranken Elternteil auf, so sind die Erfahrungen von Unsicherheit, Angst und Chaos geprägt. Das Kind lernt, sich anzupassen, um mit diesen Herausforderungen umzugehen. Betroffene durchleben eine Fülle von Emotionen, darunter Verwirrung, Wut, Schuldgefühle und Traurigkeit. Diese Emotionen führen dazu, dass das Kind einen Weg findet, um mit dieser Situation umzugehen. Oft lernt es, die eigenen Bedürfnisse und Gefühle zu unterdrücken, um keine weiteren Probleme zu verursachen. Einer der Hauptgründe, dysfunktionale, aber elternsynchrone Partner zu wählen, besteht darin, dass das Vertraute Sicherheit und Stabilität zu bieten scheint. Menschen fühlen sich von dem angezogen,

was sie kennen und verstehen. Das Vertraute fühlt sich sicherer an, weil bereits Erfahrungen damit gemacht wurden, als das ungewisse Neue. In diesem Fall kennt das Kind die Dynamiken einer alkoholkranken Beziehung aus erster Hand. Obwohl die Erfahrungen sehr schmerzhaft sein können, entscheiden sich Betroffene dazu, wieder diesen Weg zu gehen. Diese Muster bieten ein gewisses Maß an Vorhersehbarkeit und Komfort. Lieber wird das Risiko des Unbekannten vermieden und sich an das geklammert, was bereits bekannt ist und kontrollierbar wirkt. Die verzweifelte Suche nach Vertrautheit führt dazu, dass das Kind sich immer wieder unbewusst zu Menschen hingezogen fühlt, die ähnliche dysfunktionale Verhaltensweisen aufweisen wie der alkoholkranke Elternteil.
Ähnlich gestaltet es sich mit anderen psychischen und psychiatrischen Erkrankungen sowie mit Gewalterfahrungen. Es ist, als ob die Person lieber in ihrer Komfortzone bleibt, selbst wenn diese schädlich ist.

Die wiederholte Wahl einer elternsynchronen Bindungsperson kann auf das Bedürfnis zurückgehen, das bereits Bekannte zu umarmen.

Sofern ein Kind gelernt hat, dass Liebe bedeutet, in einer Beziehung wenig Verlässlichkeit zu erleben, vielleicht auch Gewalt oder Kränkungen, kann es diese Art von Liebe als normal und akzeptabel verinnerlichen. Kinder, die ängstlich sind, weil sie beispielsweise eine Bestrafung erwarten, neigen dazu, sich zu unterwerfen und alles richtig machen zu wollen. Andere haben gelernt, dass nur der Kampf ums Überleben hilft, und treten daher eher aggressiv auf. Jugendliche, die in ihren romantischen Beziehungen betrogen wurden oder schmerzliche Erfahrungen gesammelt haben, kontrollieren ihre folgenden Partner möglicherweise. Die alten Erfahrungen werden unbewusst im Hier und Jetzt wiederholt.

Sofern Betroffene beispielsweise ihrem Partner andauernd etwas misstrauisch unterstellen, besteht jedoch die Gefahr, dass dieser sie am Ende tatsächlich betrügt oder mit Aggressivität reagiert. Wer versucht, sein Gegenüber ständig zu kontrollieren, erlebt in der Regel noch mehr Widerstand. Wer es dem Partner hingegen immer recht machen will, der wird oft erst recht unterdrückt und herabgesetzt. Und wer sich sehr stark an seine Bindungsperson klammert und sie mit Nähe erdrückt, riskiert, diese tatsächlich zu verlieren. Häufig lösen wir unbewusst genau die Verhaltensmuster aus, die wir eigentlich vermeiden wollen. Diese Muster sind in der Regel eine Wiederholung vergangener Erfahrungen und führen zu einem hohen Leidensdruck bei den Betroffenen.

Trauma Bonding: Eine Reise durch Hormone und Bindung

Eine toxische Beziehung kann sich häufig wie eine Sucht anfühlen, bei der die Beteiligten abhängig voneinander werden – ohne es zu merken. Trauma Bonding beschreibt eine starke emotionale Verbindung zwischen zwei Menschen, die in langfristig belastenden und dysfunktionalen Beziehungen entstehen kann. Diese Bindung basiert häufig auf intensiven Gefühlen, die durch traumatische Ereignisse innerhalb der Beziehung ausgelöst werden. Menschen, die in einen Trauma Bond verstrickt sind, fühlen sich stark mit der psychotoxischen Person verbunden, selbst wenn die Beziehung negative Auswirkungen auf ihren Selbstwert und ihr Wohlbefinden hat.
Jede normale Beziehung hat ihre guten und ihre schlechten Momente, egal ob innerhalb der Familie, unter Arbeitskollegen, in Freundschaften oder Liebesbeziehungen. Stell dir vor, es gibt in einer Beziehung häufig wechselnde Phasen voller Liebe, Wertschätzung und Verbundenheit, gefolgt von Phasen voller Konflikte und

Vernachlässigung. Andauernde Traumatisierungen sowie Aufs und Abs können ein Trauma Bond verursachen oder verstärken. In den Hochphasen der Beziehung fühlt sich die Bindung sicher und stark an, doch in den schlechten Phasen verstärkt sich das Bedürfnis nach Nähe und Unterstützung.

Im Tanz der Emotionen spielt das »Liebes- oder Kuschelhormon« Oxytocin eine wichtige Rolle. Während der anfänglichen positiven, meist wenig konfliktreichen Phase einer Beziehung wird es freigesetzt – ob die Beziehung nun zu einem Liebespartner, einem guten Freund oder einer anderen Person geknüpft wird. Oxytocin ist ein Elixier, das positive Emotionen verstärkt und das Wohlbefinden steigert. Das sogenannte Bindungshormon entfaltet seine Wirkung besonders dann, wenn wir uns geliebt und umsorgt fühlen. Studienergebnisse verweisen sogar darauf, dass Oxytocin, vor allem bei Frauen, das Vertrauen, die Treue und emotionale Bindung intensiviert. Schmeicheleien, großzügige Geschenke oder exklusive Dinnerabende schaffen eine Atmosphäre des Glücks und der Vertrautheit – und sorgen dafür, dass viel Oxytocin ausgeschüttet wird. Die Wirkung von Oxytocin auf das Gefühlserleben ist beeindruckend – ein Funke der Zuneigung stillt den lang gehegten emotionalen Hunger und weckt das Verlangen nach mehr Nähe und Intimität.

Doch nicht in jeder Geschichte reiten die Protagonisten in einen strahlenden Sonnenuntergang. Nach der Phase, in der das Gegenüber in idealisiertem Licht erscheint, können mit der Zeit negative Verhaltensweisen auftauchen, wie beispielsweise übermäßige Eifersucht, Kontrollverhalten oder Kritik. In dieser toxischen Phase der Beziehung wird vermehrt das Stresshormon Cortisol ausgeschüttet. Plötzlich wandelt sich das Gegenüber in eine fremde, distanzierte und psychotoxische Person, die manipulative Spielchen spielt. Bewertungen und Bestrafungen vergiften die Atmosphäre. In diesen Momenten sehnen wir uns so sehr nach der Anfangsphase der Beziehung zurück, nach dem Gefühl von Wärme und Geborgenheit. Toxische Beziehungen weisen häufig ein zyklisches Muster auf. Oft folgen auf Phasen von Konflikten, Spannungen oder sogar physischen und psychischen Misshandlungen Versöhnungsphasen, in denen die psychotoxische Person verspricht, sich zu ändern.

Dann kommt neben dem Oxytocin der Neurotransmitter Dopamin ins Spiel. Als eine Art Dirigent steuert Dopamin das Belohnungssystem, das für Motivation, Freude und Lernprozesse verantwortlich ist. Dopamin, auch als »Glückshormon« bekannt, spielt eine wichtige Rolle bei der Erfahrung von Belohnung und Lustgewinn. Bei angenehmen Erlebnissen wie leckerem Essen oder sozialer Interaktion wird Dopamin freigesetzt und verstärkt das Verlangen nach mehr. Vor allem in den Hochphasen einer toxischen Beziehung spielt dieser Neurotransmitter eine entscheidende Rolle. Liebevolle Aufmerksamkeiten und Versöhnung führen zu einer Freisetzung von Dopamin, intensivieren das Glücksgefühl und verstärken die Bindung an den Partner.

Doch plötzlich und aus dem Nichts heraus scheint die Bindungsperson wieder ein vollkommen anderer Mensch zu sein: kalt, abweisend und verletzend. Bei dieser emotionalen Achterbahnfahrt wünscht sich das Opfer verzweifelt, dass der Albtraum endlich aufhört. Es bewegt sich wie auf rohen Eiern, weil es nie sicher sein kann, welche Stimmung oder Reaktion als Nächstes bevorsteht. Das dauernde Auf und Ab in dysfunktionalen Beziehungen kann die Dopaminreaktion völlig durcheinanderbringen: Distanzierung oder negative Handlungen des Partners lösen Stress aus und beeinflussen das Dopaminsystem, was zu emotionalen Tiefs und einer großen Sehnsucht nach den Hochs führt. Positive Momente werden zur süchtig machenden Belohnung, während die Abstinenz zu emotionalem Entzug führt, begleitet von Stress und Angst. Dopamin fördert also auch abhängiges Verhalten und Süchte. Betroffene sehnen sich nach Belohnung und hoffen auf Wiederholung, selbst wenn diese Momente nur von kurzer Dauer sind.

Wenn Belohnungen oder Bestrafungen nicht konstant, sondern unregelmäßig auftreten, nennen Psychologen das »intermittierende Verstärkung«. In einer toxischen Beziehung kann es also passieren, dass der Betroffene auf »Belohnungen« wartet – Momente des Glücks, der Liebe oder der Zuneigung –, die sich aber nur sehr unregelmäßig und scheinbar zufällig einstellen. Die Unvorhersehbarkeit der Belohnung erzeugt ein intensives Verlangen und eine besondere Anziehungskraft, weil man nie weiß, wann die positive Bestätigung des toxischen Menschen kommen wird. Dies verstärkt häufig die Abhängigkeit von der Beziehung, weil die Hoffnung auf positive Verstärkung aufrechterhalten wird, auch wenn sie nur gelegentlich auftritt. Der Einfluss des Glückshormons Dopamin erschwert das Loslassen einer toxischen Person oder Beziehung. Selbst destruktives Verhalten zerstört die Hoffnung auf erneute positive Erlebnisse nicht.

In diesen Achterbahn-Beziehungen wechseln sich die Phasen des »Ziehens« (Pull) mit Phasen des »Schiebens« (Push) ab. In der Push-Phase ist die psychotoxische Person meist emotional distanziert oder abweisend und schafft ein Gefühl der Unsicherheit, sodass sich ihr Gegenüber vermehrt bemüht, die Distanz zu überwinden und ihre Aufmerksamkeit oder Nähe zu gewinnen. In der Pull-Phase jedoch dreht sich der toxische Mensch um 180 Grad, sorgt plötzlich intensiv für sein Gegenüber und schenkt ihm Zuneigung und Liebe. Dieser Zyklus von Annäherung und Entfremdung kann süchtig machen, weil die Opfer die ständige Herausforderung und Belohnung suchen.

Durch das Trauma Bonding wird der toxische Kreislauf immer wieder von vorn beginnen. Die toxische Beziehung sorgt für einen Hormoncocktail, der durch das Blut fließt und zu einer Fehlprogrammierung des eigenen Betriebssystems führt. Der menschliche Organismus gewöhnt sich an diese biochemischen Abläufe und das Belohnungssystem wartet auf die gemeinsamen Glücksmomente. Dieses System löst mit spezifisch abgestimmter Hormonfreisetzung weitere physiologische Prozesse aus und steuert die Gefühlswelt. So beeinflussen deine Drüsen fortlaufend deine emotionale Welt. Diese unberechenbare Achterbahn der Emotionen macht es schwer, sich aus einer toxischen Beziehung zu lösen. Oft verharren Betroffene in der Hoffnung auf positive Veränderungen in der Beziehung, weil sie die guten Momente als besonders intensiv und bedeutsam empfinden.

In einem idyllischen Vorort spielt sich hinter den makellosen Vorhängen eines scheinbar perfekten Hauses eine Geschichte ab, die von den meisten unbemerkt bleibt. Es entwickelt sich ein komplexes Geflecht einer Mutter-Kind-Beziehung, die von narzisstischer Manipulation und Trauma Bonding durchzogen ist. Laura, die Besitzerin, man möchte fast sagen die Herrscherin des Hauses, trägt ein äußeres Bild der Perfektion und Selbstgewissheit zur Schau. Sie wirkt überlegen und selbstbewusst. In Wirklichkeit ist sie von einer tief verwurzelten narzisstischen Persönlichkeitsstörung betroffen. Ihr Verhalten ist von einem ständigen Bedürfnis nach Bewunderung und Macht über andere geprägt. Maria, ihre Tochter hingegen, ist ein sensibles, liebevolles Kind, das stets danach strebt, die Aufmerksamkeit und Zuneigung ihrer Mutter zu gewinnen. Schon früh lernt sie, dass diese Mutterliebe keine Konstante ist, sondern von Laura nach Belieben gewährt oder entzogen wird. Das Wechselbad aus Belohnung und Zurückweisung wird zu Marias ständigem Begleiter – damit beginnt der Zyklus des Trauma Bondings schon in ihrer frühen Kindheit. Lauras Manipulation ist subtil und geschickt. An einem Tag überhäuft sie Maria mit liebevollen Worten und Umarmungen und vermittelt ihr das Gefühl bedingungsloser Zuneigung. In diesen Momenten fühlt sich Maria sicher, aufgehoben und geliebt. Doch ebenso plötzlich kann sich das Blatt wenden. Kleine Unstimmigkeiten, hohe Leistungsansprüche, unerfüllte Erwartungen oder einfache Launen führen dazu, dass Lauras Zuneigung abrupt in Ablehnung umschlägt. Laura entzieht Maria ihre Aufmerksamkeit, spielt mit ihren Emotionen und lässt sie immer wieder mit Ungewissheit und Selbstzweifeln zurück.

Mit der Zeit verinnerlicht Maria das Muster ihrer Mutter und beginnt, die narzisstischen Spiele vorauszusehen. Sie passt sich an, versucht, den wechselnden Erwartungen gerecht zu werden, und opfert dabei zunehmend ihre eigenen Bedürfnisse. Das Trauma Bonding schafft eine große Ambivalenz in Maria. Auf der einen Seite ist sie sehr verletzt durch das

Verhalten ihrer Mutter, auf der anderen Seite sehnt sie sich nach einer innigen Mutter-Kind-Bindung und den durchaus liebevollen Seiten ihrer Mutter. Diese Ambivalenz spiegelt sich auch in Lauras Verhalten, wenn sie ihrer Tochter in einem Moment Nähe schenkt und sie im nächsten Moment wegstößt und so große Distanz zwischen ihnen schafft.

Die emotionale Distanz löst bei der erwachsenen Maria den Wunsch aus, den Kontakt abzubrechen. Die liebevolle Seite ihrer Mutter hingegen weckt den Wunsch nach Versöhnung und Zuwendung. Schon seit ihrer frühesten Kindheit ist Maria gefangen im Gefängnis des Trauma Bonds. Sie ist zerrissen zwischen der Hinwendung und Ablehnung ihrer Mutter. Lauras Manipulationen sind jedoch so geschickt, dass sie Maria immer wieder vereinnahmen und an sich binden kann, sodass die Seite der Versöhnung immer überwiegt.

Diese negativen Bindungsmuster können sich im Laufe der Zeit verschärfen. Die Beteiligten gewöhnen sich dann oft an das toxische Verhalten und sehen es ab einem gewissen Zeitpunkt als »normal« an. Das Trauma Bonding zwischen Mutter und Tochter wird auch auf neurobiologischer Ebene fest verankert. In den Momenten der Liebe und Zärtlichkeit schüttet Marias Körper Glückshormone aus, die im Gehirn positive Verknüpfungen mit ihrer Mutter verstärken. Doch wenn die Zurückweisung einsetzt, aktiviert der Körper Stresshormone und es wird eine tiefe emotionale Verletzung verankert. Dieser Wechsel zwischen positiven und negativen Reizen, zwischen Hochs und Tiefs, schafft eine starke, aber ebenso toxische Bindung. Die Beziehung kann schmerzhaft enden oder in einem Zyklus von Trennungen und Versöhnungen verharren. Erst dann, wenn Maria die Beziehung zu ihrer Mutter gar nicht mehr aushält und deren emotionale Zuwendung und Aufmerksamkeit nicht mehr ausreicht, kann es ihr gelingen zu gehen.

Retraumatisierung verstehen: Wege zur Wiedererlangung von Kontrolle

Ein Paradoxon: Warum neigen Menschen dazu, sich immer wieder in traumatische Situationen oder Beziehungen zu begeben, die sie schon früher als besonders schmerzhaft wahrgenommen haben? Die erneute Konfrontation mit ähnlichen Situationen entspringt in der Regel der verzweifelten Suche nach Kontrolle und birgt sogar eine Chance zur Heilung. Tatsächlich findet jedoch oft eine Retraumatisierung statt. Es entsteht also ein neues Trauma, das traumatische Teile aus der Vergangenheit enthält und die bisherigen traumatischen Erfahrungen vertieft.

Bessel van der Kolk, ein renommierter Psychiater und Traumaexperte, hat sich intensiv mit den Mechanismen der Retraumatisierung befasst. Er betont, dass ein Trauma nicht nur eine isolierte Erfahrung ist, sondern tiefe Spuren in unserem Körper und Gehirn hinterlässt. Diese Spuren können das gesamte Verhalten und die Entscheidungsfindung der betroffenen Menschen beeinflussen – in vielerlei Hinsicht. Das gilt auch für die Wahl ihrer Bindungspersonen oder für Beziehungsdynamiken.

Unbewusste Prozesse spielen im Rahmen einer Retraumatisierung eine bedeutende Rolle. Freud beschreibt, dass viele traumatisierte Personen einen sogenannten Wiederholungszwang haben. Das Unbewusste kann dazu führen, dass wir uns von bereits bekannten, schmerzhaften Mustern angezogen fühlen, selbst wenn uns diese schaden (und wir uns dessen bewusst sind). Einer der Hauptgründe, warum Menschen immer wieder in ähnliche Beziehungen fliehen, ist der Versuch, die Kontrolle über die Erfahrung zurückzugewinnen. Ihre Annahme besteht darin, dass die schmerzhafte Traumatisierung nur durch das Zurückerlangen der Kontrolle aufgelöst werden kann. Kinder, die in einem toxischen Umfeld aufgewachsen sind, konnten oft wenig Kontrolle über die Situation ausüben, in der sie leben. Dadurch fühlen sie sich ohnmächtig und unsicher. Indem sie als

Erwachsene Bezugspersonen wählen, die ähnliche Probleme haben, versuchen sie unbewusst, die Kontrolle zurückzugewinnen und zu behalten. Dieser verzweifelte Versuch kann auf einer tiefen Ebene als eine Art Überlebensstrategie interpretiert werden. Konfrontiert sich jemand erneut mit einer ähnlichen traumatischen Situation oder Beziehung, wünscht er sich vielleicht, die neue traumatische Erfahrung kontrollieren und abwenden zu können. Oder er möchte vergangene Wunden heilen und »die Dinge richtigmachen«. Das liegt daran, dass traumatische Erinnerungen häufig nicht ordnungsgemäß verarbeitet und im Gehirn festgehalten werden. Die erneute Konfrontation mit ähnlichen Gegebenheiten bietet eine Gelegenheit, die Erinnerungen zu lösen und neu zu verarbeiten. Dadurch können frühere Erfahrungen verändert und bestenfalls überwunden werden, sodass die Vergangenheit als weniger schmerzhaft und bedrohlich wahrgenommen werden muss. Begibt sich eine traumatisierte Person erneut in eine dysfunktionale Partnerschaft, hegt sie unbewusst den Wunsch, die Dinge anders machen und den Partner zur Veränderung bewegen oder drängen zu können. Bislang gibt es keine Hinweise darauf, dass diese Theorie zutrifft. Die Wiederholung eines traumatischen Ereignisses scheint eher zusätzlichen Schmerz zu verursachen und die Selbstabwertung zu verstärken. Möglicherweise entwickelt jemand im Anschluss noch mehr Schuldgefühle oder Selbstvorwürfe, dass das erneut durchlebte Ereignis nicht verhindert werden konnte oder auf die toxische Beziehung nicht angemessen reagiert wurde. Eine Retraumatisierung verstärkt negative Gedanken und Emotionen.

Unsichtbare Strippen der Verbundenheit: Beziehungsdynamiken

Eigene Anteile in romantischen Beziehungen

Eigene Projektionen und Anteile beeinflussen die Balance in einer romantischen Paarbeziehung. Sofern ein Partner unbewusst seine ungelösten emotionalen Probleme oder inneren Konflikte auf den anderen überträgt, entsteht möglicherweise ein Spannungsfeld aus Erwartungen und der Realität. Der projizierende Partner mag Frustration empfinden, wenn das Gegenüber nicht in der Lage ist, die projizierten Eigenschaften zu erfüllen oder zu verändern. Dieser Mechanismus zeigt sich besonders deutlich in Beziehungen, in denen oft unbewusste Muster aus der Kindheit in die Beziehungsdynamik einfließen. In solchen Fällen besteht auch immer die Gefahr, dass sich ein Partner eher in der Rolle eines Elternteils als in der eines gleichberechtigten Partners sieht.

Es gibt verschiedene Arten von Partnerschaftsdynamiken, die sich je nach den individuellen Merkmalen und der Art der Beziehung unterscheiden können. Das Selbstwertgefühl und das Selbstkonzept eines Menschen spielen ebenfalls eine entscheidende Rolle bei der Entwicklung von dominanten, manipulativen, unterwürfigen, abhängigen oder passiven Verhaltensweisen in Beziehungen. Diese können stark von den frühkindlichen Erfahrungen und den Interaktionen mit den Eltern oder den Hauptbezugspersonen beeinflusst werden.

Selbsttest – emotionale Abhängigkeit

Je mehr der folgenden Fragen du mit Ja beantwortest, desto wahrscheinlicher ist es, dass du von jemandem – einem Partner, einem Freund oder einer anderen Bezugsperson – emotional abhängig bist.

- Habe ich Probleme damit, allein zu sein?
- Setze ich die Bedürfnisse meines Partners oder einer anderen Bezugsperson über meine eigenen, selbst wenn dies zu unverhältnismäßigen Kompromissen führt?
- Suche ich ständig nach Zeichen der Zuneigung und Anerkennung meines Partners oder meiner Bezugsperson und melde mich deshalb übermäßig viel?
- Benötige ich die Bestätigung meines Partners/meiner Bezugsperson, um mich sicher zu fühlen?
- Fällt es mir schwer, glücklich und zufrieden zu sein, wenn ich nicht in der Nähe meines Partners/meiner Bezugsperson bin?
- Übernehme ich in meiner Beziehung die dominante Rolle, während sich mein Partner bzw. meine Bezugsperson zunehmend zurückzieht?
- Besteht aus meiner Sicht ein Ungleichgewicht in unserer Beziehung?

Im Bann der Gefühle: Emotionale Abhängigkeit

Wie bei fast allen Formen von Abhängigkeit beginnt die Reise in die emotionale Abhängigkeit häufig schrittweise und unbewusst, ohne klare Absicht. Anfangs fühlt sich die Anwesenheit eines für uns besonderen Menschen so erfüllend und sicher an, dass es schon fast süchtig macht. Wir finden Trost und Freude in seiner Gesellschaft, die Hormone verstärken das Gefühl der Verliebtheit und mit der Zeit glauben wir, dass wir ohne diesen Menschen nicht mehr glücklich sein können.

Die Entwicklung von emotionaler Abhängigkeit in Beziehungen fußt auf verschiedenen psychologischen, emotionalen und sozialen Faktoren. Zunächst sollten wir uns die grundlegenden menschlichen Bedürfnisse in Erinnerung rufen, die uns dazu drängen, emotionale Bindungen einzugehen und nach Nähe und Intimität zu suchen. Die Sehnsucht nach emotionaler Verbundenheit ist, wie bereits erwähnt, ein tief verankertes Grundbedürfnis, das in der menschlichen Natur verwurzelt ist. Diese Sehnsucht drängt uns dazu, uns mit anderen Menschen zu verbinden, Beziehungen aufzubauen und unser Leben miteinander zu teilen. Es ist vollkommen normal und sogar wünschenswert, dass in einer Beziehung eine besondere Art von Bindung und starke Gefühle entstehen. Und auch die Vorstellung, sich von dieser geliebten Person zu trennen oder sie auf anderen Wegen zu verlieren, erfullt die meisten Menschen mit Trauer.

Vor allem wenn die tiefsten Gefühle und Bedürfnisse mit denen der Bezugsperson verknüpft werden, kann dieses natürliche Bedürfnis aber auch zu emotionaler Abhängigkeit führen. Dann nehmen die Verlustängste und Emotionen extreme Formen an und das gesamte Leben wird gewissermaßen darauf ausgerichtet, das geliebte Gegenüber um jeden Preis an seiner Seite zu behalten.

Zur Entwicklung emotionaler Abhängigkeit tragen aber zu einem großen Teil auch das Selbstwertgefühl und die eigene Identität bei. Beide sind eng mit unseren Beziehungen verflochten. Anerken-

Liebe als letzte Rettung: Das Helfersyndrom

Das Helfersyndrom ist ein psychologisches Muster, bei dem Menschen einen überwältigenden Drang verspüren, anderen zu helfen, oft auf Kosten ihrer eigenen Bedürfnisse und ihres eigenen Wohlbefindens. Diese fleißigen Helfer zeigen eine herausragende Fürsorge und Opferbereitschaft gegenüber ihren Mitmenschen. Betroffene sind unermüdlich bestrebt, die Bedürfnisse anderer zu erfüllen, während sie ihre eigenen Wünsche vernachlässigen. Sie sind rund um die Uhr verfügbar, stets besorgt um das Wohlergehen anderer und immer bereit, bei Problemen zu unterstützen und Freunden in Not beizustehen. Sie neigen dazu, die Probleme und Schwierigkeiten anderer als ihre eigenen zu übernehmen und fühlen sich verpflichtet, Dinge in Ordnung zu bringen, auch wenn sie nicht dafür verantwortlich sind. Häufig haben Menschen mit Helfersyndrom Glaubenssätze verinnerlicht wie: »Wenn ich mich unterstützend und umsorgend verhalte, dann wird die Person mich nie verlassen«, »Wenn ich perfekt bin, dann wird die Person mich lieben« oder »Ich kann alles zum Guten wenden«. Doch die Realität zeigt, dass niemand solche Dinge bewirken kann. Eine solche Sichtweise ist ein Stück weit arrogant und führt zugleich zu einer Überlastung der Betroffenen. Menschen mit Helfersyndrom übersehen, dass auch sie nur eingeschränkten Einfluss auf das Wohlergehen ihres Gegenübers haben und diese Person stets ihre eigenen Entscheidungen trifft.

Das Selbstwertgefühl von Menschen mit Helfersyndrom ist häufig eng an ihre Rolle als Helfer geknüpft. Sie definieren sich oft durch ihre Fähigkeiten, anderen behilflich zu sein und sich für diese einzusetzen. Dies verleiht ihnen das Gefühl von Wert und Bedeutsamkeit. Doch gleichzeitig führt diese Selbstdefinition dazu, dass sie nur wenig Zeit für ihre eigenen Bedürfnisse und ihre psychische Gesundheit haben. Wenn es keine Menschen in ihrer unmittelbaren Umgebung gibt, die ihre Hilfe benötigen, erleben sie oft eine leichte Selbstwertkrise. Sie suchen ständig nach Bestätigung und Anerkennung. Sie erwarten, dass ihre Bezugspersonen ihre Opferbereitschaft und Fürsorge schätzen und ihnen Dankbarkeit und Lob entgegenbringen. Dies kann zu einem Teufelskreis führen, sobald sie erkennen, dass sie an Beziehungen festhalten, die nicht gesund sind oder in denen sie die Bedürfnisse ihres Partners über die eigenen stellen.

In der Bindungsforschung wird das Helfersyndrom oft als Ausdruck unsicherer Bindung betrachtet. Die betroffene Person versucht vehement, durch ihre Hilfe und ihre übermäßige Verfügbarkeit die Bindung zu stärken, auch wenn diese Anstrengungen oft zu ihren eigenen Lasten gehen. Da sich die Helfer die gesamte Verantwortung für das Gelingen der Beziehung sowie für die Gefühle ihrer Bindungsperson aufbürden, wird ein glückliches Miteinander misslingen. Nicht selten verharren Betroffene in dysfunktionalen Beziehungen, weil sie es gewohnt sind, die Probleme ihrer Partner zu bewältigen. Und weil sie insgeheim hoffen, dass sie ihre Partner ändern können.

Dieses Phänomen ist auch als »Rettersyndrom« oder »Retterkomplex« bekannt und bezieht sich auf die Überzeugung, die Fähigkeit zu besitzen, andere zu verändern oder zu retten. All das in der Hoffnung, dadurch das eigene Glück zu finden. Das starke Bedürfnis, anderen zu helfen und ihr Leiden zu lindern, treibt Menschen mit Retterkomplex an und führt zu dem Glauben, dass Fürsorge und Opferbereitschaft die Lösung für die Probleme des anderen sein könnten. Daher missachten Helfer häufig Warnsignale, weil sie der Meinung sind, toxische Menschen ändern zu können.

nung und Bestätigung, die wir durch den Partner erfahren, ziehen wir als externe Selbstwertquelle heran. Das Gefühl, von dem Partner gemocht zu werden, kann das individuelle Selbstwertgefühl positiv beeinflussen – und es ist auch vollkommen normal, sich in solchen Momenten gut zu fühlen.

Allerdings wird es problematisch, wenn der gesamte Selbstwert und die Identität des Selbst ausschließlich von der Bestätigung des Partners abhängen. Dadurch kann sich schnell eine emotionale Abhängigkeit entwickeln. Zudem prägen unsere früheren Erfahrungen, sei es in der Kindheit oder in vorangegangenen Partnerschaften, die Erwartungen und Verhaltensmuster in neuen Beziehungen. Betroffene, die in ihrer Kindheit oder in früheren Beziehungen emotionale Vernachlässigung oder Unsicherheit erlebt haben, neigen unbewusst dazu, in neuen Beziehungen verstärkt nach Sicherheit und Anerkennung zu streben. Dieses unbewusste Muster führt dazu, dass eine starke, irgendwann eine übermäßige emotionale Bindung zum Partner aufgebaut wird. Diese Bindung soll das bislang unerfüllte Bedürfnis nach Liebe und Nähe kompensieren.

Bei der Entstehung einer emotionalen Abhängigkeit spielen auch Angst und Einsamkeit eine entscheidende Rolle. Sollten wir jemals die Erfahrung gemacht haben, plötzlich von jemandem verlassen worden zu sein, könnten wir befürchten, dass dies erneut geschieht. Die anhaltende Angst, den Partner zu verlieren, führt womöglich dazu, dass man sich emotional immer stärker an ihn bindet. Das geschieht in der Hoffnung, dass die Beziehung dadurch erhalten bleibt. Die Angst vor dem Alleinsein kann aber auch dazu führen, Opfer der eigenen Wünsche und Bedürfnisse zu werden und dadurch eine mangelnde emotionale Autonomie zu entwickeln. Das ist dann der Fall, wenn wir uns übermäßig auf den Partner verlassen, um unsere Grundbedürfnisse zu erfüllen. Die Welt außerhalb unserer Beziehung scheint dann irrelevant zu werden und unser Lebensinhalt konzentriert sich ausschließlich auf diese eine Person, nämlich unseren Partner.

Drama-Dreieck: Opfer – Täter – Retter

Drama zieht Drama an und wer daran teilnimmt, ist häufig in ein höchst komplexes Beziehungsgeflecht verstrickt. Das Modell des Drama-Dreiecks wurde erstmals 1968 von Stephen Karpman vorgestellt, einem kalifornischen Psychologen und Transaktionsanalytiker. Es bietet eine einfache Möglichkeit, das eigene Verhalten und das der anderen im Kontext besser zu verstehen. Sandra Teml und Martin Wall beschreiben es auf Seite 82 in ihrem Buch »Ent-eltert euch« so: »In einem Drama-Dreieck wechseln sich die Positionen von Täter:in – Opfer und Retter:in ab und bedingen einander: Es gibt kein Opfer ohne Täter:in und wo es kein Opfer gibt, gibt es auch nichts zu retten.«

Diese Dynamik lässt sich sehr häufig in Familien erkennen, kann aber auch durch Triangulation hervorgerufen werden. Auch in der Schule, am Arbeitsplatz oder innerhalb von Dreiecksbeziehungen kann schnell ein Drama-Dreieck entstehen. Vor allem in familiären Systemen kann das suchtähnliche Verhalten über lange Zeit toleriert und nicht durchbrochen werden.

Valerie, eine Auszubildende in einem Büro, befindet sich inmitten eines Drama-Dreiecks. Ihre Ausbilderin, Frau Seewald, kritisiert sie ständig vor ihren Kollegen für vermeintliche Fehler. Wenn sich nun Frau Seewald während des gemeinsamen Firmenessens über die schludrige Arbeit von Valerie auslässt und ihre Kollegin Lisa daneben sitzt, während Valerie mit den Tränen kämpft, gibt es verschiedene Möglichkeiten:

1. *Valerie zieht sich geknickt zurück und fühlt sich schuldig für ihre unstrukturierte Arbeitsweise und die damit einhergehenden Flüchtigkeitsfehler. Sie schämt sich, hat Schuldgefühle und gelobt Besserung (Opfer).*
2. *Valerie steht auf und lässt ihren Frust an dem Kellner aus, indem sie ihn passiv-aggressiv darauf hinweist, dass sie endlich die Rechnung haben möchte. (Opfer wird zum Täter.)*

3. *Ihre Kollegin Lisa könnte Frau Seewald beschwichtigen (Retterin) oder aber selbst über Valerie lästern (Täterin).*

Die Täterin (Frau Seewald) erscheint als besonders machtvoll. Sie demonstriert als Ausbilderin ihre Überlegenheit und neigt dazu, andere zu beschuldigen und Drohungen auszusprechen. Dabei spielt Kontrolle eine wichtige Rolle und auch Demütigungen sind häufig an der Tagesordnung. Das Opfer (Valerie) fühlt sich hilflos und klein gehalten. Sie agiert oft aus der Opferrolle heraus, sucht Hilfe und weist jede Schuld von sich. Allerdings können Opfer auch schnell selbst die Täterrolle einnehmen, um keine Verantwortung zu tragen. Ihr Ziel liegt dann darin, bei anderen ein schlechtes Gewissen zu erzeugen und in ihrer Rolle als Opfer bestätigt zu werden. Die potenzielle Retterin (Lisa) sieht sich womöglich als diejenige, welche Frau Seewald beschwichtigen, ihr gut zusprechen und die Situation retten muss – auch, um gebraucht und geachtet zu werden (möglicher Retterkomplex). Oder aber sie verbündet sich mit Frau Seewald und wird zur Mit-Täterin.

Durch das Drama-Dreieck-Modell lassen sich Konflikte leichter verstehen und lösen, sofern alle Partner ein entsprechendes Bewusstsein mitbringen. Um aus diesem Muster auszusteigen, könnte Valerie sich direkt mit Frau Seewald auseinandersetzen und ihre Anliegen auf eine respektvolle Art kommunizieren. Durch diese bewusste Entscheidung – raus aus der Opfer- und Täterrolle – kann es Valerie gelingen, das Drama-Dreieck in ihrer Ausbildung zu durchbrechen und zu einem positiveren Arbeitsumfeld beizutragen. Die zwei verbleibenden Personen müssen sich dann neu orientieren oder einen neuen Mitspieler für ihre Dramen finden.

Teil 2

Psychotoxische Menschen

Narzissmus verstehen

Persönlichkeitsstörung als Ursache für Toxizität?

Bist du schon einmal jemandem begegnet, der sich auffallend egoistisch verhalten hat, sei es im beruflichen Umfeld oder in einer persönlichen Beziehung? Jemand, der dich ausgenutzt und manipuliert hat oder immer im Mittelpunkt stehen musste, ohne Rücksicht auf die Gefühle anderer? Oder hast schon einmal erlebt, dass jemand äußerst empfindlich auf Kritik oder Zurückweisung reagiert hat? Vielleicht hast du dich dann gefragt, welche Hintergründe für solch extremes Verhalten verantwortlich sind.

Wir alle haben bestimmte Persönlichkeitsmerkmale, haben vielleicht auch so manchen ausgeprägteren Charakterzug. Das hat aber in der Regel nichts mit einer Erkrankung zu tun. Doch bei manchen Menschen treten Eigenschaften wie Perfektionismus, soziale Ängste, die Angst vor Zurückweisung oder zwanghaftes Verhalten in einem so ausgeprägten Maße auf, dass es alle Lebensbereiche stark beeinflusst. In der Psychologie bezeichnen wir dies als Persönlichkeitsstörung. Nicht jeder, der bestimmte Verhaltensweisen zeigt, um die es in diesem Kapitel geht, hat zwangsläufig eine Persönlichkeitsstörung. Dennoch widmet sich dieses Kapitel den verschiedenen Merkmalen der sogenannten Cluster-B-Persönlichkeitsstörungen, denn die empfinden wir in einer Beziehung meist als toxisch.

Persönlichkeitsstörungen werden in der Psychologie und Psychiatrie in Clustern, also Gruppen, zusammengefasst. Das soll das Verständnis der Störungen vereinfachen. Es gibt insgesamt drei Hauptcluster, die jeweils verschiedene Persönlichkeitsstörungen umfassen.

- **Cluster A** beinhaltet Persönlichkeitsstörungen, die sich durch eigenartiges oder exzentrisches Verhalten auszeichnen. Hierzu gehören die paranoide Persönlichkeitsstörung, bei der Menschen oft übermäßig misstrauisch und argwöhnisch sind, die schizoide Persönlichkeitsstörung, bei der Betroffene sozial sehr distanziert und emotional kühl sind, und die schizotype Persönlichkeitsstörung, die exzentrische Denkmuster und Wahrnehmungsverzerrungen umfasst.
- **Cluster B** umfasst Persönlichkeitsstörungen, die durch dramatisches, emotional instabiles oder launisches Verhalten gekennzeichnet sind. Diese Gruppe enthält die narzisstische Persönlichkeitsstörung, die von übermäßigem Selbstbezug und einem Mangel an Empathie geprägt ist, die histrionische Persönlichkeitsstörung, bei der Menschen nach Aufmerksamkeit und Anerkennung streben, die antisoziale Persönlichkeitsstörung, die problematisches Verhalten in Bezug auf soziale Normen und Regeln mit sich bringt, sowie die emotional-instabile Persönlichkeitsstörung, auch unter dem Begriff Borderline bekannt, die starke Stimmungsschwankungen und Impulsivität einschließt.
- **Cluster C** besteht aus Persönlichkeitsstörungen, die durch ängstliche Verhaltensweisen gekennzeichnet sind. Dazu gehören die ängstliche (vermeidende) Persönlichkeitsstörung, bei der Menschen Schwierigkeiten haben, sich in sozialen Situationen zu engagieren, die abhängige Persönlichkeitsstörung, die von einem übermäßigen Bedürfnis nach Fürsorge und Unterstützung gekennzeichnet ist, und die zwanghafte Persönlichkeitsstörung, bei der Menschen oft perfektionistische Tendenzen und starke Kontrollbedürfnisse aufweisen.

Wichtig!

Nicht jeder Mensch mit einer Persönlichkeitsstörung kommuniziert zwangsläufig schlecht und nicht jede Beziehung mit solchen Menschen ist schwierig.

Einige Betroffene mit Cluster-B-Persönlichkeitsstörungen können sehr impulsiv und herausfordernd sein, während andere eher Schwierigkeiten haben, ihre Gefühle auszudrücken. Die Intensität der Symptome variiert von Mensch zu Mensch und viele können von Therapie und Selbstreflexion profitieren, um bessere Kommunikationsgewohnheiten zu entwickeln. Trotz der Beziehungsschwierigkeiten ist es möglich, eine gesunde zwischenmenschliche Beziehung auf Augenhöhe zu führen. Wir werden zusammen entdecken, wie unterschiedliche Denk- und Verhaltensweisen die Art und Weise beeinflussen können, wie wir miteinander sprechen.

Bitte keine Vorurteile!

Eine Cluster-B-Störung zu haben ist für manche Menschen wie ein Stigma. Die Realität ist, dass Menschen mit Cluster-B-Persönlichkeitsstörungen genauso vielfältig und liebenswert sind wie jeder andere Mensch. Ihre Erfahrungen und ihr Verhalten können stark variieren und sie sollten nicht auf Stereotype reduziert werden.

Definition und Merkmale von Narzissmus

Jeder Mensch verdient Beziehungen und Menschen um sich herum, die sich wie Sonnenstrahlen anfühlen – wärmend, aufbauend und inspirierend. Manche Begegnungen, besonders die mit psychotoxischen oder narzisstischen Persönlichkeiten, fühlen sich nur zu Beginn wie warme Sonnenstrahlen an. Denn wo Sonne ist, gibt es auch düstere Schatten. Ein tiefgreifendes Muster von Selbstüberschätzung, der Wunsch nach Bewunderung und ein Mangel an Einfühlungsvermögen charakterisiert die narzisstische Persönlichkeit. Lob und Anerkennung sind für narzisstische Menschen wie Treibstoff für ihre emotionale Motorik. Da ihr Selbstwertgefühl hauptsächlich von der Bestätigung anderer abhängt, kann es leicht ins Wanken geraten. Die Suche nach Anerkennung wird zu einem ständigen Begleiter, zusammen mit einer außergewöhnlich empfindlichen Reaktion auf Misserfolge oder Kritik. Narzisstische Menschen strengen sich oft sehr an, um möglichst erfolgreich zu sein oder zumindest so zu wirken. Sie neigen dazu, ihre eigenen Fähigkeiten zu überschätzen und Erfolge über Gebühr zu betonen. Zugleich tendieren sie dazu, andere herabzusetzen, um ihr Gefühl der Überlegenheit aufrechtzuerhalten. In ihrer Wahrnehmung sind sie allen anderen überlegen, was häufig dazu führt, dass sie die Leistungen anderer unterschätzen.

Obwohl sie erfolgreich sein können, sind sie nie wirklich zufrieden. Sie vergleichen sich ständig mit anderen und sehen es als Herausforderung an, diese zu übertreffen. Sie möchten die Besten sein, haben hohe Erwartungen an sich selbst und reagieren ärgerlich, wenn ihre Ziele behindert werden. Oft konzentrieren sie sich stark auf ihre berufliche Karriere und vernachlässigen dabei ihr Privatleben und ihre Beziehungen.

Ihr zentrales Beziehungsmotiv ist die Suche nach Anerkennung und Autonomie. Innerhalb ihrer zwischenmenschlichen Beziehungen bleiben sie oft oberflächlich und teilen ausschließlich ihre Erfolge. Das führt zu vielen Bekanntschaften, aber wenigen tiefen und vertrauensvollen Freundschaften. Auch in Liebesbeziehungen fühlen sie sich unwohl, weil sie ständig das Gefühl haben, durch den Partner bewertet zu werden.

Narzisstische Menschen neigen dazu, sich in Fantasien ihrer vermeintlichen Erfolge zu verlieren – sei es in Bezug auf ihre Intelligenz, ihre Schönheit oder die perfekte Partnerschaft. Daher bevorzugen sie es, sich auch nur mit Gleichgesinnten, mit »besonderen Menschen«, zu umgeben, um ihr Selbstwertgefühl zu stützen. Für eine Weile können Betroffene ein angepasstes Leben führen, solange sie genug Anerkennung und Bewunderung erhalten, beispielsweise als Chefarzt, Filmstar, Influencer oder Manager. Sobald sie aber Misserfolge erleben, wie berufliche Rückschläge oder das Scheitern eigener Projekte, können depressive Symptome auftreten. Auch zwischenmenschliche Probleme können ihre Stabilität gefährden. In der Klinik oder in therapeutischen Praxen werden sie meist nicht aufgrund ihres pathologischen Narzissmus, sondern vielmehr wegen anderer Probleme vorstellig.

Narziss war ein bezaubernder Jüngling, der sich leidenschaftlich in sein eigenes Spiegelbild verliebte, das sich im klaren Wasser spiegelte. Er war so fasziniert von seinem Ebenbild, dass er die Liebe anderer zurückwies. Von sich selbst geblendet und unfähig zwischen Realität und Illusion zu unterscheiden, stürzte er in die Tiefe und ertrank. Das ist eine Version der zahlreichen griechischen Mythen um den selbstverliebten Jungen, auf den der Begriff »Narzissmus« zurückgeht.

Dieser antike Mythos fand Eingang in die Welt der Psychologie, wo er als Metapher für bestimmte Persönlichkeitsstrukturen dient. Sigmund Freud führte 1914 den Begriff des Narzissmus in die Welt der Psychoanalyse und psychodynamischen Therapie ein. Freud beleuchtete den Narzissmus als eine Entwicklungsstufe, in der das Individuum eine intensive Selbstliebe zeigt und seine Energie vornehmlich auf sich selbst richtet. Im Laufe der Zeit hat der Begriff eine bemerkenswerte Reise durch die verschiedensten wissenschaftlichen Disziplinen unternommen. Ursprünglich in der Psychologie angesiedelt, wurde der Narzissmusbegriff in verschiedene Fachgebiete übernommen und weitergeprägt, darunter Soziologie, Kunstgeschichte oder Populärkultur, ein interdisziplinäres Fachgebiet, das sich mit den kulturellen Ausdrucksformen und Phänomenen beschäftigt. Narzissmus ist demnach kein statischer Begriff, sondern vielmehr ein dynamisches Konzept, das sich ständig weiterentwickelt und neue Bedeutungsnuancen annimmt.

Der Spiegel des Selbst

Narzissmus ist ein faszinierendes, zugleich aber auch hochkomplexes Themengebiet. Die Bandbreite dessen, was gemeinhin als »narzisstisch« bezeichnet wird, erstreckt sich dabei von einem gesunden Selbstwertgefühl bis hin zu pathologischem Narzissmus, der sich meist in einer narzisstischen Persönlichkeitsstörung äußert.

Menschen mit narzisstischer Persönlichkeitsstörung oder -akzentuierung haben nicht nur Probleme mit der eigenen Identität und Selbstliebe, sondern auch in der Beziehungsführung zu anderen Menschen. Narzissten befinden sich auf einer andauernden Suche nach der eigenen Identität. Das kann sich in häufig wechselnden Interessen, Partnerschaften, beruflichen Zielen und Lebensstilen äußern. Da sich dieses Persönlichkeitsmerkmal außerdem durch Arroganz, Angeberei und extreme Selbstliebe auszeichnet, besteht gemeinhin die Annahme, dass Narzissten auch ein ausgeprägtes Selbstwertgefühl besitzen. Doch dieser Eindruck täuscht. Zwar zeigen sie sich großspurig und arrogant, suchen jedoch immer wieder aktiv oder passiv nach Bewunderung und Anerkennung. Diese Beobachtungen haben in der Forschung die Vermutung aufkommen lassen, dass das von ihnen beanspruchte Selbstwertgefühl eher gering und fragil ist. Gleichsam mit ihrem Selbstwertgefühl steht auch ihre Selbstliebe auf einem wackeligen Fundament.

Heutzutage bezieht sich der Begriff Narzissmus in der klinischen Psychologie auf ein Persönlichkeitsmerkmal, bei dem übermäßige, aber fragile Selbstliebe, das Bedürfnis nach Bewunderung und ein Mangel an Empathie, also Einfühlungsvermögen, im Vordergrund stehen. Entgegen der Vorstellung, Narzissten seien empathieunfähig, zeigt sich klinisch, dass sie sich zwar gut in andere einfühlen können, dabei aber meist ihre eigenen Bedürfnisse in der Interaktion in den Vordergrund stellen.

Narzissmus – durchaus auch gesund

Narzissmus erscheint häufig in einem düsteren Licht und der Begriff wird in der Gesellschaft meist in negativen Zusammenhängen verwendet. Wenn wir davon sprechen, ist damit jedoch nicht immer die narzisstische Persönlichkeitsstörung gemeint. Wenn jemand als »narzisstisch« bezeichnet wird, schwingt oft die Vorstellung von Selbstsucht, Egoismus, Empathiemangel und ausbeuterischem Verhalten mit. Im alltäglichen Sprachgebrauch werden Synonyme wie »selbstverliebt«, »egozentrisch« oder »ich-bezogen« verwendet, um Narzissmus oder narzisstische Menschen zu beschreiben. Diese Wörter haben einen negativen Beigeschmack, der darauf hinweist, dass jemand zu sehr mit sich selbst beschäftigt ist und wenig Rücksicht auf die Bedürfnisse und Gefühle anderer nimmt. Doch ist Narzissmus wirklich nur eine destruktive Eigenschaft oder gibt es auch positive Facetten dieses Phänomens, die weniger offensichtlich sind? Betrachten wir diese Frage aus der umgekehrten Perspektive. Auch zu wenig Selbstachtung kann nämlich schnell zu Problemen führen. Schon Sigmund Freud betonte, dass in gewissen Entwicklungsstadien eine spezifische Form von Narzissmus normal und auch notwendig ist. Sie bildet den Kern der Entwicklung eines gesunden Selbstwertgefühls. Das Schlüsselwort hierbei ist »gesund«.

Selbstliebe ist nicht egoistisch, sondern lebensnotwendig.

In jeder Beziehung spielen ein ausgewogenes Selbstbewusstsein und Selbstliebe eine entscheidende Rolle. Das erst ermöglicht es uns, selbstsicher und authentisch zu sein, ohne in egoistischer Selbstverliebtheit zu verfallen oder aber die Bedürfnisse unserer Partner aus den Augen zu verlieren. Gesunder Narzissmus als normal ausgeprägte Eigenschaft der Persönlichkeit verleiht uns ein starkes Selbstbewusstsein, die Fähigkeit, uns selbst zu lieben und unsere eigenen Grenzen zu erkennen. Zugleich befähigt er uns dazu, unseren Partner zu lieben und zu unterstützen, seine Gefühle zu verstehen, Kompromisse einzugehen und dabei die eigenen Grenzen wahrzunehmen. So hat jeder Mensch bis zu einem gewissen Maß narzisstische Eigenschaften.

Eine erfüllte Partnerschaft findet ihren Weg, wenn gesunder Narzissmus und die Bedürfnisse beider Partner in der Mitte aufeinandertreffen. Dies schafft eine stabile Grundlage für gemeinsames Glück. Wenn beide sich ihrer Bedürfnisse und ihrer selbst bewusst sind und diese Elemente in Einklang bringen, entsteht eine tiefe und beständige Verbindung, die von gegenseitiger Wertschätzung und Respekt geprägt ist.

Wenn wir uns jedoch selbst nicht schätzen können, wird es schwer, Beziehungen zu anderen aufzubauen und ein erfülltes Leben zu führen. Fehlender Narzissmus oder fehlendes Selbstbewusstsein können dazu führen, dass wir selbst und unsere Ziele im Leben regelrecht verkümmern, wenn wir ständig die eigenen Bedürfnisse hinter die Bedürfnisse anderer stellen und unsere eigenen Wünsche nicht ausleben. Es ist wichtig, eine ausgewogene Balance zu finden, um sowohl für sich selbst als auch für andere da zu sein und die eigene Entwicklung zu fördern.

Die Grenzen des Selbst: Wann wird Narzissmus zur Krankheit?

Narzissmus kann von einer gesunden in eine problematische Form übergehen, wenn er überhandnimmt. In der Welt der Sozial- und Persönlichkeitspsychologie wird der narzisstische Persönlichkeitsstil als ein normaler Charakterzug angesehen, der bei jedem von uns unterschiedlich stark ausgeprägt ist. Im täglichen Miteinander gilt es, in Bezug auf Narzissmus eine wichtige Frage zu klären: Mit welcher Form von Narzissmus sind wir gerade konfrontiert? Danach richtet sich nämlich, wie wir damit umgehen. Man unterscheidet zwischen Narzissmus als ...

- einfachem Persönlichkeitsmerkmal (wie auf Seite 81 beschrieben),
- einem narzisstischen Persönlichkeitsstil (einer Persönlichkeitsakzentuierung) und
- einer narzisstischen Persönlichkeitsstörung.

Die Diagnose »narzisstische Persönlichkeitsstörung« (NPS) ist sehr selten – nur etwa ein Prozent der Gesamtbevölkerung ist davon betroffen (laut American Psychiatric Association, 2000). Sie kann nur nach ausführlicher Untersuchung durch qualifizierte Fachleute, in der Regel Psychologen, Psychotherapeuten oder Psychiater, gestellt werden (siehe Seite 91).

Im Gegensatz dazu bezieht sich eine Persönlichkeitsakzentuierung auf Merkmale, die als intensiv und ungewöhnlich betrachtet werden, aber nicht zwangsläufig auf eine Störung hindeuten müssen. Zum Beispiel können einige Menschen sehr impulsiv und empfindlich auf Kritik reagieren, ohne dass es sich dabei um eine Persönlichkeitsstörung handelt. Eine Akzentuierung wird nur dann zum Problem, wenn die Merkmale so ausgeprägt sind, dass sie negative Auswirkungen auf das tägliche Leben oder die zwischenmenschlichen Beziehungen haben, und ein individueller Leidensdruck entsteht.

Was ist eine Persönlichkeitsstörung?

Eine Persönlichkeitsstörung ist eine psychische Erkrankung, die durch anhaltende Muster von Verhaltensweisen, Gedanken und Emotionen gekennzeichnet ist, die von der Norm abweichen und in der Regel zur Beeinträchtigung in sozialen Beziehungen und dem alltäglichen Leben führen. Persönlichkeitsstörungen sind schwerwiegend genug, um das persönliche oder berufliche Leben eines Menschen zu beeinträchtigen, und können dazu führen, dass Betroffene Schwierigkeiten haben, eine erfüllende Beziehung zu anderen Menschen aufzubauen.

Die Kriterien einer Persönlichkeitsstörung sind:

- Die Merkmale der Persönlichkeitsstörung müssen dauerhaft und generalisiert sein. Sie müssen also in verschiedenen Lebensbereichen zutage treten und über einen längeren Zeitraum anhalten.
- Die Persönlichkeitsstörung führt zu tiefgreifenden Beeinträchtigungen in sozialen, beruflichen oder anderen wichtigen Bereichen.
- Die Verhaltensmuster, Denkweisen und Gefühle müssen inflexibel und unangepasst sein, was zu erheblichen Schwierigkeiten in persönlichen und sozialen Beziehungen führt.
- Die Merkmale der Persönlichkeitsstörung sollten sich in der Jugend oder im frühen Erwachsenenalter manifestieren und stabil bleiben.
- Die festgestellten Merkmale dürfen nicht besser durch andere psychische Störungen oder medizinische Bedingungen erklärt werden.

Diese Ausprägung wird in der klinischen Psychologie als Vorstufe zur Persönlichkeitsstörung betrachtet, bedeutet aber nicht, dass die klinischen Kriterien für eine narzisstische Persönlichkeitsstörung erfüllt sind.

Menschen mit dieser Besonderheit tendieren zu einem aufgeblähten Selbstwertgefühl, streben übermäßig nach Bewunderung und zeigen gegenüber anderen einen Mangel an Empathie. Manche neigen dazu, Beziehungen zu manipulieren, um ihre eigenen Bedürfnisse zu erfüllen, und haben Schwierigkeiten, die Perspektiven anderer zu verstehen. Auch Personen mit einem narzisstischen Persönlichkeitsstil neigen dazu, sich stark auf sich selbst zu fokussieren, sich zu überschätzen und die eigenen Interessen über die der anderen zu stellen. Interessanterweise sind sich die Betroffenen oft nicht bewusst, dass sie diese besonderen Persönlichkeitszüge haben.

Die narzisstische Persönlichkeitsstörung

Es gibt keine spezifischen Labortests oder bildgebenden Verfahren, die zur Diagnose einer narzisstischen Persönlichkeitsstörung (NPS) verwendet werden können. Stattdessen basiert sie auf einer gründlichen klinischen Bewertung, ausführlichen Interviews, Fragebogenverfahren und einer sorgfältigen medizinischen Einschätzung von den Symptomen und Verhaltensweisen des Individuums. Da die Symptome in unterschiedlichem Ausmaß auftreten, wird die NPS ausschließlich durch entsprechend ausgebildetes Fachpersonal diagnostiziert. Sie basiert auf den diagnostischen Kriterien, wie sie in der ICD-10 (*International Statistical Classification of Diseases and Related Health Problems*) oder dem DSM 5 (*Diagnostic and Statistical Manual of Mental Disorders*) definiert sind. (Die Weltgesundheitsorganisation [WHO] gibt die ICD-10 [bald ICD-11] heraus, um psychische Erkrankungen zu diagnostizieren. Zwar ist die ICD-11 bereits am 01. Januar 2022 in Kraft getreten, die deutsche Version des Entwurfs kann jedoch aus lizenzrechtlichen Gründen noch nicht genutzt werden. Gleichzeitig wird in den Vereinigten Staaten das DSM-5 als Klassifikationssystem für psychische Störungen verwendet.)

Diagnosekriterien einer narzisstischen Persönlichkeitsstörung (NPS)

Wenn die Kriterien für eine Persönlichkeitsstörung aus medizinischer Sicht zutreffend sind, müssen zusätzlich mindestens fünf spezifische Kriterien aus der ICD-10 für eine narzisstische Persönlichkeitsstörung (ICD-10, F60.80) erfüllt sein:

- Überzeugung, »besonders« und einmalig zu sein und nur von anderen besonderen Menschen oder solchen mit einem hohen Status (oder von entsprechenden Institutionen) verstanden zu werden oder mit diesen zusammen sein zu können,
- Bedürfnis nach übermäßiger Bewunderung,
- Anspruchshaltung: unbegründete Erwartung besonders günstiger Behandlung oder automatische Erfüllung der Erwartungen,
- Mangel an Empathie; Ablehnung, Gefühle und Bedürfnisse anderer anzuerkennen oder sich mit ihnen zu identifizieren,
- häufiger Neid auf andere oder Überzeugung, andere seien neidisch auf die Betroffenen,
- arrogante, hochmütige Verhaltensweisen und Attitüden.

Gefangen im Spiegel: Narzissmus und der Kampf um den Selbstwert

Haben Narzissten denn nun wirklich ein so übertrieben hohes Selbstwertgefühl, wie es den Anschein hat? Überraschenderweise offenbart ein genauer Blick, dass sich hinter der nach außen gezeigten Selbstsicherheit häufig ein fragiles Selbstwertgefühl verbirgt, das nur auf äußerer Bestätigung basiert. Ein Schlüssel zum Verständnis dieses Phänomens liegt in der Kindheit der Betroffenen. Narzissmus kann sich als eine Art Schutzmechanismus entwickeln, der dazu dient, tief sitzende Minderwertigkeitsgefühle zu verbergen. In den frühen Lebensjahren können Vernachlässigung, Ablehnung und übermäßige Kritik, aber auch Überbehütung und mangelnde Autonomie ein Kind dazu veranlassen, eine übertriebene Selbstbewunderung zu entwickeln, um seine Unsicherheiten zu kompensieren.

Ein weiterer wichtiger Aspekt ist die starke Abhängigkeit von äußerer Bestätigung. Narzissten suchen kontinuierlich nach Anerkennung von anderen, um ihr brüchiges Selbstwertgefühl aufrechtzuerhalten. Es basiert nämlich vor allem auf äußeren Faktoren wie Erfolg, Macht und Bewunderung. Oft fehlt Narzissten die Fähigkeit, ein stabiles inneres Selbstbild zu entwickeln.

Auch das hohe Maß an Perfektionismus, dem sich Narzissten häufig verschreiben, kann ein Grund für einen geringen Selbstwert sein. Menschen mit ausgeprägtem Narzissmus versuchen stets, in allem die Besten zu sein, um keine Angriffsfläche zu bieten. Sie setzen sich selbst hohe Standards und erwarten Perfektion in allen Lebensbereichen. Wenn sie diese Standards nicht erfüllen können – was natürlich und menschlich ist –, leidet ihr Selbstwertgefühl darunter. In diesen Situationen wird gelogen und gemogelt, dass sich die Balken biegen, um die perfekte Fassade nach außen hin aufrechtzuerhalten. Der Druck, ständig den eigenen hohen Erwartungen gerecht zu werden, führt zu einem Teufelskreis von Selbstzweifeln.

Narzissten scheuen sich vor Selbstreflexion. Sie weigern sich meist, ihre eigenen Schwächen oder Fehler zuzugeben, und vermeiden es, sich selbst kritisch zu beleuchten. Diese mangelnde Fähigkeit zur Selbstreflexion führt dazu, dass sie keine realistische Selbsteinschätzung ihrer Gefühle, ihrer Gedanken und ihres Verhaltens entwickeln können. Das Bild, das sie von sich selbst haben, bleibt oberflächlich und verzerrt, was wiederum ihr Selbstwertgefühl beeinträchtigt.

Nicht alle Narzissten haben zwangsläufig ein negatives Selbstbild. Es gibt individuelle Unterschiede in der Ausprägung, den Erziehungsstandards der Eltern und den Ursachen des Narzissmus. Einige Narzissten können tatsächlich ein oberflächliches, aber sehr zerbrechliches Selbstwertgefühl aufrechterhalten.

Große Unsicherheit

Bei Narzissmus handelt es sich nicht einfach um eine übermäßige Selbstliebe, sondern um eine tiefgreifende Unsicherheit, die durch verschiedene Mechanismen überdeckt wird. Die Zerbrechlichkeit des Selbstwertgefühls bei Narzissten zeigt, dass die scheinbare Selbstsicherheit häufig eine Fassade ist, die darauf abzielt, innere Unsicherheiten zu verbergen und das Bedürfnis nach Bestätigung durch die Außenwelt zu stillen.

Welche Narzissmus-Ausprägungen gibt es?

In der klinischen Forschung konnten zwei verschiedene Seiten des pathologischen Narzissmus, also einer narzisstischen Persönlichkeitsstörung, identifiziert werden: Grandiosität-Exhibitionismus und Vulnerabilität-Sensitivität. Einige Narzissten sind sofort erkennbar, weil sie sich großspurig und arrogant verhalten, während andere anfangs unsicher und schüchtern wirken können. Im Rahmen einer Psychotherapie zeigen aber auch scheinbar schüchterne Narzissten ausgeprägte Fantasien von Größe, eine starke Selbstzentriertheit und übertriebene Ansprüche an sich selbst und andere. Der US-amerikanische Psychologe und Professor für Psychologie Paul Wink (1991) fasst diese zwei Seiten unter offenem und verdecktem Narzissmus zusammen.

Offener Narzissmus

Der grandiose Narzissmus, wohl der bekannteste Typ, fasziniert als »offener Narzisst», der das Rampenlicht sucht und durch seine Selbstverliebtheit auffällt. Jeder kennt diese eine laute Person, die sich immer wieder in den Mittelpunkt stellen muss und darauf hofft, von allen bestaunt zu werden. Charakteristisch für grandiose Narzissten ist ihre extrovertierte Natur, die die Aufmerksamkeit anderer förmlich auf sich zieht. Trotz ihres Charmes nehmen wir ihre Eitelkeit und Kühnheit oft als schamlos und sogar abstoßend wahr, vor allem, wenn diese Menschen mit einer egozentrischen, ausbeuterischen und autoritären Haltung durch das Leben gehen.

Offene Narzissten berichten häufig von einem hohen Selbstwertgefühl und damit einhergehend großer Lebenszufriedenheit. Ihre Extraversion, also ihre nach außen gerichtete Haltung, ermöglicht es ihnen, nach Anerkennung und Dominanz zu streben und diese Ziele auch zu erreichen. Ihr Narzissmus ist für alle sichtbar.

In Liebesbeziehungen manifestiert sich ihre Dominanz durch Machtspiele. Häufig halten sie an dysfunktionalen Beziehungen fest, neigen dabei aber auch zu Seitensprüngen. Mit ihrem Charisma und ihrer Unerschrockenheit tun sie sich leicht, andere Menschen zu verführen und »ins Bett zu kriegen«.

Das führt in ihren Partnerschaften zu einem Mangel an emotionaler Tiefe und echter Intimität.

Die Gefahren einer Beziehung mit einem grandiosen Narzissten sind erheblich. Durch seine Dominanz und das andauernde Streben nach Macht und Status können ungesunde Dynamiken entstehen. Es besteht immer das Risiko, dass sie ihre Familienmitglieder, Partner, Freunde oder Kollegen manipulieren, um ihre eigenen Wünsche und Bedürfnisse zu erfüllen.

Verdeckter Narzissmus

Während grandiose Narzissten das Rampenlicht suchen, existieren auch die weniger bekannten, aber nicht weniger komplexen »verdeckten Narzissten«. Dieser verletzliche, also vulnerable, Typ hat ähnliche selbstbezogene, ausbeuterische, unempathische und manipulativen Eigenschaften wie der offene Typus, jedoch reagiert er anders auf Kritik und Aufmerksamkeit. Seine tiefgreifende Furcht vor Kritik führt dazu, dass er sich zurückzieht und anderen gegenüber misstrauisch wird.

Vulnerabler Narzissmus vs. Hochstapler-Syndrom

Das Imposter-Syndrom, auch bekannt als Hochstapler-Syndrom, beschreibt Personen, die trotz ihrer Fähigkeiten und Leistungen ein Gefühl der Unzulänglichkeit empfinden. Meist denken sie, dass sie ihre Erfolge nicht verdienen, und sind überzeugt davon, dass andere talentierter sind als sie selbst. Häufig fühlen sich diese Menschen geradezu als Betrüger. Das lässt sie an ihrem eigenen Können zweifeln.

Menschen mit Imposter-Syndrom fürchten oft, dass ihr Mangel an Kompetenz und Fähigkeiten von anderen durchschaut und entlarvt werden könnte. Diese Angst wird meist von einem starken Streben nach Perfektion und sehr hohen Leistungsstandards begleitet.

Auf den ersten Blick könnte das Hochstapler-Syndrom leicht mit einem vulnerablen Narzissmus verwechselt werden. Auch vulnerable Narzissten fürchten Kritik und das Urteil anderer und leiden unter massiven Selbstzweifeln. Anders als Menschen mit Imposter-Syndrom richten sie aber ihren Groll und ihre Selbstzweifel häufig gegen andere Menschen und neigen außerdem zu manipulativem, ausbeuterischem Verhalten.

Klinisch betrachtet erleben verdeckte Narzissten mehr Stress, Angst, Schuld und leiden im Vergleich zu ihren grandiosen Pendants häufiger unter Depressivität. Meist übernehmen sie die Rolle des Helfers, doch im Inneren lodert stets chronischer Neid. Die paradoxe Selbstanschauung, die zwischen überhöhtem und negativem Selbstbild schwankt, projizieren sie auf andere und ihre Zukunft. Diese negative Emotionalität deutet auf eine tiefe Abneigung gegenüber persönlichem Wachstum hin. Das bedeutet, dass ihre negativen Gefühle und Einstellungen sie daran hindern können, sich persönlich weiterzuentwickeln und neue Erfahrungen zu machen, obwohl diese ihnen dabei helfen könnten, ein erfüllteres Leben zu führen.
In zwischenmenschlichen Beziehungen zeigen vulnerable Narzissten eher eine vermeidende und ängstliche Dynamik. Sie ziehen sich mit Groll und feindseligen Vorwürfen zurück und leben ihren Narzissmus hauptsächlich innerlich. Empathische und co-abhängige Menschen fühlen sich häufig für das Wohlergehen des verdeckten Narzissten verantwortlich, was bei den Betroffenen zu Selbstverleugnung führen kann. Die Gefahren, die eine Beziehung mit einem verdeckten Narzissten mit sich bringt, werden oft erst erkannt, wenn es bereits zu emotionalen Verletzungen gekommen ist. Seine subtilere Form der Manipulation macht es schwieriger, ihn rasch als Narzissten zu entlarven.

Wie entwickelt sich eine narzisstische Störung?

Narzissmus hat seine Wurzeln häufig in den frühen Lebensjahren. Die Art und Weise, wie ein Kind erzogen wird, die Qualität der Beziehung zu seinen primären Bindungspersonen sowie die familiäre Dynamik – all das spielt eine entscheidende Rolle bei der Ausbildung narzisstischer Verhaltensweisen. Dabei werden zwei Hauptfaktoren diskutiert, die die Entwicklung solcher Charakteristika beeinflussen können: Überbehütung und Vernachlässigung durch die frühen Bezugspersonen.

Die Grenzen des Schutzes: Überbehütung in der Kindheit

Eine übermäßige und unangemessene Fürsorge durch die Eltern kann die Entwicklung von Narzissmus begünstigen. Wenn Kinder ständig mit Lob, Bewunderung und Aufmerksamkeit überhäuft werden, ohne vor angemessene Herausforderungen gestellt zu werden oder Kritik zu erfahren, kann dies zu einem übersteigerten Selbstbild führen. Überbehütung, bei der die Eltern das Kind vor allen Faktoren der Außenwelt schützen und ihm so kaum Raum zu Eigenständigkeit geben, führt zu einem Mangel an Autonomieerleben und Selbstvertrauen. Das Kind wird buchstäblich in Watte gepackt.

In der Adoleszenz zeigen sich Schwierigkeiten bei der Bewältigung von Herausforderungen und der Entwicklung von Selbstständigkeit. Die Heranwachsenden fühlen sich unsicher und verloren, wenn sie auf sich allein gestellt sind, weil sie keine eigenen Fähigkeiten und auch keine Frustrationstoleranz entwickeln konnten. Diese Kinder glauben häufig, dass sie in jeder Hinsicht etwas Besonderes sind, und entwickeln dadurch die Erwartung, dass sich die Welt nur um sie dreht. Trauen ihnen die Eltern nichts zu, entsteht das Gefühl von Minderwertigkeit. Sie fühlen sich dann nicht als Individuum gesehen und außerhalb der geschützten Blase häufig zutiefst missverstanden. Zeitgleich leben sie mit der andauernden Angst, dass jemand entdecken könnte, dass sie nicht so talentiert oder klug oder fähig sind, wie sie von ihren Eltern angepriesen werden.

Narzisstische Kinder haben oft narzisstische Eltern

Nicht selten zeigen die Eltern narzisstischer Kinder ebenfalls narzisstische Charaktereigenschaften. Oft übertragen sie ihre eigenen unerfüllten Wünsche und Bedürfnisse auf ihre Kinder und instrumentalisieren sie, um die eigenen narzisstischen Defizite auszugleichen. Zum Beispiel überträgt ein Vater, der in seiner Jugend Leistungssport betrieben, aber nie den Profistatus erreicht hat, den eigenen unerfüllten Traum auf seinen Sohn. Dies kann dazu führen, dass das Kind im Sport übermäßig gefördert und getriezt wird. Dadurch erhofft sich der narzisstische Vater, durch sein Kind die eigenen verpassten Erfolge nachzuholen.

Nur Leistung zählt

Kinder, die in einer Umgebung aufwachsen, in der lediglich ihre Leistungen gesehen und auch übermäßig betont werden, können eine Sucht nach Anerkennung entwickeln. Zum einen lernen Kinder in solch einem leistungsorientierten Umfeld, dass ihnen die Bewunderung anderer gebührt. Zum anderen lernen sie auch, dass sie lediglich dann liebenswert sind, wenn sie eben diese Leistungen erbringen. Diese Glaubenssätze aus der Kindheit fördern einen egozentrischen Lebensstil auf der ständigen Suche nach Erfolg.

Allein gelassen: Folgen kindlicher Vernachlässigung

Die Ablehnung durch die primären Bindungspersonen kann für ein Kind äußerst schmerzhaft sein. Wenn es das Gefühl hat, nicht akzeptiert oder geliebt, im schlimmsten Falle sogar verlassen zu werden, kann dies zu schwerwiegenden emotionalen Problemen führen. Zu wenig Empathie und emotionale Unterstützung werden zwangsläufig dazu führen, dass ein Kind Schwierigkeiten entwickelt, sich in die Emotionen anderer einzufühlen. Das unerfüllte Bedürfnis nach Anerkennung und Bestätigung kann dazu führen, dass die Betroffenen sich in zwischenmenschlichen Beziehungen dominierend und egozentrisch verhalten, anstatt sich einfühlsam auf das Gegenüber einzulassen.

Die starken frühkindlichen Selbstwertverletzungen werden im Laufe der Selbstentwicklung eines Kindes von einem Grandiositätserleben überlagert. Dieses manifestiert sich in übermäßiger Selbstliebe, Selbstbewunderung und dem andauernden Streben nach übermäßigem Erfolg oder Macht. Narzissmus dient demnach als Selbstschutz- und Abwehrmechanismus und Grandiosität ist eine der Bewältigungsstrategien, um mit einem geringen Selbstwertgefühl umzugehen. Das tiefe Gefühl von Minderwertigkeit und Verunsicherung muss vor der Außenwelt verborgen bleiben. Deshalb wird ein überlegenes Selbstbild entwickelt. Die grandiose Selbstdarstellung soll vor emotionalen Verletzungen schützen und Kritik und Zurückweisung abwehren.

Das Goldkind

In Familien mit narzisstischen Eltern kann ein dynamisches Muster auftreten, das oft »das Goldkind« hervorbringt. Das Goldkind ist dasjenige Kind, dass von den narzisstischen Eltern bevorzugt wird und häufig besondere Privilegien und Aufmerksamkeiten genießt. Auf den ersten Blick erscheint es so, als wäre dies für das auserwählte Kind positiv. Die Rolle des Goldkindes birgt jedoch ebenfalls Herausforderungen und kann langfristige Auswirkungen auf die psychische Entwicklung des Kindes haben. Eltern projizieren ihre eigenen unerfüllten Wünsche, Träume und ungelösten Konflikte auf das

Goldkind. Es wird dabei als eine Art Verlängerung der Eltern gesehen, ein Objekt, das dazu dient, ihre eigenen nicht realisierten Ziele zu erfüllen oder den familiären Ruf zu stärken. Die Projektionen der Eltern können dazu führen, dass ihr Kind bestimmte Erwartungen erfüllen soll, die oft übermäßig hoch und unrealistisch sind.

Eines der charakteristischen Merkmale, wie narzisstische Eltern ihr Goldkind behandeln, ist die übermäßige positive Verstärkung durch Lob. Das Kind erhält Anerkennung für vermeintliche Leistungen, auch wenn diese nicht vorhanden oder nur geringfügig sind. Die narzisstischen Eltern sehen in dem Goldkind das, was sie selbst gern gewesen wären, und versuchen dabei, dieses Bild nach außen zu perfektionieren.

Die Liebe und Aufmerksamkeit, die das Goldkind erfährt, können jedoch an Bedingungen geknüpft sei. Sie können beispielsweise davon abhängen, ob die elterlichen Erwartungen erfüllt werden. Das Kind wird in eine Position gedrängt, in der es den Ansprüchen gerecht werden und den Erwartungen der Eltern entsprechen muss, um Liebe und Zuneigung zu erhalten. Dies führt zu erheblichem Druck. Und es äußert sich in dem Gefühl, die eigenen Wünsche und Bedürfnisse zugunsten der elterlichen Erwartungen zurückstellen zu müssen. Langfristig identifiziert sich das Kind derart mit den Bedürfnissen und Erwartungen der Eltern, dass es wie von selbst eine bestimmte Rolle im Familiengefüge einnimmt oder ein bestimmtes Image aufrechterhält.

Das Sündenbockkind

In Familien mit narzisstischen Eltern kann es vorkommen, dass ein Kind die Rolle des Sündenbocks einnimmt. Narzisstische Eltern neigen dazu, bestimmte Verhaltensmuster zu zeigen, die sich negativ auf die Entwicklung und das Wohlbefinden des Sündenbockkindes auswirken können. Das Sündenbockkind wird häufig zum Ziel von Kritik, Schuldzuweisungen, Misserfolgen und Bestrafungen. Narzisstische Eltern projizieren ihre eigenen Unzulänglichkeiten, Unsicherheiten und negativen Emotionen auf das Sündenbockkind und machen es für ihre eigenen Schwächen verantwortlich.

Das Sündenbockkind wird meist als »das Problem« im Familiensystem bezeichnet. Selbst dann, wenn es objektiv betrachtet keine signifikanten Probleme verursacht. Die Eltern können beispielsweise unrealistische Erwartungen an ihre Kinder haben, die es unmöglich erfüllen kann. Scheitert es, trägt es dafür die Verantwortung und wird gedemütigt. Diese Kinder leben meist zurückgezogen, sind schnell verunsichert und reagieren hochsensibel auf Kritik oder Kränkungen. Nicht selten wird der Sündenbock in einem negativen Licht dargestellt, sowohl innerhalb als auch außerhalb der Familie. Im Vergleich mit dem Sündenbock stehen die Eltern selbst in einem positiveren Licht da. Dadurch können sie sich vor ihren eigenen Unsicherheiten schützen und ihre Selbstwahrnehmung aufrechterhalten. Ihr Ziel liegt darin, im Vergleich zu ihrem »unvollkommenen« Kind zu strahlen, entweder weil sie tatsächlich besser sind oder sich besser nach außen präsentieren.

Wie Narzissmus Beziehungen beeinflusst

Zwischenmenschliche Beziehungen sind das Geflecht, aus dem unser Leben gewoben ist. Menschen als soziale Wesen sehnen sich nach Bindung, Geborgenheit, inniger Freundschaft, erfüllender Partnerschaft. Wir streben nach Verbindung und Verständnis und hoffen darauf, das perfekte Gegenstück zu finden, eine Partnerschaft, die nährt und eine verlässliche Stütze auf dem Lebensweg bietet. Beziehungen sind die Spiegel, in denen wir uns selbst, unsere tiefsten Bedürfnisse, aber auch die Verletzungen unserer Kindheit erkennen können.

In jedem von uns schlummert die Hoffnung auf die große, perfekte Liebe, die Freundschaft, die ein Leben lang hält. Doch was passiert, wenn diese Illusion plötzlich verpufft und wir uns nun in den Fängen eines narzisstischen Partners befinden? Was, wenn die beste Freundin uns manipuliert und für ihre Zwecke benutzt? Wenn wir feststellen, dass unser Lieblingskollege unsere Arbeitsergebnisse als seine verkauft?

Plötzlich ist unsere Beziehung, die Freundschaft oder das kollegiale Verhältnis die Quelle von Konflikten, Unsicherheit und Schmerz. Machtspiele, Manipulation und Ausbeutung führen zum Verlust der eigenen Identität. Der Glanz der anfänglichen Verliebtheit verblasst, das Vertrauen in unseren langjährigen Freund ist zerstört und wir finden uns in einem düsteren Labyrinth aus emotionaler Abhängigkeit und Selbstzweifeln gefangen.

Schauen wir uns das am Beispiel der romantischen Paarbeziehung näher an: Was ein narzisstischer Mensch in einer Beziehung als Liebe erlebt, ist der unrealistische Traum von absoluter Perfektion und das Bedürfnis nach Kontrolle, Dominanz und Selbstwerterhöhung. Am liebsten wäre ihm eine symbiotische Paarbeziehung, in der all seine Erwartungen erfüllt werden, ohne Fehler, Kritik oder Konflikte. Der tiefe Wunsch nach permanenter Bewunderung und Verehrung, in der die eigenen Wünsche und Bedürfnisse stets Vorrang haben. Eine solche Dynamik kann nur funktionieren, wenn der andere Partner zurücksteckt und seine Grenzen aufgibt.

Eine Beziehung zu einem Narzissten gleicht einem Wirbelsturm. Der narzisstische Partner bildet das Zentrum des Sturms, während der nicht-narzisstische Partner immer tiefer in den sich drehenden Strudel hineingezogen wird. Der Wirbelsturm verkörpert die überwältigende und machtvolle Selbstzentriertheit und die intensiven Bedürfnisse des Narzissten. In seinem andauernden Streben nach Aufmerksamkeit, Anerkennung, Bewunderung und Kontrolle erzeugt er einen mächtigen Sog, der den nicht-narzisstischen Partner in einen Strudel aus Konflikten, Abhängigkeit und Unterordnung zieht.

Ähnlich wie in einem Strudel ist es beinahe unmöglich, sich aus dieser zerstörerischen Dynamik zu befreien und sich dem ungesunden Kreislauf zu entziehen.
Die Realität von zwischenmenschlichen Beziehungen ist komplex und erfordert Kompromissbereitschaft, Empathie und die Fähigkeit, die Bedürfnisse und Wünsche des Partners oder Gegenübers zu berücksichtigen.
Wie du bereits weißt, ist der ständige Drang nach Erfolg und Bewunderung besonders charakteristisch für Narzissmus. Narzisstische Menschen setzen sich extrem hohe Ziele und sind meist sehr leistungsorientiert. Dieser Ehrgeiz kann jedoch dazu führen, dass ihr Gleichgewicht zwischen Arbeit und Privatleben gestört ist und sie ihre persönlichen Beziehungen und die Bedürfnisse ihrer Mitmenschen vernachlässigen. Um das zu verdeutlichen, betrachten wir folgendes Beispiel: Jemand mit narzisstischer Persönlichkeitsstörung kann beruflich sehr erfolgreich sein, fühlt sich jedoch nie wirklich zufrieden. Jeder Erfolg wird als neue Herausforderung betrachtet, die Konkurrenz zu übertrumpfen. Der Narzisst verliert sich immer weiter in seiner leistungsorientierten Welt und vernachlässigt dabei seine zwischenmenschlichen Beziehungen.
Aufgrund des ständigen Verlangens nach Bewunderung instrumentalisieren viele Betroffene ihre Mitmenschen, ohne dabei Rücksicht auf die Bedürfnisse oder Gefühle der betroffenen Personen zu nehmen. Ein Beispiel hierfür: Während sich eine narzisstische Person in einer Teambesprechung als überzeugende und einfühlsame Führungskraft präsentieren kann, die die Ideen ihrer Teammitglieder unterstützt und ihre Meinungen ernst nimmt, nutzt sie zeitgleich ihre charmante Art, um das Team für die eigenen Ziele zu gewinnen. Hinter den Kulissen kann diese Empathie »abgeschaltet« werden, wenn es darum geht, wichtige Entscheidungen zu treffen. Plötzlich werden Aufgaben delegiert, ohne die Bedenken oder Fähigkeiten der Teammitglieder zu berücksichtigen. Das Hauptziel liegt darin, die eigenen Erfolge zu maximieren – ohne Rücksicht auf Verluste.

Beziehungen von narzisstischen Menschen entwickeln sich oft in zwei Richtungen: Entweder suchen sie einen unterlegenen Freund oder Partner, der ihnen ständig Bewunderung und Anerkennung schenkt, oder sie wählen einen »bedeutenden« Partner, der Macht und Erfolg mitbringt und sie dadurch aufwertet. Vor allem die Liebespartner von Narzissten müssen häufig sehr vorsichtig sein, weil schon leichte Kritik ihr Gegenüber stark verletzen kann.

Narzissten übertragen ihre hohen Leistungsstandards auf andere und setzen manipulative Strategien ein, um eine Sonderbehandlung zu erhalten. So können sie zum Beispiel darauf bestehen, dass Entscheidungen oder Pläne immer nach ihren individuellen Vorstellungen ausgerichtet werden. Selbst, wenn dies zu Lasten ihrer Mitmenschen geht. Häufig erwarten sie auch, dass sie besondere Privilegien genießen, weil sie glauben, dass sie überlegen oder besonders wichtig sind.

Ein weiteres Charakteristikum von Narzissten ist ihr Streben nach Autonomie. Narzissten möchten selbstbestimmt Entscheidungen treffen und unabhängig von anderen bleiben. Oft haben sie negative Glaubenssätze verinnerlicht wie »Ich bin nicht in Ordnung« oder »Ich bin ein Versager«. Daraus ziehen sie Schlussfolgerungen wie »Vermeide unbedingt Abwertung und Kritik«, »Sei um jeden Preis erfolgreich, nur so wirst du geliebt« und »Sei der Beste und mache dich niemals abhängig«.

Narzissmus erkennen

Selbstreflexion statt Diagnose

Als Außenstehende können und werden wir nie genau wissen, was in anderen Menschen vorgeht oder welche Motivation und welche Motive ihr Verhalten beeinflussen. Daher ist es uns nicht möglich, aufgrund eines einfachen Gesprächs oder einer Beobachtung eine eindeutige Diagnose zu stellen.

Motivation oder Motiv

Motivation ist die Kraft, die eine Handlung antreibt. Motive dagegen sind die zugrundeliegenden Gründe oder Ziele, die diese Handlung motivieren.

Trotzdem können bestimmte Fragen Hinweise darauf geben, ob möglicherweise narzisstische Verhaltensweisen vorliegen. Es ist entscheidend, den Fokus darauf zu legen, welche Auswirkungen das Verhalten auf uns selbst hat. Es ist nicht unsere Aufgabe, andere Menschen zu diagnostizieren, sondern vielmehr, auf unser eigenes Wohlbefinden zu achten. Sollte bei dir das Gefühl aufkommen, dass dein Gegenüber narzisstische Züge hat, so stelle dir die folgenden Fragen:

- Kann dein Gegenüber bei (zwischenmenschlichen) Problemen differenziert reflektieren und seine eigenen Anteile erkennen?
- Ist die Person in der Lage, Fehler zuzugeben und sich zu entschuldigen?
- Weist der Lebenslauf der Person eine gewisse Kontinuität auf oder gibt es zahlreiche Umbrüche in der Lebensgestaltung?
- Wirkt ihre Persönlichkeit sehr charismatisch und löst eine gewisse Faszination aus?
- Hat dein Gegenüber langjährige Mitstreiter und Freundschaften?
- Bringt sie begonnene Projekte, Studiengänge, Ausbildungen und Ähnliches auch dann zu Ende, wenn sie auf Hindernisse stößt und das Interesse nachlässt?
- Kann dein Gegenüber auch die Leistungen anderer vollständig würdigen?
- Entsteht in euren Gesprächen ein echter Dialog oder dominiert meist ein einseitiger Monolog?

Je häufiger du mit Nein geantwortet hast, desto wahrscheinlicher ist es, dass dein Gegenüber narzisstische Züge hat.

Bin ich ein Komplementärnarzisst?

Viele Kinder lernen zwangsläufig, sich gegenüber anderen zurückzuhalten, sich klein zu machen und nicht im Mittelpunkt zu stehen. Diese Eigenschaften machen später aus ihnen einen idealen Partner für jemanden mit narzisstischen Persönlichkeitstendenzen oder einer narzisstischen Persönlichkeitsstörung. Sie neigen dazu, nachzugeben, Bewunderung zu zeigen und zu gefallen. In der Psychologie nennen wir sie Komplementärnarzissten. (Neben dem Begriff Komplementärnarzissmus gibt es auch den Ausdruck »Co-Narzissmus«.)

Der Komplementärnarzisst teilt grundlegende narzisstische Strukturen mit dem klassischen Narzissten. Während Letzterer in seiner

Großartigkeit verharrt, nimmt der Komplementärnarzisst die Rolle der Minderwertigkeit ein. Der offene Narzissmus des klassischen Narzissten zeigt sich in Dominanzstreben, Egoismus und Misstrauen, während der Komplementärnarzisst einen verdeckten Narzissmus mit Gehemmtheit, übermäßiger Empfindlichkeit und hoher Selbstentwertung auslebt. Er reagiert äußerst sensibel auf die Meinungen anderer und scheut das Rampenlicht.

Häufig wählen Narzissten als Partner bescheidene Menschen mit geringem Selbstwertgefühl aus, die es gewohnt sind, sich anzupassen. Diese Menschen haben von Kindheit an gelernt, sich zurückzunehmen, und sind es gewohnt, entwertet zu werden. Ihre eigenen Wünsche stellen sie oft hinten an und passen sich den Bedürfnissen anderer an. Nicht selten projizieren sie ihr Ideal-Selbst, ihre Vorstellung davon, wie sie selbst sein möchten, auf einen idealisierten Partner. So identifizieren sie sich mit ihm und suchen nach Akzeptanz, um zu einem eigenen annehmbaren Selbst zu gelangen.

Ursachen in der Kindheit – Komplementärnarzissmus

Meist sind Komplementärnarzissten Menschen, die als Kinder frühzeitig Verantwortung übernehmen mussten. Dies geschieht oft, wenn ein Elternteil belastet ist oder mit eigenen Problemen kämpfen muss – oder wenn der Elternteil selbst toxische Verhaltensweisen zeigt. In solchen Fällen schlüpfen die Kinder in die Rolle der Eltern, müssen frühzeitig selbstständig agieren und schnell erwachsen werden. Diese Rollenumkehr zwischen Kind und Eltern nennen Psychologen Parentifizierung. Derartige Erfahrungen prägen die Kinder massiv. Sie lernen, sich anzupassen, gehorsam zu sein und wenig zu rebellieren. Ihre Überlebenstaktik ist es, keinen Ärger zu verursachen und vor allem perfekt zu funktionieren. Zuneigung und Liebe erfahren diese Kinder vor allem dadurch, dass sie sich um andere kümmern und für sie sorgen.

Der Komplementärnarzisst zeigt im Grunde eine narzisstische Struktur, jedoch mit umgekehrten Vorzeichen. Während der klassische Narzisst darauf abzielt, Bewunderung für sich selbst zu erhalten, neigt der Komplementärnarzisst dazu, sich vollständig für einen anderen aufzugeben. Da, wo der Narzisst sein Selbstwertgefühl steigern möchte, verzichtet sein Partner darauf, ein eigenes Selbst zu entwickeln, um das Selbst des anderen zu stärken, mit dem er sich identifiziert. Beide haben ein unzureichend geformtes Selbst, das sie in der Abgrenzung zu anderen als gefährdet und minderwertig empfinden. Ihre Abwehrmechanismen gegen diesen Mangel unterscheiden sich jedoch: Während der Narzisst versucht, sein schwaches Selbst durch den Partner aufzuwerten, versucht der Komplementärnarzisst, ein ideales Selbst beim anderen zu finden, und neigt dann dazu, sich im anderen zu verlieren. Er ordnet sich unter, übernimmt dessen Werte und Ideale. So entsteht zwar ohne mühsame Beziehungsarbeit und gegenseitiges Entgegenkommen ein System von Einklang und Gemeinsamkeit. Es ist jedoch ein System, das auf Macht und Unterwerfung basiert.

Für den Narzissten ist ein solcher Partner eher eine Erweiterung seines Selbst als ein eigenständiges oder gleichberechtigtes Wesen. Er schafft klare hierarchische Strukturen, in denen er seine Autonomie bewahrt und sich bei Bedarf distanziert, um sich nicht eingeengt zu fühlen. Die Komplementärnarzissten hingegen sehen die eigennützige Behandlung zunächst nicht als Zurücksetzung, sondern als Erfüllung an. Sie haben Freude daran, dem Narzissten zu dienen, versuchen, ihm in allem gerecht zu werden, und sind enttäuscht oder selbstkritisch, wenn es ihnen nicht gelingt. Sie möchten mit dem Narzissten verschmelzen.

Unsichtbare Allianz: Die narzisstische Kollusion

In jeder Art von zwischenmenschlicher Beziehung tragen beide Partner gleichermaßen Verantwortung für ihr Handeln und für das, was sie ertragen oder zulassen (ausgenommen frühe Eltern-Kind-Verhältnisse). Die narzisstische Kollusion beschreibt eine Art von unbewusstem Zusammenspiel zwischen zwei Menschen, die wie ein Schlüssel in einem Schloss eine genaue Funktion in ihrer Beziehung einnehmen. Häufig neigen beide unbewusst oder bewusst dazu, in ihren schädlichen Verhaltensweisen zu verharren, weil sie die Dynamik der Beziehung aufrechterhalten möchten.

Eine narzisstische Kollusion ist nicht nur auf romantische Paarbeziehungen beschränkt, sondern tritt in vielen sozialen Zusammenhängen auf, in denen Menschen mit narzisstischen Tendenzen auf andere treffen, die bereit sind, diese Tendenzen zu unterstützen oder sich diesen zu unterwerfen. Besonders häufig tritt eine narzisstische Eltern-Kind-Kollusion auf. In dieser Beziehung entwickelt sich eine enge Bindung, die von gegenseitiger Abhängigkeit und Bestätigung geprägt ist, jedoch oft auf Kosten der gesunden emotionalen Entwicklung des Kindes geht. Kinder fühlen sich häufig dazu verpflichtet, das narzisstische Selbstbild ihres Elternteils aufrechtzuerhalten und die eigenen individuellen Bedürfnisse zu vernachlässigen. Narzisstische Kollusionen können sich bei Freundschaften, Arbeitsverhältnissen, Liebesbeziehungen oder familiären Dynamiken zeigen.

Der Schweizer Facharzt für Psychiatrie, Psychotherapie sowie Psychoanalytik Jürg Willi geht davon aus, dass in einer zwischenmenschlichen Beziehung beide Partner gleichermaßen zum Konflikt beitragen und dass die Auswahl unserer Partner sowie die auftretenden Konflikte bewusst oder unbewusst geschehen. Meist wird der Komplementärnarzisst in die ausgelebte Großartigkeit des anderen einbezogen. Zeitgleich kann dieser sich jedoch auch wie jemand verhalten, der mitfühlend ist und hofft, dass sich der andere durch die liebevolle Aufmerksamkeit ändern und sich ihm zuwenden wird. Beide leben in einer gemeinsamen illusionären Realität und bestärken sich in ihrem verzerrten Selbstbild. Während der Komplementärnarzisst seinen Selbstwert steigert, indem er den Narzissten anhimmelt und sich diesem unterordnet, kann der pathologische Narzisst durch die Hingabe und Bewunderung des Komplementärnarzissten seine Bedürfnisse nach Aufmerksamkeit und Bestätigung erfüllen.

Eine narzisstische Kollusion entsteht, wenn der Narzisst auf jemanden trifft, der ebenfalls ein Ideal in einem anderen sucht, ob bewusst oder unbewusst, spielt dabei keine Rolle. Im Grunde strebt auch der Komplementärnarzisst in seinen Beziehungen danach, seine Ziele und Wünsche erfüllt zu sehen. Er hofft, das ideale Selbst durch die Vereinigung mit dem grandiosen Narzissten zu erlangen. Meist hegt der Komplementärnarzisst dabei Rettungsfantasien, die einen ähnlichen Charakter von narzisstischer Größe haben: »Nur ich allein habe es geschafft, dass sich der Narzisst in mich verliebt«, »Nur ich allein schaffe es, meinen Partner zu retten«, »Ich allein kann meinem Partner zeigen, was echte Liebe ist, und alles Schlechte in der Welt von ihm fernhalten.« In all seinen Handlungen führt der Komplementärnarzisst eine stille Gegenrechnung durch: Er fordert, ein Teil der Großartigkeit des Narzissten zu sein. Aufgrund seiner Unverzichtbarkeit darf er sogar von dem Narzissten verlangen, zurückgeliebt zu werden. Doch genau das kann der pathologische Narzisst nicht. Was bleibt, ist, dass sowohl der Hauptnarzisst als auch der Komplementärnarzisst zueinander in einer manipulativen Beziehung stehen. Beide versuchen, den anderen für ihre eigenen Wünsche und Dienste zu nutzen und zu missbrauchen.

Sobald der Co-Abhängige spürt, dass der narzisstische Partner keine Nähe mehr zulässt, kommt oft ein Teufelskreis in Gang: Die Angst, verlassen zu werden, nimmt zu und gleichzeitig wächst das Bedürfnis nach Kontrolle. Das hat zur Folge, dass die Bedürfnisse und die Freiheiten des narzisstischen Partners eingeschränkt werden. Das wiederum veranlasst diesen, nach Wegen zu suchen, um sich aus der

Beziehung zu befreien. Wenn die Bewunderung seitens des Komplementärnarzissten nachlässt, sucht der narzisstische Partner anderweitig nach Anerkennung. Zeitgleich verstärkt sich jedoch die Angst vor dem Verlassenwerden. Der Narzisst erwartet, dass sein Partner sich vollständig seinem eigenen Selbst unterwirft – er soll eine Verlängerung des eigenen Ichs sein, ein Echo oder Spiegelbild, das unentwegt bestätigt, wie großartig er ist. Genau hier liegt die narzisstische Wunde: Der Narzisst sucht in seinem Partner ein Objekt, das keinen Widerstand leistet, von nichts anderem abgelenkt wird und ihn idealisiert. Der Narzisst wählt seinen komplementären Partner nach dem Muster: »Ich bin dein Ideal, für das du dich aufopferst.« Tatsächlich kann eine solche Beziehung funktionieren, wenn beide Partner aufeinander Rücksicht nehmen und der dominantere einfühlsam handelt. Doch die Stabilität kann schnell ins Wanken geraten, wenn die untergeordnete Person selbstbewusster wird und beginnt, ihre eigenen Bedürfnisse zu äußern.

Eine solche Beziehungsstruktur führt fast zwangsläufig zu Problemen, da sie wenig Raum für persönliche Entwicklung lässt. Die Rollen sind streng festgelegt und ein einfacher Wechsel oder eine Anpassung gestalten sich schwierig. Sobald der Partner, der nach außen hin schwächer erscheint, plötzlich sehr dominantes Verhalten zeigt, gerät der scheinbar stärkere in eine hilflose und manchmal bettelnde Rolle. Dies kann geschehen, wenn der Komplementärnarzisst plötzlich mit einer Trennung droht. Der Narzisst reagiert mit Ärger und Aggressionen, was erneut die Rettungsfantasien des Komplementärnarzissten aktiviert. Er hat das Gefühl, endlich geliebt und gebraucht zu werden, und die Handlungsschleife dreht sich wieder in das gewohnte alte Bild.

Jedes Mal, wenn der Co-Narzisst versucht, seine eigene Persönlichkeit zu entfalten und sich von dem narzisstischen Partner abzugrenzen, gerät er in einen toxischen Konflikt. Dabei setzt der Narzisst alle Mittel ein – laute Auseinandersetzungen, Drohungen oder Kränkungen –, um den Komplementärnarzissten in einer untergeordneten

Position zu halten. Indem dieser immer klein gehalten wird, entwickelt sich bei ihm immer stärker der Glaube, dass er den Narzissten tatsächlich in seinem Leben benötigt. Ohne ihn geht es irgendwann wirklich nicht mehr. Dieses Abhängigkeitsverhältnis zeigt sich oft in banalen Alltagsangelegenheiten, wie das folgende Beispiel illustriert:

Maya und Luca waren seit ihrer Studienzeit beste Freunde. Ihre Beziehung wirkte immer harmonisch, auch wenn sie einige Höhen und Tiefen miteinander durchgestanden hatten. Maya, eine charmante und extrovertierte Frau, hatte klare narzisstische Merkmale. Sie war eine erfolgreiche Geschäftsfrau und ein echter Social-Media-Star. Sie suchte ständig nach Bewunderung und Anerkennung durch ihre Follower, aber auch in ihrem Freundes- und Bekanntenkreis. Sie genoss es, im Rampenlicht zu stehen, und erwartete von ihren Freunden, dass sie ihre Erfolge und Errungenschaften bewunderten. Ihre Bedürfnisse und Wünsche standen im Mittelpunkt ihrer Aufmerksamkeit.
Im Gegensatz dazu war Luca einfühlsam und unterstützend. Er bewunderte Mayas Selbstbewusstsein und ihre charismatische und offene Art. Luca war ein bescheidener Werkstudent, der sich eher im Hintergrund hielt und sich oft unscheinbar fühlte. Mit der Zeit entwickelte er einen Komplementärnarzissmus, der sich darauf konzentrierte, Maya glücklich zu machen und ihre Bedürfnisse über die eigenen zu stellen. Die Kollusion zwischen Maya und Luca zeigte sich in subtilen Mustern, die ihre Freundschaft durchzogen: Maya erzählte andauernd von ihren Erfolgen, Reisen und Kooperationen und erwartete, dass Luca sie bewunderte. Sie nahm einen zentralen Platz in der Freundschaft ein und konnte nur schwer die Perspektive anderer nachvollziehen, insbesondere die von Luca. Luca hingegen fand sich oft in der Position des Zuhörers, Fotografen oder Unterstützers wieder. Er spürte eine subtile Erwartung von Maya, sie bei ihrer Contenterstellung zu unterstützen, ihre Erfolge zu feiern und ihre egozentrische Sichtweise zu bestätigen. Sobald Luca versuchte, seine eigenen universitären Erfolge zu teilen oder über persönliche Anliegen zu sprechen, lenkte Maya das Gespräch meist wieder auf sich.

Mit der Zeit manifestierte sich die narzisstische Kollusion zwischen Maya und Luca. Maya fand Befriedigung darin, Luca um sich zu haben, jemanden, der bereit war, ihre Wünsche, Anliegen und Bedürfnisse über seine eigenen zu stellen. Luca hingegen schätzte die Aufmerksamkeit und Anerkennung, die er von Maya erhielt, sofern er guten Content für sie produziert hatte, selbst wenn es auf Kosten seiner eigenen Identität ging.

Luca wurde zum Helfer und Bewunderer in Mayas Welt, während sich seine eigenen Ambitionen und Ziele in den Hintergrund drängten. Diese Dynamik schuf eine Atmosphäre, in der Luca sich schließlich scheute, Unstimmigkeiten anzusprechen oder seine Meinung zu äußern aus Angst, die Freundschaft zu gefährden. Luca begann, die negativen Auswirkungen der narzisstischen Kollusion zu spüren. Sein ohnehin geringes Selbstwertgefühl litt zunehmend, weil er seine eigenen Träume vernachlässigte, um Maya zu unterstützen und ihr zu gefallen. Die Freundschaft wurde zu einer Einbahnstraße, in der Luca immer mehr auf seine eigene Individualität verzichtete.

Obwohl Luca auch andere Freundschaften pflegte, konnte keine Freundschaft mit der zu Maya mithalten. Er fühlte sich emotional abhängig von ihr und hatte mittlerweile Schwierigkeiten, eigene Entscheidungen zu treffen, ohne ihre Meinung zu berücksichtigen. Selbst in Momenten, in denen er seine Unzufriedenheit spürte, zögerte Luca, dies anzusprechen, um nicht die Harmonie zwischen ihnen zu gefährden. Die Freundschaft erreichte einen kritischen Punkt, als Luca zu begreifen begann, dass er sich selbst verloren hatte. In einem Moment der Selbstreflexion erkannte er, dass die Freundschaft unausgewogen war und er sich nicht mehr wohl dabei fühlte, nur Mayas Träumen hinterherzujagen. Mit ihren Kooperationen verdiente sie einen Haufen Geld, dachte aber nicht daran, Luca einen Teil davon für die Contentproduktion abzugeben. Er blieb vollständig auf der Strecke.

Luca wagte es schließlich, seine Gefühle gegenüber Maya zu äußern. Dies führte zu einer intensiven Konfrontation, in der Maya ihre Unfähigkeit zeigte, Lucas Bedürfnisse zu erkennen. Sie reagierte mit Ärger und Aggressionen und bagatellisierte Lucas Belange. Dieser Konflikt führte zu einer vorübergehenden Entfremdung, während der sich Luca die Zeit nahm, seine eigenen Wünsche und Bedürfnisse klarer zu definieren. Gemeinsam mit einem Therapeuten arbeitete er an seinem Selbstwert, setzte Maya klare Grenzen und kommunizierte seine Bedürfnisse offen. Maya, die zunächst widerstrebend auf die Veränderung reagierte, begann langsam zu erkennen, dass ihre narzisstischen Erwartungen nicht nachhaltig waren. Sie besaß nicht die notwendigen Fähigkeiten, ihre eigenen Fehler und Anteile zu reflektieren, begann jedoch, Lucas Individualität zu respektieren, um die fragile Freundschaft aufrechtzuerhalten.

Selbsttest: narzisstische Kollusion

Im Folgenden kannst du Anzeichen einer narzisstischen Kollusion in einer zwischenmenschlichen Beziehung überprüfen und identifizieren. Weise dir selbst die entsprechende Punktzahl zu, sofern eine Aussage auf dich zutrifft:

0 = trifft überhaupt nicht zu
1 = trifft gelegentlich zu
2 = trifft oft zu
3 = trifft immer zu

- Ich habe das Gefühl, dass ich mich in der Beziehung ständig anpassen und den Bedürfnissen meines Gegenübers unterordnen muss.
- Mein Gegenüber erwartet von mir, dass ich ihn bewundere und vollständig in seinen Interessen und Aktivitäten aufgehe.
- Ich fühle mich oft verunsichert oder ängstlich, wenn ich nicht die Erwartungen und Ansprüche meines Gegenübers erfülle.
- Ich vernachlässige meine eigenen Bedürfnisse und Interessen zugunsten der Wünsche meines Gegenübers.

- Ich habe das Gefühl, dass mein Gegenüber oft Kritik äußert oder mich herabsetzt, wenn ich nicht seinen Erwartungen entspreche.
- Ich versuche, meinem Gegenüber ständig zu gefallen, und fürchte die Konsequenzen, wenn ich mich gegen ihn auflehne oder meine eigene Meinung äußere.
- Meine (anderen) Freundschaften oder sozialen Kontakte leiden aufgrund meiner Hingabe an die Beziehung und die Bedürfnisse meines Gegenübers.
- Ich fühle mich oft überfordert und emotional abhängig von meinem Gegenüber.

Auswertung:
Addiere alle Punkte und lies bei deinem Ergebnis nach, um deine individuelle Einschätzung zu erhalten:

0–8 Punkte: Deine Beziehung zeigt nur geringe Anteile einer Abhängigkeit oder einer narzisstischen Kollusion.

9–16 Punkte: Es gibt Hinweise auf eine gewisse Abhängigkeit von deinem Gegenüber und eine narzisstische Kollusion. Überlege, deine Beziehung genauer zu analysieren und an deinem Selbstwertgefühl und deiner Unabhängigkeit zu arbeiten.
Ab Seite 128 findest du Tipps und Hinweise, die dir dabei helfen, dein Selbstwertgefühl zu stärken.

17–24 Punkte: Es gibt starke Anzeichen einer emotionalen Abhängigkeit und narzisstischen Kollusion. Ziehe professionelle Unterstützung oder Beratung in Erwägung, um ein gesünderes Beziehungsverhalten zu entwickeln und dein Selbstwertgefühl zu stärken. Im Buch findest du auf Seite 133 erste Tipps und Hinweise, die dir dabei helfen.

Umgang mit Narzissmus

Effektive Kommunikation und Strategien im Umgang mit narzisstischen Persönlichkeiten

Nicht immer wird es dir möglich sein, die Beziehung zu einem Narzissten in deinem Umfeld zu beenden. Beispielsweise wenn deine Chefin oder dein Schwiegervater zu narzisstischem Verhalten neigt, wirst du sie oder ihn nicht so ohne Weiteres los. Möchtest oder musst du eure Beziehung halbwegs reibungslos gestalten, gibt es eine ganz zentrale Regel, die du beachten solltest: Drücke regelmäßig deine Bewunderung und dein Lob aus. Auch wenn es vermutlich nicht das ist, wonach dir der Sinn steht, kann es kräftezehrende Manipulationen und narzisstische Spielchen verhindern oder zumindest eindämmen. Das wiederum schenkt dir im besten Fall die Energie, die nötig ist, um ganz aus der narzisstischen Beziehungskonstellation auszusteigen. Bei allem Lob und aller Bewunderung sind Authentizität und Ehrlichkeit entscheidend. Falls du beispielsweise einen Arbeitskollegen mit narzisstischen Tendenzen hast, solltest du ihm vermehrt Feedback zu seiner Arbeit geben und seine (tatsächlichen) Leistungen würdigen. Zum Beispiel könntest du betonen, wie sehr du seine Wortbeiträge im heutigen Team-Meeting bewundert hast. Wenn der Kollege seine Leistung dann herunterspielt, kannst du davon ausgehen, dass er nach noch mehr Anerkennung lechzt. Du könntest dann beispielsweise etwas sagen wie: »Ich finde, du bist jetzt zu bescheiden«, oder: »Ich finde, du hast das wirklich großartig gemacht.«

Es ist bei dieser Art Lob wichtig, nicht nur zu sagen, was man denkt, sondern auch zu erklären, warum man das denkt. Stell dir vor, du teilst deine Meinung mit anderen Leuten. Wenn du dazu den Grund erklärst, verstehen sie besser, warum dir etwas wichtig ist. Wenn du Änderungswünsche hast oder etwas anders haben möchtest, erkläre einfach, warum das für dich wichtig ist. Dadurch verstehen die anderen besser, was du brauchst, und es wird für euch alle einfacher, gemeinsame Lösungen zu finden. Es ist so, als würdest du den Hintergrund deiner Ideen teilen, um sicherzustellen, dass alle auf derselben Seite sind. Das schafft Vertrauen und hilft, Missverständnisse zu vermeiden. Wenn du Kritik äußerst, mach es in Maßen und mit Bedacht, um die Beziehung positiv zu beeinflussen, ohne unnötige Konflikte zu schüren. Bevor du einem Narzissten gegenüber einen konkreten Kritikpunkt äußerst, ist es ratsam, zuerst mit etwas Positivem, wie zum Beispiel Lob oder einer netten Bemerkung zu beginnen: Das schafft eine gute Stimmung und macht es leichter für die andere Person, sich zu öffnen für das, was du sagen möchtest. Das gilt übrigens nicht nur für den Umgang mit Narzissten, sondern ganz allgemein für den Umgang mit deinen Mitmenschen. Ein positiver Einstieg macht es einfacher für andere, deine Kritik anzunehmen, und es fördert eine positive Diskussion.

Wenn du außerdem transparent bist, zeigst du, dass es dir nicht in der Hauptsache darum geht, Fehler zu finden, sondern dass du dich für positive Veränderungen einsetzt. Geschickt ist außerdem ein indirektes Lob. Das erreichst du, indem du dem Narzissten vermittelst, dass jemand wie er ja sicher mit Kritik umgehen kann. Zum Beispiel könntest du sagen: »Ich weiß, dass einige Menschen Schwierigkeiten haben, mit Kritik umzugehen und es persönlich zu nehmen, aber bei dir weiß ich, dass das nicht der Fall ist.« Dann äußere deine Kritik.

In einer Beziehung mit jemandem, der zu Narzissmus neigt, ist es zudem wichtig, keine Machtkämpfe auszulösen, besonders an einem Arbeitsplatz, wo Wettbewerb üblich ist. Vermeide es, eine möglich Konkurrenzsituation offen vor einem narzisstischen Kollegen auszubreiten.

Stattdessen ist es hilfreich, einen Geist zu kultivieren, der auf Zusammenarbeit und kollektivem Erfolg basiert. Betone nach Möglichkeit, was für ein gutes Team ihr seid – und was ihr alles gemeinsam erreicht habt. So schaffst du ein produktives Arbeitsklima, in dem jeder sein Bestes geben kann, ohne unnötige Spannungen zu provozieren.

Wenn die Eltern das Problem sind

Viele fragen uns, wie man am besten mit narzisstischen Eltern umgehen soll. In der Kindheit sind wir auf die Fürsorge unserer Eltern angewiesen. Sie bieten uns Schutz, versorgen uns mit Nahrung und Kleidung und sollten im Idealfall unsere Bedürfnisse wahrnehmen. Allerdings sieht dies bei einem Elternteil mit narzisstischen Tendenzen anders aus. Diese Menschen fokussieren sich vorwiegend auf sich selbst und schenken ihrem Kind nur Aufmerksamkeit, wenn es ihren Erwartungen entspricht. Als (erwachsenes) Kind ist es wichtig, dieses Verhalten zu akzeptieren. In der Psychologie nennen wir das »radikale Akzeptanz«. Dabei geht es nicht darum, die Fehler der Eltern zu billigen, sondern vielmehr darum, sich selbst nicht für alles verantwortlich zu machen. Die Wahrscheinlichkeit, dass sich deine narzisstischen Eltern ändern, tendiert gegen null. Als Erwachsene sind sie bereits gefestigt, und allein der Versuch, sie zu ändern, wird dich nur erschöpfen und enttäuschen.

Ein narzisstischer Elternteil kann eine erhebliche Belastung für die gesamte Familie darstellen. Die ständige Suche nach Anerkennung, manipulatives Verhalten und mangelnde Empathie führen zu Konflikten und emotionalen Herausforderungen. Für ein Kind gestaltet sich der Umgang mit einem solchen Elternteil äußerst schwierig. Der narzisstische Elternteil zeigt wenig bis gar keine Rücksichtnahme auf die Gefühle seiner Kinder und versucht, seine eigenen Bedürfnisse immer in den Vordergrund zu stellen.

Der erste Schritt im Umgang mit einem narzisstischen Elternteil ist es, die eigenen Gefühle und Wahrnehmungen anzuerkennen und zu akzeptieren. Es ist entscheidend, die eigenen Grenzen zu kennen und zu lernen, sie zu respektieren. Die Wahrung der Selbstachtung ist ein wichtiger Schutzmechanismus im Umgang mit Narzissten allgemein – und noch mehr bei narzisstischen Eltern.

Kennst du deine eigenen Grenzen? Das ist nicht immer einfach. Als Kind ist man mit diesem Elternteil aufgewachsen und hat kein anderes Verhalten kennengelernt. In vielen Fällen erkennen die Kinder erst im Erwachsenenalter, dass sie einen narzisstischen Elternteil hatten. Therapeutische Unterstützung kann helfen, die eigenen Bedürfnisse wahrzunehmen und sich gegenüber dem toxischen Verhalten des Elternteils zu behaupten. Aufgrund der ständigen Kritik oder bewussten Manipulation in der Kindheit kann das Selbstbewusstsein stark leiden.

Um dich von dem narzisstischen Elternteil abgrenzen zu können und die abwertenden Kommentare nicht persönlich zu nehmen, musst du außerdem dein Selbstbewusstsein stärken. Dabei sind auch kleine Schritte bereits sehr heilsam. Beispielsweise könntest du klare zeitliche Grenzen für Besuche festlegen, um die Kontrolle über den Kontakt zum narzisstischen Elternteil zu behalten. Wenn man noch zu Hause wohnt, kann eine klare räumliche Trennung helfen. Manchmal verbessert sich der Kontakt nach dem Auszug, wenn man sich nicht mehr ständig über den Weg läuft.

Narzisstische Eltern als Großeltern

Als Großeltern mischen sich narzisstische Eltern gern in die Kindererziehung ein. Hier ist es von großer Bedeutung, klare Grenzen zu setzen und das Gesagte nicht persönlich zu nehmen.

Auch innerhalb der eigenen Familie kann Unterstützung gesucht werden. Der offene Austausch mit Geschwistern oder anderen Familienmitgliedern über die Situation kann helfen. Möglicherweise haben oder hatten auch die anderen unter dem Einfluss des narzisstischen Elternteils zu leiden. Gemeinsam können Strategien entwickelt werden, um besser mit der Situation umzugehen.
Für erwachsene Kinder ist es entscheidend, sich aus belastenden Beziehungen zu narzisstischen Elternteilen zu befreien, eine gewisse Distanz zu schaffen und den Fokus auf das eigene Leben zu richten. Dies kann bedeuten, den Kontakt zu reduzieren oder im Extremfall ganz zu beenden. Aufgrund des Kontrollbedürfnisses und des Machtstrebens narzisstischer Menschen verletzt und erschüttert sie ein solcher Kontaktabbruch zutiefst. Es kann sein, dass sie ihrerseits nun nichts mehr mit dem eigenen Nachwuchs zu tun haben wollen. Oder aber sie respektieren den Wunsch nach Kontaktabbruch nicht, sondern versuchen, über Umwege den Kontakt – und damit die Kontrolle – wiederherzustellen. Im besten Fall stößt der Kontaktabbruch einen Prozess der Selbstreflexion an. Mit zunehmendem Alter nehmen in der Regel narzisstische Merkmale ab, was Raum für einen Neuanfang schaffen kann.

Red Flags: Liebesbeziehungen mit Narzissten erkennen

Romantische Beziehungen mit Narzissten beginnen oft mit einem Feuerwerk, enden jedoch mit verbrannter Erde. Du solltest dir grundsätzlich darüber klar werden, wie du behandelt werden möchtest und was du von einer Beziehung erwartest. Der narzisstische Partner weist immer anderen die Schuld zu und übernimmt keine Verantwortung für sein Handeln. Achte daher immer auf die folgenden Red Flags und nimm sie ernst:

- Andere abwerten = aufwerten!?
  Toxische Menschen mit narzisstischen Tendenzen neigen dazu, sich selbst aufzuwerten, indem sie andere herabsetzen. Dein persönliches Wohlbefinden sollte stets oberste Priorität haben! Überlege sorgfältig, welche Kritik oder Anfeindungen du persönlich annehmen und auf dich beziehen möchtest.
- Kritik? Nein, danke!
  Narzissten sind nicht kritikfähig und empfinden Kritik als Vernichtung. Es ist ratsam, Kritik behutsam zu verpacken und gut dosiert zu äußern (siehe Seite 120). Auch hier gilt der Tipp: Vor Kritik Lob aussprechen und behutsam vorgehen, um eine positive Diskussion zu fördern. Falls der Narzisst gekränkt oder verletzend reagiert, solltest du es nicht persönlich nehmen, weil dies oft ein Ausdruck seiner eigenen Selbstzweifel ist.
- Manipulation und Isolation
  Psychotoxische Menschen nutzen Machtspielchen, Gaslighting und Liebesentzug, um ihre Mitmenschen zu manipulieren. Sie spielen mit grundlegenden Bedürfnissen nach Anerkennung und Zuwendung. Lass dich nicht von Freunden und Familie isolieren. Bleib dir treu und suche Verbündete.
- Verunsicherung
  Auch durch widersprüchliches Verhalten oder Lügen lassen wir uns leicht verunsichern. Hol dir regelmäßig Rat von neutralen Personen ein und suche dir Unterstützung von anderen, wenn nötig. Psychotoxische Menschen suchen oft Partner, die Schuldzuweisungen und Vorwürfe akzeptieren. Es ist wichtig, sich vor emotionalem Missbrauch zu schützen und nicht sich selbst die Schuld für das Misslingen der Beziehung zu geben.
- Meine Probleme sind deine?
  Die Probleme anderer sind nicht deine eigenen Probleme. Lasse ihre Probleme nicht auf dich übertragen. Wer von einer narzisstischen Persönlichkeitsstörung betroffen ist, wird sich nicht von heute auf morgen ändern. Eine Persönlichkeitsstörung entwickelt

sich früh und braucht Zeit, bis sich das Verhalten minimal ändert. Dafür brauchen Betroffene auch eine gute Portion Eigenmotivation! Überlege dir gut, was du dir von der Beziehung erhoffst und ob das für beide umsetzbar ist. Betrachte die Situation immer ungefiltert und bewerte nur Fakten, keine Wunschvorstellungen.

- Das arme Opfer
  Psychotoxische Menschen drehen oft die Tatsachen um und stellen sich selbst als Opfer dar, um Mitgefühl zu erlangen. Es ist wichtig, auf Fakten zu setzen und die Verantwortung klar zu kommunizieren. Ignoriere deswegen die Opferrolle und halte dich an deine Fakten, um dich vor manipulativem Verhalten zu schützen. Lass dich nicht von narzisstischem Verhalten täuschen und bleibe emotional unabhängig.

Im nächsten Abschnitt werden wir gemeinsam dein Selbstbewusstsein stärken, damit du dein eigenes Wohlbefinden schützen kannst. Mit der Zeit wird es dir immer leichter fallen, Warnsignale zu erkennen und sie ernst zu nehmen. Manchmal hilft es, negative Situationen aufzuschreiben und sie immer wieder zu reflektieren, um nicht in Wunschvorstellungen abzudriften. Wir schauen im nächsten Kapitel gemeinsam, wie wir klare Grenzen setzen und unseren Selbstwert stärken können.

Grenzen setzen und Selbstwirksamkeit stärken

Es kommt oft vor, dass wir unsere Meinung äußern und Grenzen setzen möchten, ohne unsere Beziehungen zu gefährden. Sei es bei der Arbeit, wenn wir einem Kollegen mitteilen, dass wir seine Aufgabe nicht übernehmen können oder dass wir keine Überstunden machen werden. Oder unter Freunden, wenn wir die Hilfe beim

Umzug oder beim Vereinsfest ablehnen wollen. Oft scheitert dies an unserem mangelnden Selbstbewusstsein und der Angst, von dem Gegenüber mit anderen Augen gesehen zu werden.
Es ist existenziell und normal, eigene Grenzen zu setzen und für unsere Bedürfnisse einzustehen. Um das Selbstbewusstsein zu stärken, können kleine Schritte wie klare Kommunikation und die Anerkennung eigener Erfolge helfen. Es geht darum, sich selbst wertzuschätzen und sich bewusst auf positive Aspekte im Leben zu konzentrieren. Es ist ein gängiges Phänomen, dass wir uns mehr auf äußere Umstände konzentrieren und die Bedeutung innerer Veränderungen unterschätzen. Doch die Realität zeigt, dass die äußeren Umstände nur einen begrenzten Einfluss auf unser Wohlbefinden haben. Viel entscheidender ist unsere innere Haltung. Wir denken oft, wenn sich äußere Dinge ändern, werden wir automatisch glücklicher. Wenn wir zum Beispiel den Job wechseln oder in eine neue Stadt ziehen, wird alles sofort besser werden.

Aber die Wahrheit ist: Wahres Glück kommt nicht nur von außen und äußeren Bedingungen. Es kommt hauptsächlich von unserer Denkweise und davon, wie wir mit uns selbst umgehen.

Tatsächlich liegt der Schlüssel für das Geheimnis unserer Zufriedenheit oft in uns selbst. Dazu gehört, die guten Dinge im Leben zu schätzen und auch dann zufrieden zu sein, wenn sich äußere Dinge nicht ändern lassen. Natürlich können äußere Veränderungen helfen, aber sie allein machen uns nicht zwangsläufig glücklicher. Es ist wichtig zu lernen, im Moment glücklich zu sein und die kleinen Freuden des Lebens zu genießen. Das bedeutet nicht, dass äußere Veränderungen irrelevant sind. Aber echtes Glück kommt aus einem Gleichgewicht zwischen äußeren Veränderungen und unserer inneren Einstellung. Es geht darum, das Beste aus dem zu machen, was wir haben, und bewusst die positiven Dinge im Leben zu sehen.

Der Weg dahin liegt in der Bereitschaft, unsere Gewohnheiten und Ängste genauer zu betrachten. Solange wir nicht bereit sind, den Fokus auf unsere inneren Einstellungen zu lenken, bleiben unsere Probleme bestehen, selbst wenn sich die äußeren Umstände verbessern. Vielmehr sind es unsere Routinen und inneren Haltungen, die maßgeblich darüber entscheiden, wie wir uns tagtäglich fühlen. Eine bewusste Gestaltung unserer inneren Welt kann somit einen erheblichen Einfluss auf unser Wohlbefinden haben.

Zusätzlich müssen wir akzeptieren, dass wir äußere Umstände nicht immer vollständig kontrollieren können. Sich nur auf äußere Faktoren zu stützen und sein Glück davon abhängig zu machen, ist daher ein falscher Ansatz. Der richtige Weg wäre hier, die Kontrolle über die eigene innere Haltung zu übernehmen. Mit der richtigen Einstellung können wir alles anders sehen.

Angenommen, du hast Stress mit einem Freund oder einer Freundin. Vielleicht hat es Unstimmigkeiten gegeben und die Atmosphäre zwischen euch ist angespannt. Du könntest dich auf eure Auseinandersetzungen konzentrieren, eure Worte analysieren und dich auf negative Gefühle stützen. Dann könnte die Beziehung unter Druck geraten und den Anschein haben, unglücklich zu sein. Nun stell dir vor, du entscheidest dich, die Situation aus einer anderen Perspektive zu betrachten: Anstatt dich auf die Konflikte zu fokussieren, versuchst du, die Motive und Emotionen des anderen zu verstehen. Du könntest das Gespräch suchen, um Missverständnisse aus dem Weg zu räumen, und versuchen, gemeinsam eine Lösung zu finden. Was wir denken und mit welcher inneren Haltung wir an Dinge herangehen, macht den Unterschied. Unsere eigenen Gewohnheiten kontrollieren unseren Alltag.

Selbstwert stärken

Auch Menschen mit einem allgemein starken Selbstwertgefühl können in unsichere Situationen geraten. Im Vergleich zu Personen mit geringem Selbstwertgefühl fällt es ihnen jedoch oft leichter, mit Herausforderungen umzugehen. Sie haben meist auch einen ausgeprägteren psychischen Schutzschild, sind also resilienter, weil sie sich ihrer selbst sicher sind.

Unser Selbstwertgefühl wird stark von unseren Erfahrungen in der Kindheit geprägt. Positive und negative Erlebnisse hinterlassen Spuren und beeinflussen die Art und Weise, wie wir uns selbst sehen. Unsere Umwelt, besonders das familiäre Umfeld, spielt dabei eine sehr wichtige Rolle. Auch wenn negative Kindheitserfahrungen langfristige Auswirkungen auf das Selbstwertgefühl haben können, besteht im Erwachsenenalter noch die Möglichkeit, es zu stärken. Durch die bewusste Fokussierung auf persönliche Stärken und Erfolge können wir Selbstvertrauen aufbauen und ein positives Selbstbild entwickeln. Selbst kleine Fortschritte tragen dazu bei, unsere innere Stärke zu fördern und uns positive Errungenschaften in Erinnerung zu rufen. Daneben ist es wichtig, auch eigene Fehler und Schwächen zu akzeptieren und sich nicht dafür zu verurteilen.

Ein Selbsttest kann dir dabei helfen, das eigene Selbstwertgefühl zu reflektieren und die Bereiche zu identifizieren, an denen du weiterarbeiten kannst.

Selbsttest: Wie stark ist dein Selbstwertgefühl?

Mit den folgenden Fragen kannst du dein Selbstwertgefühl überprüfen. Kreuze deine Antworten hier an:

	☐	☐	☐	☐	☐	☐	☐	☐	☐	☐	☐	
nie	0	1	2	3	4	5	6	7	8	9	10	**oft**

- Wie oft hinterfragst du deine Fähigkeiten?
- Wie oft meidest du herausfordernde Situationen aus Sorge, sie nicht bewältigen zu können?
- Wie oft passt du deine Handlungen eher den Erwartungen anderer an, statt nach deinen Maßstäben zu handeln, auch wenn es dir unangenehm ist?
- Wie oft kommt es vor, dass du dich im Vergleich zu anderen minderwertig fühlst?
- Wie häufig denkst du negativ über dich selbst?
- Wie oft kommt es vor, dass du dich für deine Persönlichkeit oder Handlungen entschuldigst?
- Wie oft grübelst du über Ereignisse nach, für die du keine Verantwortung trägst?
- Wie oft fällt es dir schwer, Nein zu sagen, obwohl du es eigentlich möchtest?

Auswertung:

Je häufiger du auf dem Strahl die rechte Seite – also »oft« angekreuzt hast, desto wahrscheinlicher ist es, dass dein Selbstwertgefühl beeinträchtigt ist. Keine Sorge, das war nur ein erster Schritt, und es ist vollkommen normal und menschlich, einige Unsicherheiten und Selbstzweifel zu haben. Wenn du jedoch das Gefühl hast, dass dein Selbstwertgefühl ernsthaft beschädigt ist, solltest du professionelle Hilfe in Anspruch nehmen.

Vielleicht kennst du den Satz von deinen Flugzeugreisen: »Erst die eigene Sauerstoffmaske anlegen, dann anderen helfen.« Das bedeutet nicht nur physisch, sondern auch psychisch so einiges: Es zeigt, wie wichtig es ist, zuerst auf sich selbst zu achten, bevor man sich um andere kümmert. Wenn wir versuchen, anderen zu helfen, bevor es uns selbst gut geht, können wir erschöpfen, ausbrennen und emotional instabil werden. Selbstfürsorge ist entscheidend für unser persönliches Wohlbefinden *und* für gute zwischenmenschliche Beziehungen. Der Satz aus dem Flugzeug erinnert uns daran, dass wir zwingend auf unsere eigenen Bedürfnisse achten müssen, um eine gesunde Verbindung zu uns selbst und zu anderen aufbauen zu können. Eine geringe Selbstachtung und Selbstfürsorge kann maßgeblich dazu beitragen, dass Menschen sich in toxischen Beziehungen wiederfinden oder solche Beziehungen tolerieren, weil sie möglicherweise glauben, dass sie nichts Besseres verdienen. Der Selbstwert beeinflusst auch die Qualität unserer Bindungen zu zukünftigen Partnern. Wenn wir glauben: »Ich bin kein liebenswerter Mensch und ich sollte froh sein, überhaupt in einer Beziehung zu sein«, fehlt uns womöglich der Mut, uns aus diesen toxischen Beziehungen zu lösen. Im Gegensatz dazu kann der Glaubenssatz »Ich bin es wert, geliebt zu werden und eine gesunde Beziehung zu führen« uns dabei helfen, uns aus schädlichen Beziehungen und Beziehungsmustern zu befreien. Indem wir unsere Stärken kennen und besser für uns und unsere Bedürfnisse einstehen können, wird es leichter, toxische Beziehungen zu verlassen.

Verarbeiten von negativen Beziehungserfahrungen

Du hast dich bereits aus einer belastenden Beziehung befreit und denkst darüber nach, wie du in Zukunft vermeiden kannst, wieder in eine ähnliche Situation zu geraten? Gleichzeitig möchtest du an deinem Selbstwertgefühl arbeiten? Dann betrachte deine vergangene Beziehung als Spiegel für ungelöste Probleme, Traumata oder Unsicherheiten. Nutze diese Einsicht, um negative Erfahrungen zu verarbeiten. Analysiere deine Gedanken und Gefühle und hinterfrage sie. Die folgenden Übungen werden dich Schritt für Schritt an dein Ziel bringen. Du wirst dich danach deutlich besser kennen und deine Wünsche klarer formulieren und auch umsetzen können. Du solltest bei den Übungen darauf achten, nur die Dinge zu sehen, die tatsächlich vorhanden sind. Bleibe dabei stets im Hier und Jetzt und verweile nicht ausschließlich in deinen Vorstellungen und Träumereien.

Übung: Deine Vorstellung von Beziehungen

Nimm dir genügend Zeit und Ruhe und am besten Papier und einen Stift zur Hand und schreibe auf, was dir zu den folgenden Fragen einfällt. Manche werden in dir weiterarbeiten, sodass dir später noch Antworten in den Sinn kommen. Notier auch diese.

- Was gehört für dich persönlich zu einer wirklich guten Beziehung – egal ob zu einem Freund, einem Partner, einem Familienmitglied? Das kann beispielsweise sein, dass ihr viele gemeinsame Interessen teilt, der andere dich in deinem Job unterstützt oder ihr über alles reden könnt.
- Was ist dein Beziehungsfundament, auf was kannst du nicht verzichten?
- Welche Dinge stören dich in deinen Beziehungen, die du aber gerade noch so akzeptieren kannst?
- Was möchtest du auf keinen Fall akzeptieren?
- Was erwartest du von dem Partner an deiner Seite?
- Was erwartest du von einem guten Freund oder einem Familienmitglied?

- Was erwartest du von den Menschen in deinem beruflichen Umfeld?
- Wie beeinflussen vergangene Erfahrungen und Beziehungen deinen Selbstwert?
- Gibt es Muster, die sich immer wieder in deinen Beziehungen wiederholen?
- Hängt deine Selbstachtung von der Zustimmung anderer ab?
- Wie zeigen sich deine früheren Erlebnisse in dem, was du jetzt noch tust oder wie du dich verhältst? (siehe auch: »Spiegel der Liebe – eigene Anteile erkennen« ab Seite 40)
- Wie gehst du mit dir selbst um, wenn du Fehler machst oder auf Probleme stößt?

Es ist absolut wichtig, sich bewusst Gedanken darüber zu machen, was man sich in einer Beziehung wünscht und was man definitiv nicht akzeptieren möchte. Viele Leute, die zu uns ins Coaching kommen, haben keine klare Vorstellung davon, was für sie in einer Beziehung – egal in welcher Art Beziehung – von Bedeutung ist. Nach dieser Übung, wenn eigene Vorstellungen reflektiert und festgehalten werden, erkennen die meisten, dass sie in vielen Beziehungen mehr Kompromisse eingegangen sind, als es ihnen guttut.

Sobald wir jedoch ein klareres Bild davon haben, was unser Beziehungsfundament ist – sprich, wenn wir uns selbst und unsere Bedürfnisse besser kennen –, wird es uns leichter fallen, danach zu handeln. Wir sind eher in der Lage, frühzeitig Grenzen zu setzen oder zu erkennen, dass unser Partner nicht der richtige für uns ist. Dass unsere vermeintlich beste Freundin uns in der Vergangenheit oft ausgenutzt hat. Dass jedes Gespräch mit unserem Kollegen uns über die Maßen auslaugt oder wir den boshaften Tratsch unserer Nachbarin nicht länger ertragen. Indem wir uns selbst besser verstehen und unsere Bedürfnisse klar definieren, können wir Beziehungen aufbauen, die auf einem soliden Fundament stehen und uns das geben, was wir wirklich wollen und brauchen. Ohne diese Klarheit riskieren wir, in Beziehungen festzustecken, die uns unglücklich machen oder sogar unsere persönliche Entwicklung hemmen. Deshalb ist es entscheidend, dass wir uns die Zeit nehmen, um über unsere Vorstellungen von Beziehungen nachzudenken und sie aktiv zu gestalten.

Übung: Selbstbestimmte Grenzen setzen: Entwickle deine persönlichen Selbstschutzregeln

Immer, wenn du von Menschen mit mangelnder Empathie schlecht behandelt wirst und dich ausnutzen lässt, zeigt dir das, dass du an deiner eigenen Selbstachtung arbeiten und Grenzen setzten solltest. Auch darüber solltest du einmal bewusst reflektieren und deine Erkenntnisse schriftlich festhalten.

- Was sind einige konkrete Handlungen oder Verhaltensweisen, die darauf hinweisen könnten, dass dir in einer bestimmten Situation gerade kein Respekt oder keine Empathie entgegengebracht wird?

Zum Beispiel, wenn jemand während eines Gesprächs ständig auf sein Handy schaut, abwesend wirkt oder dich immer wieder unterbricht. Oder wenn deine Meinungen, Wünsche oder Empfindungen nicht ernst genommen werden oder wenn jemand dir gegenüber herablassend oder sehr kritisch auftritt.

- Wie reagierst du emotional darauf, wenn dir kein Respekt oder keine Empathie entgegengebracht wird? Welche Gefühle dominieren in solchen Momenten?
- Was ist deine neue Regel, wenn dich jemand schlecht behandelt?

Deine neue Regel, die du im Falle von Grenzverletzungen für dich definiert hast, gilt für romantische Beziehungen ebenso wie für Freundschaften, berufliche Beziehungen und familiäre Beziehungen. Als Nächstes solltest du deine Beziehungsmuster genauer unter die Lupe nehmen. Wenn du besonders anfällig für egoistische und schädliche Verhaltensweisen anderer bist, könnte der Ursprung dafür in deiner Kindheit liegen. Oft lernen wir früh, wie Beziehungen funktionieren, und die Dynamik unserer frühen Beziehungserfahrungen übertragen wir später meistens auf unsere Partner, Freunde, Chefs … Im Hier und Heute versuchen wir, alle inneren Konflikte von früher in diesen neuen Beziehungen zu lösen. Das kann unterschiedlich aussehen. Entweder suchen wir uns einen Partner, der komplett anders ist als das, was wir kennen, es gibt vielleicht kaum Ähnlichkeiten zu unseren Partnern aus der Jugendzeit. Oder wir entscheiden uns für eine Beziehung, die uns vertraut vorkommt, die wir so ähnlich schon etliche Male geführt haben.

Auch in freundschaftlichen Beziehungen können wir solche Dynamiken beobachten. Vielleicht schließen wir uns einer Freundesgruppe an, die uns nicht guttut, uns häufig herabsetzt oder von gemeinsamen Aktivitäten ausgrenzt, oder wir müssen sehr viel für eine bestimmte Freundschaft tun, damit sie bestehen bleibt. Vielleicht reden deine Freunde hauptsächlich über sich selbst oder bitten dich permanent, Dinge für sie zu erledigen, und du hast nicht den Mut, dich dagegen zu wehren. Die bewusste Auseinandersetzung mit diesen Mustern ermöglicht dir nicht nur ein tieferes Verständnis der eigenen Beziehungsdynamik, sondern auch die Möglichkeit zur Veränderung und persönlichen Entwicklung.

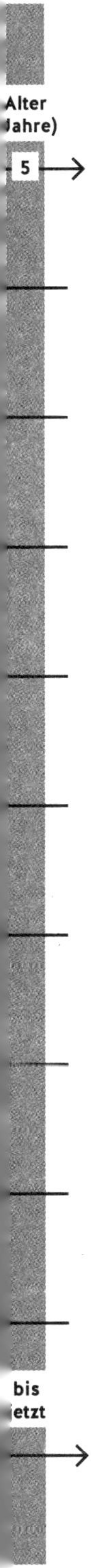

Übung: Timeline

Eine Übung, die dir helfen soll, deine Beziehungsmuster genauer anzuschauen und mögliche Ursprünge in der Kindheit zu erkennen, ist die Timeline-Übung. Erarbeite deine persönliche Beziehungs-Timeline. Das könnten beispielsweise die Geburt eines Geschwisterkindes, die erste Klassenfahrt mit deinen Freunden, die Trennung deiner Eltern, der Verlust eines geliebten Menschen, deine erste romantische Beziehungserfahrung und Trennung sein. Markiere auf dem untenstehenden Zeitstrahl entscheidende Ereignisse, positive und negative, die mit Beziehungen zu tun haben. (Wenn du mehr Platz brauchst, zeichne ihn auf ein großes Blatt Papier ab und füll ihn dort aus.) Das kann so aussehen wie in unserem Beispiel oder auch komplett anders.

Betrachte nun jedes Ereignis auf deinem Zeitstrahl und überlege, wie es sich auf deine Einstellung zu Beziehungen generell ausgewirkt hat. Achte besonders auf wiederkehrende Muster oder Prägungen. Halte deine Erkenntnisse schriftlich fest.

Notiere dir dann einige Stichpunkte zu den folgenden Fragen:

- Welche Beziehungsmuster erkennst du in deiner Familie?
- Nimmst du in deinen Beziehungen immer oder häufig eine bestimmte Rolle ein?
- Wie haben die Beziehungen deiner Eltern oder Bezugspersonen deine Vorstellung von Liebe und Partnerschaft beeinflusst?
- Gibt es bestimmte Erlebnisse in deiner Kindheit, die deine aktuellen Beziehungsmuster erklären könnten?
- Zukunftsplanung: Überlege, welche Beziehungsmuster du anstrebst.
- Welche ersten Schritte könntest du unternehmen, um gesündere Muster zu entwickeln?

Es ist entscheidend, die eigenen Beziehungsmuster genauer zu betrachten und zu verstehen, wie sie unsere zwischenmenschlichen Erfahrungen beeinflussen.

Verständnis für narzisstisches Verhalten

Die meisten von euch denken wahrscheinlich: »Warum sollte ich mich mit narzisstischen Verhaltensweisen auseinandersetzen?« oder »Narzissmus ist doch einfach nur böse, damit will ich nichts zu tun haben.« Das ist absolut verständlich und kann eine legitime Strategie sein für den Umgang mit Narzissten – manchmal ist eine klare Distanz einfach die beste Lösung. Aber in vielen Beziehungen, besonders in der Berufswelt, manchmal auch in Vereinen, in der Nachbarschaft oder beim Elternabend in Kita oder Schule, läuft es nicht immer so »gesund« ab. Da kann es ganz nützlich sein, ein paar Alternativen zum totalen Kontaktabbruch im Hinterkopf zu haben.

Verständnis für narzisstische Verhaltensweisen erfordert eine differenzierte Betrachtung, da sie oft auf tief verwurzelten psychologischen Mustern basieren. Menschen mit narzisstischen Eigenschaften können aufgrund von verschiedenen Faktoren, wie beispielsweise Selbstunsicherheit oder traumatischen Erfahrungen in der Kindheit, zu solchem Verhalten neigen.

Aber Achtung! Verständnis ist nicht gleichbedeutend mit Akzeptanz.

Es bedeutet vielmehr, die Hintergründe und Ursachen von Narzissmus zu verstehen, um angemessene Grenzen zu setzen und gesunde Interaktionen zu fördern. So gelingt es dir, langfristig immun gegen die toxischen Verhaltensweisen zu werden. Die Auseinandersetzung mit narzisstischem Verhalten eröffnet die Möglichkeit, differenziert auf dieses Verhalten zu reagieren. Außerdem kann es dazu beitragen, dass du sowohl ein gesundes Maß an Selbstschutz als auch Empathie in Bezug auf die Hintergründe dieser Verhaltensweisen entwickelst.

Der Umgang mit narzisstischen Menschen erfordert also eine sorgfältige Balance zwischen Verständnis und Selbstschutz. Ein erster Schritt hin zu dieser Balance besteht in der Selbstreflexion, bei der deine individuellen Grenzen, Werte und Bedürfnisse genau betrachtet werden. Du musst herausfinden, welche Handlungen du tolerieren kannst und wo du klare Grenzen setzten solltest (siehe Seite 125).

Der nächste Schritt ist, Empathie zu entwickeln. Hinter narzisstischem Verhalten stehen oft tief liegende Unsicherheiten oder vergangene Traumata. Diese Ursachen zu verstehen ermöglicht es dir, Mitgefühl zu entwickeln, ohne schädliches Verhalten zu akzeptieren. Klare Kommunikation spielt dabei eine zentrale Rolle. Durch offene Gespräche können eigene Bedürfnisse und Erwartungen deutlich gemacht werden, ohne dabei in einen destruktiven Machtkampf zu geraten (siehe Seite 260). Gleichzeitig ist es wichtig, die eigene mentale und emotionale Gesundheit in den Vordergrund zu stellen, die eigenen Grenzen zu wahren und das persönliche Wohlbefinden bei Bedarf durch Distanz zu schützen. Professionelle Unterstützung kann den Prozess erleichtern und den Weg zu einer gesunden Balance im Umgang mit narzisstischen Verhaltensweisen ebnen.

Dysfunktionale Beziehungen entstehen meist unbewusst. Von Anfang an beobachten wir in solchen Beziehungen oft ein Machtgefälle. Und die Beziehungspartner sind ihrem Charakter nach vergleichbar mit einem Plus- und Minuspol: Beide könnten nicht unterschiedlicher sein. Leider passen bestimmte Eigenschaften manchmal einfach nicht zusammen, nicht in Beziehungen, in Freundschaften oder bei Arbeitsverhältnissen. Egal wie sehr man es versucht.

In Paartherapien zeigt sich häufig, dass auf beiden Seiten Traumata existieren und es in der Beziehung nicht nur Gute oder Böse gibt. Zu Beginn mag eine solche Beziehung wie das perfekte Match erscheinen, gespickt mit (einigen) gemeinsamen Ansichten oder Hobbys. Die anfängliche Anziehung wird dann vorschnell mit Liebe verwechselt und schmerzhafte Emotionen werden zu Leidenschaft verklärt. Unsicherheit, Egozentrik, Macht und Angst sind in solchen Beziehungen häufig anzutreffen. Hier besteht die Gefahr einer Retraumatisierung. Wenn Menschen in der Vergangenheit ähnlichen Umständen durch ihre engsten Bezugspersonen ausgesetzt waren, werden sie von narzisstischem Verhalten angezogen, ohne es zu bemerken. Das Chaos in der aktuellen Beziehung spiegelt das Unglück der inneren Erlebniswelt wider.

Maria wagt den entscheidenden Schritt und geht mit Thorsten zur Paarberatung. Während der Sitzung äußert sie die Vermutung, dass Thorsten an einer narzisstischen Persönlichkeitsstörung leiden könnte. Im Verlauf der Therapie wird jedoch klar, dass Thorstens Verhalten nicht allein durch eine narzisstische Persönlichkeitsstörung zu erklären ist. Obwohl es gewisse Verhaltensmuster gibt, die als deutlich egoistisch interpretiert werden konnten, reicht dies nicht aus, um eine formelle Diagnose zu rechtfertigen. Gleichzeitig offenbart sich, dass auch Maria zu den belastenden Dynamiken der Beziehung beiträgt, beeinflusst durch ihre eigene Unsicherheit. Es wird deutlich, dass die Beziehungsdynamik komplexer ist als zunächst angenommen und dass beide Partner auf ihre eigene Weise die Problematik befeuern.

In der Paartherapie zeigt sich, dass beide, Maria und Thorsten, bereit sein müssen, über sich selbst nachzudenken und sich zu verändern. Es ist wichtig, offen die eigene Rolle in der Beziehung und seine Gewohnheiten zu überprüfen, um positive Veränderungen herbeizuführen. Es ist wichtig, auch die Art und Weise, wie Maria und Thorsten miteinander sprechen, genauer zu betrachten. Kommunikation spielt oft eine zentrale Rolle in schwierigen Beziehungen. Im Fall von Maria und Thorsten war es außerdem hilfreich, dass sie Empathie für die Sichtweise des anderen entwickelt haben, um besser zu verstehen, was der andere fühlt und braucht, und um eine tiefere Verbindung herzustellen. Die Paartherapie bot den beiden auch die Möglichkeit, langfristige Pläne für die Beziehung zu machen und realistische Erwartungen zu entwickeln. Das kann bedeuten, gemeinsame Ziele zu formulieren, aber auch zu akzeptieren, dass nicht alle Probleme sofort gelöst werden können. Zusätzlich kann es sinnvoll sein, dass sowohl Maria als auch Thorsten eine individuelle Therapie in Betracht ziehen, um eine stabilere und gesündere Beziehung zu schaffen.

Strategien für den Umgang mit narzisstischer Manipulation

Narzisstische Kommunikation

Ständige Kritik, Schuldzuweisungen und Herabwürdigungen von Freunden, Kollegen, Eltern oder Partnern: Das alles sind klare Warnzeichen, die auf eine toxische Dynamik innerhalb einer Beziehung hindeuten. Auf eine seltsame Weise gewöhnen wir uns an diesen Umgang, scheuen womöglich davor zurück, dagegen anzugehen, oder setzen unsere Bemühungen fort, das Gute in toxischen Menschen zu sehen. Warum verwickeln wir uns in solche destruktiven Muster und warum erscheint ein Ausweg oft so schwer?

In unserem täglichen Leben begegnen wir immer wieder Situationen, in denen wir uns emotional erpresst oder manipuliert fühlen. Doch was genau verbirgt sich hinter diesen Begriffen und wie können wir solche Mechanismen in Zukunft besser erkennen? Die Auswirkungen emotionaler Manipulation reichen von dem Gefühl, unter Druck gesetzt zu werden, bis hin zur Beeinflussung unseres Verhaltens. Emotionale Erpressung und Manipulation setzen darauf, unsere Gefühle und Gedanken zu beeinflussen, um bestimmte Handlungen unsererseits oder bestimmte Reaktionen zu erreichen. Subtile, aber wirkungsvolle Techniken machen es schwierig, eine Manipulation sofort zu erkennen. In vielen Fällen werden Schuldgefühle oder Angst erzeugt, um das Gegenüber zu beeinflussen.

Manipulation kann für das Opfer nicht nur schwerwiegende psychische Konsequenzen haben, sondern sich auch nachhaltig auf die physische Gesundheit auswirken. Es ist nicht ungewöhnlich, dass eine

Beziehung durch die Manipulation eines Partners zu dessen Abhängigkeit vom anderen führt. Die Auswirkungen von Manipulation auf die körperliche Ebene können breit gefächert sein – von Stress und Schlafstörungen bis hin zu ernsthaften gesundheitlichen Problemen. Darüber hinaus kann emotionale Erpressung das Selbstwertgefühl und das Selbstbewusstsein erheblich beeinträchtigen. Opfer von Manipulation können sich in einem regelrechten Teufelskreis aus Unsicherheit und Abhängigkeit wiederfinden, wobei die manipulative Person ihre Kontrolle über die Situation verstärkt.

Narzisstische Kommunikationsmuster

»Wenn du heute Abend mit deinen Freunden ausgehst, dann treffe ich mich mit meiner Ex.« »Wenn du nicht das machst, was ich dir sage, wirst du unsere Kinder nie wiedersehen.« »Wenn du jetzt nicht sofort an dein Telefon gehst, dann blockiere ich dich für immer.« »Solltest du das unseren Eltern erzählen, dann spreche ich nie mehr mit dir.« Kommen dir solche Sätze vielleicht bekannt vor?

Manche Menschen sind manipulativ geschickte Kommunikatoren. Sie nutzen subtile Signale, um Aufmerksamkeit zu erregen und um andere zu steuern. Dann betonen sie beispielsweise, wie emotional instabil sie doch sind. Manche gehen sogar so weit, mit Suizid zu drohen. Andere wiederum spielen fortlaufend die Karte der Selbstunterbewertung aus: Sie betonen ständig, wie wenig sie von anderen doch wertgeschätzt werden – auch wenn dies nicht der Realität entspricht –, und suhlen sich regelrecht im Selbstmitleid. Oft schaffen sie es mit dieser Masche, Menschen, die ihnen nahestehen, stark zu verunsichern. Denn diese wollen dem vermeintlichen Opfer natürlich zeigen, dass sie unrecht haben und tun sehr viel dafür, ihre Wertschätzung zu beweisen.

Einige Menschen wiederum sind regelrechte Jäger nach Anerkennung. Sie schmücken sich mit den Erfolgen anderer und prahlen mit ihren angeblichen Erfolgen oder Ideen, um sich selbst auf einen höheren Sockel zu stellen. Sie demonstrieren also ihre Überlegenheit voll auf Kosten ihrer Mitmenschen.

Gekonnt kreieren Menschen mit narzisstischen Tendenzen zwischenmenschliche Abhängigkeiten. Sie zeichnen das Bild einer vermeintlichen Seelenverwandtschaft, nutzen verbindende Gesten und Lob, um narzisstische Abhängigkeitsstrukturen zu fördern. Wenn sie bewusst eine vertraute Atmosphäre schaffen und tiefe emotionale Verbindungen vortäuschen, gewinnen sie vorübergehend an Bedeutung. Sie jonglieren geschickt mit Worten. Sie ändern ihre Standpunkte so, wie es gerade am besten zu ihrer Strategie passt, sie weichen aus, sie lenken ab und manipulieren gezielt den Verlauf von Gesprächen. Zum Beispiel ignorieren sie systematisch Fragen oder verwirren bewusst ihr Gegenüber durch pseudo-intellektuelles Gerede, um die Kontrolle und die Deutungshoheit im Gespräch zu behalten.

Manche verstecken auch ihre Taten unter dem Mäntelchen der Ironie und lachen über vieles hinweg. Besonders über andere können narzisstische Persönlichkeiten eigentlich immer lachen. Sie ziehen alles und jeden ins Lächerliche, besitzen jedoch nicht die Fähigkeit, über sich selbst zu schmunzeln.

Sie drücken anderen gegenüber beispielsweise selbst bei geringfügigen Enttäuschungen unverhältnismäßig großen Schmerz aus oder verbalisieren ihre starken Verlustgefühle. All das machen sie, um eine emotionale Reaktion bei ihrem Gegenüber zu provozieren. Manche Narzissten verwandeln Enttäuschungen in eine fast künstlerische Darbietung. Sie inszenieren ein Drama, das die Grenzen zwischen Selbstunsicherheit und übermäßiger Scham gegenüber anderen verwischt. Ein Beispiel dafür wäre, wenn ein Narzisst nach einer Ablehnung oder Kritik eine übertrieben theatralische Reaktion zeigt, indem er sich als Opfer darstellt, die Schuld auf andere abwälzt und eine große Szene macht, um Aufmerksamkeit und Mitleid zu erregen. Er könnte sich beispielsweise öffentlich demütigen, um Sympathie zu erlangen, ohne dabei wirklich Verantwortung für sein Verhalten zu übernehmen.

Lügen werden zu raffinierten Kunstwerken arrangiert und sollen die Wahrheit geschickt übermalen. Bewusst verdrehte Informationen sollen den Narzissten selbst in einem besseren Licht darstellen, während Gerüchte gestreut werden, um andere herabzusetzen.
Wieder andere Menschen mit narzisstischen Tendenzen sind ihrem Liebespartner gegenüber illoyal. Selbst in schwierigen Zeiten erkennen sie nicht, dass es notwendig sein könnte, sich für den Partner einzusetzen oder sich für das Gedeihen der Beziehung zu engagieren. Ihre Beziehung ist selbst dann von Konkurrenz geprägt – auch von der Konkurrenz um Aufmerksamkeit.

Übung: Manipulation in der Kommunikation

Überlege, welche manipulierenden Aussagen Menschen in deiner Umgebung dir gegenüber schon einmal geäußert haben. Nimm dir einen Zettel und einen Stift und schreib sie auf. Du darfst natürlich mehr notieren, aber versuche, mindestens drei zu finden. Trage gern auch später noch etwas nach, denn diese Übung wird dich für Manipulationen sensibilisieren.

Narzisstische Manipulationsmuster

Es gibt in einer narzisstisch geprägten Beziehungskonstellation einen ständigen Wechsel zwischen Paradies und Katastrophe. Intensive Liebesgefühle und Drohungen liegen manchmal nur Stunden auseinander.
In Freundschaften beobachten wir solche Dynamiken häufig. So gibt es Freundschaften, die sehr schnell wachsen und rasch sehr intim werden. Manchmal tritt ein Mensch in unser Leben, der unsere ganze

Aufmerksamkeit fordert. Wir unternehmen permanent etwas miteinander und es bleibt kaum Zeit für unsere anderen Freundschaften. Unser neuer Freund oder unsere Freundin nimmt uns mit zu den besten Partys, stellt uns überall als Seelenverwandte vor und überhäuft uns mit kleinen Aufmerksamkeiten. So lange, bis sich zunehmend narzisstische Verhaltensweisen unseres vermeintlichen Freundes einschleichen – und wir beispielsweise immer mehr isoliert werden. Narzisstische Manipulation in Freundschaften kann sich aber auch noch auf weitere Arten zeigen. Vage Aussagen zu gemeinsamen Plänen sollen Unsicherheit über die Beziehungsstabilität schaffen, sodass sich der eine Freund vielleicht noch mehr bemüht, während der Narzisst dieses Bemühen für sich und seine Zwecke nutzt. Vergleiche zwischen Freunden können ein Gefühl von Wettbewerb schaffen und dadurch eine subtile Manipulation der Verhältnisse innerhalb der Gruppe bewirken. Ein Freund kann auch Schweigen als Mittel einsetzen, um Einfluss auszuüben, Informationen zurückhalten oder Meinungen zu unterdrücken.

In romantischen Beziehungen beobachten wir häufig, dass der Anfang solcher Beziehungen einer verführerischen Reise auf Wolke sieben gleicht. Anfangs ist alles perfekt, der Partner erscheint liebevoll und aufmerksam. Doch hier schlummert das Dilemma toxischer Beziehungen. Denn nach dieser anfänglichen Phase tritt in aller Regel eine jähe Veränderung ein – der Partner zeigt sein wahres Gesicht. Die Situation kippt und aus dem einst liebevollen Begleiter wird ein fordernder, bedrohlicher und streitsüchtiger Manipulator.

Auch innerhalb von Familien sind Manipulationen keine Seltenheit. So versucht vielleicht ein älteres Kind, durch subtile Beeinflussung die jüngeren Geschwister dazu zu bewegen, seine Aufgaben zu übernehmen. Elterliche Einflussnahme kann als Manipulation wahrgenommen werden, wenn ein Elternteil indirekten Druck auf sein Kind ausübt, um eine bestimmte Berufswahl zu fördern. Häufig werden Gefühle der Schuld oder Verpflichtung innerhalb der

Familie als Mittel zur Beeinflussung eingesetzt. Ein Familienmitglied weist dann beispielsweise darauf hin, was für große Opfer es gebracht hat, um dem anderen sein Studium oder was auch immer zu ermöglichen. Damit sollen bestimmte Verhaltensweisen beim anderen erzwungen werden. Finanzielle Kontrolle kann eine weitere Form der Manipulation innerhalb der Familie darstellen. Ein Elternteil könnte die Finanzen der Familie kontrollieren und diese Kontrolle nutzen, um die Entscheidungen anderer Familienmitglieder zu beeinflussen.

Negative Vergleiche zwischen Familienmitgliedern dienen ebenfalls der Manipulation. Indem ein Elternteil ständig die Kinder miteinander vergleicht, möchte es zum einen bestimmte Verhaltensweisen erzwingen, zum anderen erzeugt es zwischen den Kindern Rivalität. So ist sichergestellt, dass sich die Kinder nicht miteinander verbünden – und der Elternteil die Kontrolle in der Beziehung behält. Schuldzuweisungen werden als Machtmittel genutzt, wenn ein Familienmitglied sich als Opfer darstellt und andere für eigene Unzulänglichkeiten verantwortlich macht. Emotionale Manipulation innerhalb der Familie kann auch durch Schweigen erfolgen, wenn ein Familienmitglied anderen die kalte Schulter zeigt, um bestimmte Wünsche durchzusetzen.

Jemandem Zuneigung oder Bestätigung vorzuenthalten kann ebenfalls als Mittel zur Beeinflussung dienen. Etwa wenn ein Elternteil positive Aufmerksamkeit zurückhält, also nicht lobt oder Ähnliches, um ein Kind zu einem besonders ehrgeizigen Verhalten zu bewegen. In manchen Familien hängt die elterliche Liebe auch davon ab, ob ein Kind bestimmte Erwartungen erfüllt. Es werden also bestimmte Bedingungen, die erfüllt werden müssen, als Mittel zur Beeinflussung genutzt.

In der Arbeitswelt können Manipulationen durch Vorgesetzte gegenüber ihren Mitarbeitern vorkommen. Ein Beispiel sind vage Aussagen bezüglich beruflicher Aufstiegschancen, um Unsicherheit zu schaffen und Mitarbeiter länger im Unternehmen zu halten – und um sie zu gleichbleibend hoher Leistung anzuspornen. Denn wer nie weiß, ob ihm nicht doch bald die Beförderung winkt, der muss sich auch weiterhin anstrengen, um bei der Beförderung auch sicher berücksichtigt zu werden. Auch Informationen über Gehaltserhöhungen im Team könnten zurückgehalten werden, um Unsicherheit und Misstrauen unter den Kollegen zu schüren. Negative Vergleiche zwischen Mitarbeitern wiederum dienen dazu, Konkurrenzdenken zu fördern – und darüber die Produktivität zu steigern. Emotionale Manipulation erfolgt außerdem durch Lob oder Kritik, um bestimmte Verhaltensweisen zu erzwingen. Schweigen, das Zurückhalten von Informationen und die Unterdrückung von Meinungen und Gefühlen schaffen ein Klima, in dem Mitarbeiter sich nicht äußern können. Keine Anerkennung oder Bestätigung werden ebenso als Mittel zur Beeinflussung eingesetzt.

Kommunikation bildet das grundlegende Werkzeug in allen zwischenmenschlichen Beziehungen. Sie dient im besten Fall dazu, die Perspektiven anderer zu verstehen und darauf empathisch zu reagieren. Die oben aufgeführten Beispiele widmen sich allesamt dem Schattenreich zwischenmenschlicher Kommunikation und zeigen, wie aus Kommunikation Manipulation wird.

Manipulation entschlüsseln

Werfen wir einen noch genaueren Blick auf verschiedene Formen der Manipulation. Manipulation als strategisches Werkzeug ist so alt wie die Menschheit selbst. Trotz anhaltender Veränderungen in der Welt bleiben die grundlegenden manipulativen Techniken konstant. Ziel von Manipulation ist immer, das Verhalten und Denken anderer zu beeinflussen, um eigene Interessen durchzusetzen. Die psychologischen Aspekte der Manipulation sind entscheidend für das Verständnis zwischenmenschlicher Beziehungen.

Wenn Worte zu Waffen werden: Die Eskalation von Gesprächen

In der Hitze des Gefechts können Gespräche schnell eskalieren und zu aggressiven Auseinandersetzungen werden. Diese Eskalationen können oft unerwartet auftreten und die Beziehungsdynamik erheblich belasten. Unten sind die häufigsten toxischen Verhaltensweisen aufgeführt, die dazu führen, dass Gespräche eskalieren:

- Verbohrtheit, Unbelehrbarkeit, Uneinsichtigkeit
- Rücksichtslosigkeit
- Grenzüberschreitungen und Anmaßungen
- Zuweisungen von Schuldgefühlen
- Lügen
- emotionaler Druck
- Manipulation
- Eifersucht

Wir werden uns nun genauer mit den häufigsten Manipulationstaktiken auseinandersetzen, um unsere Wahrnehmung dafür zu schärfen. Oft sind wir uns nämlich überhaupt nicht bewusst, dass wir gerade manipuliert werden. Reflektiere während des Weiterlesens, ob du schon einmal in einer solchen Situation warst oder eine der Aussagen schon einmal gehört hast. Schreibe gern auch mehr dazu auf.

Manipulation durch Wiederholung

»Wenn man jemandem oft genug etwas sagt, wird er es irgendwann glauben.« Dieser Satz enthält viel Wahrheit. Je häufiger eine Aussage wiederholt wird, desto mehr wird ihr ein gewisser Wahrheitsge-

halt zugeschrieben. Denn mit der Häufigkeit der Aussage steigt das Gefühl der Vertrautheit und unser Gehirn beginnt, die Aussage zu verinnerlichen – es erkennt sie dann beim nächsten Mal wieder und uns beschleicht das Gefühl: »Ah, das hab ich schon mal gehört.« Auf diese Weise lässt sich unter anderem erklären, warum bestimmte Ideologien und Verschwörungstheorien so erfolgreich sind.
Das Gleiche gilt für uns selbst. Wenn wir uns wiederholt einreden, dass etwas wahr ist, neigen wir dazu, es schließlich zu glauben. Das kann sowohl positiv als auch negativ sein. Wenn wir immer wieder denken: »Ich bin zu dumm für meinen Job« – dann glauben wir irgendwann wirklich, dass wir nichts draufhaben. Auch wenn das nicht der Realität entspricht und die Tatsachen dagegen sprechen.

Manipulation durch Angst

Da sich Menschen oft von Emotionen leiten lassen, ist es nicht überraschend, dass Manipulation häufig auch durch Angst erfolgt – und das sehr wirksam sein kann. Die Angst vor dem Ende einer Freundschaft, eines Arbeitsverhältnisses oder einer Liebesbeziehung wird bewusst eingesetzt, um Forderungen durchzusetzen. Stell dir vor, in einer Freundschaft sagt jemand ständig: »Wenn du das nicht für mich tust, könnte das unsere Freundschaft gefährden.« Er nutzt die Angst des anderen vor dem Verlust der Freundschaft, um seine eigenen Wünsche durchzusetzen. Der Freund könnte dann aus Sorge, die Freundschaft zu verlieren, Dinge tun, die er eigentlich nicht möchte. Wenn jemand versucht, dich durch Angst zu beeinflussen, kannst du dies erkennen, indem du darüber nachdenkst und du deine Gefühle verstehst. Überlege, warum du etwas glaubst, prüfe, ob deine Ängste begründet sind, und sprich offen mit anderen darüber. Vertraue dabei auf dein Bauchgefühl und sei aufmerksam, damit du merkst, wenn jemand versucht, dich zu manipulieren.

Entweder-oder-Taktik

»Wenn du nicht damit aufhörst, ständig über das Thema zu reden, werde ich nicht mit dir die lange Wanderung am Wochenende machen.« Eine solche Taktik in der Kommunikation erzeugt beim Gegenüber das Gefühl, dass er selbst eine Entscheidung getroffen hat, obwohl die Möglichkeit B keine echte Handlungsalternative ist. In einer solchen Situation ist es wichtig, ruhig zu bleiben und die Manipulation zu erkennen.
Du könntest darauf reagieren, indem du die Situation ansprichst und klare Grenzen setzt. Zum Beispiel könntest du sagen: »Ich sehe, dass hier gerade eine schwierige Situation entsteht, aber ich fühle mich nicht wohl dabei, mich in eine Ecke drängen zu lassen. Ich bin bereit, gemeinsam nach einer Lösung zu suchen, die für uns beide akzeptabel ist, aber ich möchte nicht das Gefühl haben, dass ich nur zwischen zwei unangemessenen Optionen wählen kann. Lass uns deine Sorgen besprechen und nach einem Weg suchen, der für uns beide fair ist.« Diese Reaktion verdeutlicht deine Bereitschaft zur Zusammenarbeit, betont jedoch auch, dass du keine unrealistischen oder unangemessenen Entscheidungen treffen möchtest.

Manipulation durch Informationsüberfluss

Das Ziel bei dieser Technik ist, dich mit einer Flut von Informationen zu überwältigen und bei dir ein Gefühl der Überforderung auszulösen. Dein Gegenüber geht davon aus, dass du nicht in der Lage bist, so viele Informationen auf einmal zu verarbeiten. Diese Technik funktioniert besonders gut bei Kindern, die oft Schwierigkeiten haben, einen solchen Informationsüberfluss zu bewältigen.
Im beruflichen Kontext kann die Manipulation durch Informationsüberfluss zwischen Kollegen auftreten. Stell dir vor, ein Kollege prä-

sentiert dir in einem Meeting zu einem Projekt eine überwältigende Menge an Informationen. Dabei geht es nicht nur um relevante Details, sondern es werden zahlreiche zusätzliche Daten, Grafiken und Statistiken präsentiert, die nicht unbedingt erforderlich sind. Das Ziel dieses toxischen Kollegen ist es, dich bewusst mit einer Flut von Informationen zu konfrontieren, um dich zu überfordern. Er geht davon aus, dass du Schwierigkeiten hast, all diese Informationen auf die Schnelle zu verarbeiten. So wird es für dich schwierig, eine klare Entscheidung zu treffen oder dir deine eigene Meinung zu bilden. Dein Kollege behält in dieser Situation die Kontrolle über das Projekt und das dafür notwenige Know-how.

Du könntest auf so ein Verhalten folgendermaßen reagieren: »Ich sehe, dass es hier viele komplexe Themen gibt, und es ist wichtig für mich, dass wir darüber sprechen. Allerdings fühle ich mich gerade etwas überfordert von der Menge an Informationen. Könnten wir vielleicht einen Schritt zurücktreten und jedes Thema einzeln durchgehen? Das würde es uns erleichtern, klare Entscheidungen zu treffen.« Mit dieser Reaktion zeigst du, dass du bereit bist zu kommunizieren, aber auch darauf bestehst, die Informationen in einem angemessenen Tempo zu verarbeiten.

Opferrolle

Die Manipulation durch eine Opferhaltung zielt darauf ab, Mitleid zu erregen und das Gegenüber aus Mitleid oder Schuldgefühlen zu bestimmten Handlungen zu bewegen.

Maria ist eine alleinerziehende Mutter von zwei Teenagern, Emma und Max. Maria versucht nicht nur in ihrer Familie, sondern auch bei ihren Freunden Mitleid zu erregen, indem sie bewusst mit ihrer Opferrolle kokettiert. Zu Hause betont Maria gegenüber Emma und Max, wie sehr sie sich vernachlässigt fühlt und wie viele Opfer sie für die Familie bringt.

Gleichzeitig teilt sie bei Treffen mit Freunden ihre Sorgen über finanzielle Schwierigkeiten, Zeitmangel und die vermeintlich fehlende Unterstützung durch andere.
Das Ziel ihrer Manipulation: Mitleid und Verständnis sowohl bei ihren Kindern als auch bei ihren Freunden zu erzeugen. Maria hofft, dass diese sich für sie verantwortlich fühlen und ihr mehr Aufmerksamkeit schenken sowie ihre Hilfe anbieten. Die Opferrolle wird zu einem taktischen Werkzeug, um das Verhalten ihrer Kinder und Freunde in ihrem Sinne zu beeinflussen, ohne die eigentlichen Probleme, wie zum Beispiel den Mangel an Selbstverantwortung oder das Bedürfnis nach Aufmerksamkeit und Unterstützung, direkt anzusprechen.
Wenn jemand die Opferrolle nur spielt, ist es wichtig, klar und einfühlsam zu kommunizieren. Du könntest sagen: »Ich verstehe, dass du dich vernachlässigt fühlst, und das tut mir leid. Lass uns darüber sprechen, wie wir gemeinsam eine Lösung finden können.«

Liebesentzug

Auch das Zurückhalten von Liebe, Aufmerksamkeit oder Zuneigung ist eine Form der Manipulation. Dies kann in toxischen Familien dynamisch auftreten, besonders zwischen Eltern und Kindern.
Sophie, eine Mutter von zwei Kindern, ist enttäuscht darüber, dass ihre Tochter Mia nicht ihre Erwartungen erfüllt hat. Mia hat im Abitur nicht die Noten erzielt, die sie nach Ansicht ihrer Mutter hätte bekommen sollen. Und auch im Leistungssport hat sie nicht wie erwartet performt. Anstatt aber direkt über ihre Enttäuschung zu sprechen, zieht Sophie sich von Mia zurück. Sie zeigt weniger Interesse an ihren Aktivitäten, gibt ihr weniger positive Aufmerksamkeit und entzieht ihr die übliche Zuneigung. Sophie hofft darauf, dass Mia ihr verändertes Verhalten bemerkt, sich schuldig fühlt und dann bereit ist, sich mehr um die Bedürfnisse ihrer Mutter zu kümmern.

Wenn Mia die Veränderung im Verhalten ihrer Mutter spürt, könnte sie einfühlsam reagieren und sagen: »Ich habe in letzter Zeit das Gefühl, dass sich etwas zwischen uns geändert hat. Wenn es einen Grund dafür gibt, würde ich gern darüber sprechen, um es zu verstehen. Offene Kommunikation ist für mich wichtig, und ich denke, wir können gemeinsam an Lösungen arbeiten, um sicherzustellen, dass wir beide in unserer Beziehung zufrieden sind. Lass uns darüber reden, wie wir wieder mehr Verbundenheit und Zuneigung zwischen uns aufbauen können.«

Schuldgefühle und emotionale Manipulation

Aussagen wie »Sollte es dir nicht möglich sein, das zu erledigen, werde ich es wohl selbst in die Hand nehmen« oder »Na ja, wenn du nicht kommen kannst, finde ich sicherlich einen Weg, allein zurechtzukommen« sollen Schuldgefühle in dir hervorrufen. Dann überlegst du vielleicht, ob du einen Termin nicht doch absagen kannst, um einem Arbeitskollegen zu helfen, oder ob du dich für ein Wochenende mit deiner Mutter statt mit deinem Vater entscheidest, obwohl du deinen Vater schon länger nicht gesehen hast.

Immer wieder hören wir, dass Menschen, die manipuliert werden, Schuldgefühle gegenüber dem Manipulator haben. Dies geschieht vor allem in Familien und Eltern-Kind-Beziehungen, kann aber auch am Arbeitsplatz, in Freundschaften und in romantischen Beziehungen vorkommen. Häufig stellt sich jedoch heraus, dass diese Schuldgefühle keine Grundlage haben, also nicht auf eine echte Schuld oder ein Versäumnis zurückzuführen sind, sondern dass diese Schuldgefühle durch emotionale Manipulation bedingt sind.

Wenn du zu dieser Art von Schuldgefühlen neigst, könnte es dir vielleicht helfen, solche Sätze aufzuschreiben, wenn du ihnen im Alltag begegnest, um ein besseres Gefühl für diese Art der Manipulation zu

bekommen. Hier sind einige Beispiele: »Du würdest dich nicht so verhalten, wenn du mich lieben würdest«, »Du hättest das Wochenende nicht bei Papa verbracht, wenn ich dir wichtig wäre«, »Du würdest nicht heute mit deinen Freunden ausgehen, wenn du treu wärst«. Als Kinder haben wir oft nicht gemerkt, dass andere versucht haben, uns zu beeinflussen. Manchmal haben wir nachgegeben, weil wir uns schuldig gefühlt haben. Vielleicht haben unsere Eltern auch ab und zu Schuldgefühle als Erziehungsmittel eingesetzt, möglicherweise tun sie es auch heute noch. Als Erwachsene sollten wir uns davon aber nicht mehr unter Druck setzen lassen. Wenn du bemerkst, dass du dich oft von Schuldgefühlen leiten lässt, ist es wichtig, an deinen inneren Glaubenssätzen zu arbeiten und zu überlegen, woher diese Gefühle und Denkmuster kommen. Am Ende unseres Buches findest du dazu einige Übungen.
Trotzdem solltest du die manipulative Aussage auch direkt ansprechen und klarstellen, dass du es nicht zulässt, dass jemand dir Schuldgefühle »unterjubelt« oder dich manipuliert. Zum Beispiel könntest du sagen: »Ich lasse mich nicht durch Schuldgefühle dazu bringen, etwas zu tun, was ich nicht will. Deine Aussagen sind manipulativ und unangebracht.« Eine weitere Möglichkeit ist das Setzen von klaren Grenzen. Lasse den Manipulator wissen, dass du nicht bereit bist, dich von Schuldgefühlen kontrollieren zu lassen. Sage zum Beispiel: »Ich lasse mich nicht dazu drängen, etwas zu tun, was ich nicht möchte. Meine Entscheidungen treffe ich selbstständig und lasse mich nicht durch Schuldgefühle beeinflussen.«

Erinnerung an Versprechen

»Du hast mir doch zugesagt, dass …« Um Einfluss zu nehmen, erinnert der toxische Mensch dich an ein gegebenes Versprechen. Die Absicht besteht darin, dich an Verpflichtungen zu binden und dich dazu zu bringen, das Versprochene zu erfüllen. Versprechen sind in einer gesunden Beziehung wichtig und es ist völlig normal, sich gegenseitig daran zu erinnern. So könnte man sagen: »Hey, erinnerst du dich daran, dass wir uns versprochen haben, uns gegenseitig bei unseren Zielen zu unterstützen? Ich könnte deine Hilfe gebrauchen, um mein Projekt abzuschließen.« Diese Erinnerung ist konstruktiv und zielt darauf ab, die gegenseitige Unterstützung zu stärken.

Jedoch ist die Absicht hinter einer solchen Erinnerung entscheidend. Wenn Versprechen genutzt werden, um Druck auszuüben oder Schuldgefühle zu erzeugen, kann das manipulativ sein. Ein drastisches Beispiel wäre: »Ich kann nicht glauben, dass du dich nicht an unser Versprechen erinnerst. Ich habe dir so oft geholfen, und jetzt, wenn ich deine Hilfe brauche, lässt du mich im Stich?« Hier wird das Versprechen als Werkzeug benutzt, um massiv Druck aufzubauen, Schuldgefühle zu erzeugen und die andere Person zu manipulieren.

Mehr Engagement einfordern

Die Forderung nach mehr Einsatz oder Beteiligung wird oft mit dem Vorwurf verknüpft, dass der Betroffene nicht genug beiträgt. Ein Beispiel dafür könnte lauten: »Ich habe schon viermal eingekauft und du hast dich noch kein einziges Mal darum gekümmert.« Die Verknüpfung der Forderung nach mehr Einsatz oder Beteiligung mit dem Vorwurf, dass der Betroffene nicht genug tut, baut psychologischen Druck auf. Dies führt dazu, dass die betroffene Person sich schuldig fühlt und möglicherweise dazu neigt, häufiger Aufgaben zu übernehmen, selbst wenn sie bereits genug geleistet hat oder es eigentlich nicht möchte, nur um die Erwartungen zu erfüllen. Diese Dynamik kann zu einem Ungleichgewicht in der Beziehung führen und das Selbstwertgefühl der betroffenen Person beeinträchtigen, weil sie das Gefühl hat, ständig die Erwartungen anderer zu enttäuschen.

Widersprüche aufzeigen

Toxische Menschen zeigen dir liebend gern Widersprüche in deinem Verhalten auf, um dich zu verunsichern. Zum Beispiel: »Du rauchst schon wieder. Ich dachte, du wolltest aufhören?!« Diese Strategie zielt darauf ab, dich in einen Verteidigungsmodus zu versetzen und Zweifel an deinen Entscheidungen zu wecken. Es ist wichtig, klar und selbstbewusst auf solche Vorwürfe zu reagieren, um sich vor Manipulation zu schützen.

An vergangene »Untaten« erinnern

Wer immer wieder vergangene Fehler oder Irrtümer betont, weckt Schuldgefühle. Dies dient dazu, Druck auszuüben und dich zu beeinflussen, indem alte, möglicherweise längst geklärte Themen erneut aufgegriffen werden. Ein Beispiel könnte sein: »Erinnerst du dich noch daran, was damals passiert ist? Das kann ich dir nie verzeihen.« In solchen Situationen versucht der Manipulator, negative Ereignisse aus der Vergangenheit hervorzuheben, um Scham oder Bedauern in der Gegenwart zu erzeugen.

Vergleichen mit anderen

Psychotoxische Personen vergleichen dich mit anderen, um ihre Forderungen zu legitimieren. Zum Beispiel: »Der Mann meiner Freundin macht doch auch allein den Wochenendeinkauf« oder »Andere Großmütter sind glücklich, wenn sie ihre Enkel hüten dürfen.« So wird durch Vergleiche ein scheinbarer gesellschaftlicher Standard geschaffen, um Druck auf dich auszuüben. Dabei wählt der Manipulator gezielt Beispiele, die seine Anliegen unterstützen, und berücksichtigt relevante Unterschiede oder individuelle Umstände nicht.

Der Drang nach Kontrolle: Warum Menschen manipulieren

Toxische Menschen greifen mitunter zur Manipulation, wenn sie sich in der Opferrolle sehen. Sie wollen dann besonders viel Verständnis und Mitgefühl wecken. Ein weiteres Motiv für Manipulation liegt im Wunsch nach mehr Liebe und Aufmerksamkeit. Manche Menschen hegen unrealistische Erwartungen, wie viel Aufmerksamkeit ihnen zukommen sollte, besonders in Bezug auf Liebe. Diese Menschen versuchen, durch oft subtile manipulative Taktiken ihre überzogenen Bedürfnisse zu erfüllen und die Aufmerksamkeit und Zuneigung anderer zu gewinnen. Zudem können unterdrückte Aggressionen und Rachegefühle eine treibende Kraft hinter emotionaler Manipulation sein. Menschen nutzen in einem solchen Fall manipulative Techniken, um aufgestaute Emotionen zu kanalisieren oder Kontrolle in ihren Beziehungen zu gewinnen.

Selbsttest: Wie sehr beeinflusst dich emotionale Erpressung?

Emotionale Manipulation durch andere kann sich unbemerkt auf unser Verhalten auswirken. Manchmal verstricken wir uns in destruktive Muster, ohne uns dessen bewusst zu sein. Dieser Selbsttest soll dir dabei helfen zu erkennen, ob du dazu neigst, dich emotional erpressen zu lassen. Nimm dir einen Moment Zeit und antworte ehrlich auf die folgenden Aussagen.

Kreuze hier an, was für dich zutrifft:

- ☐ Hast du Angst, dass eure Beziehung in Gefahr geraten könnte, wenn du nicht nachgibst oder den Wünschen deines Partners nachkommst?
- ☐ Kann dein Partner leicht Schuldgefühle in dir auslösen, indem er behauptet, du hättest dich falsch verhalten?
- ☐ Empfindest du dich als egoistisch, wenn du deine Wünsche äußerst oder durchsetzt?
- ☐ Hast du oft ein schlechtes Gewissen, weil du glaubst, dich anderen Menschen gegenüber falsch verhalten zu haben?
- ☐ Legst du großen Wert auf die Anerkennung anderer?
- ☐ Bemühst du dich besonders darum, freundlich zu sein, wenn es jemandem schlecht geht?
- ☐ Verzichtest du oft darauf, deine Wünsche zu erfüllen, damit es keinen Streit gibt?
- ☐ Findest du Konflikte mit deinem Partner oder anderen Menschen unangenehm?
- ☐ Hast du den Eindruck, dass du viel mehr für andere tust als diese für dich?
- ☐ Bist du oft unsicher, ob du die Anerkennung anderer verdienst?
- ☐ Erfährst du Schweigen als Strafe?
- ☐ Fällt es dir schwer, wütend auf deinen Partner zu sein?
- ☐ Suchst du die Schuld bei dir, wenn es zu einem Konflikt kommt?
- ☐ Hast du in deiner Kindheit oft Sätze gehört wie »Mama geht es schlecht, wenn du das tust«, »Papa hat dich nicht mehr lieb, wenn du das tust« oder »Andere Kinder sind besser als du«?
- ☐ Führt vorwurfsvolles Schmollen deines Partners fast automatisch zu Schuldgefühlen bei dir?
- ☐ Fühlst du dich oft hilflos, weil du nicht weißt, was du falsch gemacht hast?
- ☐ Führen deine Schuldgefühle dazu, dass du deine Wünsche aufgibst?

- ☐ Findest du es schwer oder unmöglich, anderen gegenüber wütend zu sein?
- ☐ Fühlst du dich oft minderwertig oder verletzt, ohne zu wissen, warum?
- ☐ Hast du oft den Eindruck, nicht um deiner selbst willen geliebt zu werden?
- ☐ Würde es dich stark belasten, wenn dein Partner dich beschimpft?

Falls du viele Aussagen angekreuzt hast, könnte dies darauf hindeuten, dass du dich in Beziehungen unsicher fühlst und emotional leicht erpressbar bist. Du neigst dann möglicherweise öfter zu Verhaltensweisen und Reaktionen wie einem häufigen schlechten Gewissen, leicht auslösbaren Schuldgefühlen, dem Gefühl, egoistisch zu sein, wenn es um eigene Wünsche geht, Angst vor einer Gefährdung der Beziehung, übermäßiger Freundlichkeit in Konfliktsituationen und dem Verzicht auf eigene Wünsche, um den Frieden zu bewahren. Das könnte darauf hinweisen, dass es sinnvoll wäre, deinen Fokus verstärkt auf das Thema der emotionalen Erpressung zu lenken.
Denk daran, dass es hier nicht um Schuldzuweisungen geht, sondern darum, bewusster mit unseren eigenen Verhaltensweisen umzugehen. Ein tieferes Verständnis für unsere Gefühle und Handlungen kann der erste Schritt sein, um gesündere zwischenmenschliche Beziehungen aufzubauen. Dieser Fragebogen ersetzt keine professionelle Diagnostik, kann jedoch Aufschluss über deinen aktuellen psychischen Zustand geben.

Strategien für den Umgang mit schwierigen Persönlichkeiten

Histrionische Persönlichkeitsstörung – Theatralik und der Drang nach Bedeutung

Bei Sophie, 32, wurde vor Kurzem eine histrionische Persönlichkeitsstörung diagnostiziert. Ihr Verhalten und ihre Beziehungen sind von Drama, Manipulation und einem starken Bedürfnis nach Wichtigkeit geprägt. Als sie zu uns kam, war Sophie seit sechs Monaten mit ihrem Partner Max zusammen. In der Anfangsphase ihrer Beziehung zeigte sie sich von ihrer verführerischen Seite und wechselte häufig ihre Frisuren und Styles, um Aufmerksamkeit auf sich zu lenken. Dabei setzte sie nicht nur ausgefallene Kleidung und Make-up ein, sondern trank auch viel Alkohol, um noch mehr aufzufallen. Max, der von ihrer Ausstrahlung angezogen war, investierte viel Zeit und Aufmerksamkeit in die Beziehung. Sophie betonte immer wieder, dass er der Einzige für sie sei und eine besondere Bedeutung in ihrem Leben habe.

Als die Beziehung fortschritt, wurden jedoch Sophies Manipulationstaktiken offensichtlicher. Wenn Max sich anderen Aktivitäten widmete oder nicht genug Zeit für sie hatte, setzte sie alles daran, um ihm ein schlechtes Gewissen zu machen. Sie weinte oft, um Trost und Aufmerksamkeit zu erhalten. Sophie wurde häufig krank und suchte viele Ärzte auf, weil sie einen Hirntumor vermutete. In diese Bedenken und Sorgen zog sie Max immer mehr hinein und forderte immer mehr an Extra-Aufmerksamkeit. Immer wieder rief sie Max an und berichtete von ihren Kopfschmerzen, besonders wenn er gerade bei der Arbeit oder bei Freunden war. Max sah

sich gezwungen, sich immer mehr und immer öfter um Sophie zu kümmern, wenn sie wieder einmal krank war oder sich schlecht fühlte.
In der Therapie wurde deutlich, dass Sophies zentrale Beziehungsmotive ein Gefühl der eigenen Wichtigkeit, aber auch Verlässlichkeit und Solidarität waren. In der Vergangenheit waren diese und andere grundlegende Bedürfnisse massiv vernachlässigt worden, was zur Entwicklung der histrionischen Persönlichkeitsstörung beitrug. Die Eltern ließen Sophie als Schulkind oft tagelang allein, um mit ihren Freunden Party zu machen. Bei Problemen sollte sich Sophie an die Nachbarin wenden. In ihrer Familie gab es wenig Raum für ihre Bedürfnisse, Wünsche und Gefühle. Ihre Eltern waren oft mit eigenen Problemen beschäftigt und schenkten Sophie nur geringe Aufmerksamkeit.
Bereits früh in ihrer Kindheit erkannte Sophie, dass sie die Aufmerksamkeit und Anerkennung ihrer Eltern am besten durch dramatisches und verführerisches Verhalten erlangen konnte. Dieses Verhalten wurde unbeabsichtigt belohnt, weil es kurzfristig die Aufmerksamkeit auf sie lenkte. Zusätzlich fehlte es in ihrer Kindheit an klaren Grenzen und Strukturen. Die Unsicherheit darüber, was von ihr erwartet wurde, führte dazu, dass sie ihr Verhalten an die Erwartungen ihrer Umgebung anpasste, oft auf emotionale, dramatisierende und verführerische Weise.
Die drei zentralen Beziehungsmotive – Wichtigkeit, Verlässlichkeit und Solidarität –, die später in der Therapie als verletzt identifiziert wurden, entstanden also durch wiederholte Enttäuschungen in der Kindheit. Sophie sehnte sich nach der Aufmerksamkeit, die ihr in ihrer Familie versagt wurde, nach emotionaler Unterstützung und nach einem Gefühl der Zugehörigkeit. Sie hatte sich immer als sehr minderwertig in der Familie wahrgenommen.

Was ist eine histrionische Persönlichkeitsstörung?

Die psychologische Forschung geht davon aus, dass bei etwa zwei Prozent der Gesamtbevölkerung von einer histrionischen Persönlichkeitsstörung gesprochen werden kann. Frauen sind dabei viermal häufiger betroffen als Männer. Experten vermuten allerdings, dass die Störung bei Frauen über- und bei Männern unterdiagnostiziert ist.

Menschen mit dieser Besonderheit passen oft ihr Verhalten an die Erwartungen ihrer Umgebung an und wirken auf den ersten Blick stark selbstbezogen. Dabei vernachlässigen sie über aller Anpassung jedoch ihre eigenen Ziele und Werte. Dadurch bleibt ihr Selbstbild unklar. Das führt dazu, dass sie sich besonders stark an gesellschaftlichen und geschlechtsspezifischen Rollen orientieren. Schwierigkeiten treten meistens im mittleren oder späteren Lebensalter auf, wenn die Anerkennung von außen nachlässt. Beispielsweise weil die körperliche Attraktivität schwindet oder das Leistungsvermögen geringer wird. Das führt bei vielen zu einer depressiven Krise, sodass sie dann psychotherapeutische Hilfe suchen.

Bei Männern äußert sich eine histrionische Persönlichkeitsstörung häufiger in Form von Angeberei. Sie erzählen zum Beispiel gern weitschweifige Geschichten von beeindruckenden Abenteuern, um Schwächen und einen vermeintlichen Mangel an Männlichkeit zu verbergen.

Betroffene benötigen viel Aufmerksamkeit sowie Respekt und fordern beides auch ein. Sie möchten wahrgenommen, gehört und ernst genommen werden sowie sich zugehörig fühlen. Sie sehnen sich nach Signalen wie »Ich bin gern mit dir zusammen« oder »Du bereicherst mein Leben und ich verbringe gern Zeit mit dir«. Hauptsächlich geht es jedoch um das Gefühl, wichtig zu sein. Viele Patienten berichten, dass sie mit Sätzen wie diesen groß geworden sind: »Du störst mich«, »Du bist eine Belastung«, »Sei nicht so lästig«, »Wir haben jetzt gerade keine Zeit für dich« oder »Seitdem du da bist, bin ich krank.« So etwas muss nicht unbedingt ausgesprochen werden, denn auch nonverbale Verhaltensweisen können Kindern das Gefühl geben, nicht gehört, nicht ernst genommen oder vergessen zu werden. In der Psychologie nennen wir das Invalidierung (aus dem Lateinischen für »Entwertung«, »Ungültigkeit«) und das kann bleibenden seelischen Schaden hinterlassen.

Die Symptomatik der histrionischen Persönlichkeitsstörung

Es müssen zunächst die allgemeinen Kriterien einer Persönlichkeitsstörung erfüllt sein (siehe Seite 89) und zusätzlich mindestens vier der folgenden Kriterien aus der ICD-10 für die Diagnose einer histrionischen Persönlichkeitsstörung (ICD-10, F60.4):

- dramatische Selbstdarstellung, theatralisches Auftreten oder übertriebener Ausdruck von Gefühlen,
- erhöhte Suggestibilität, leichte Beeinflussbarkeit durch andere oder durch Ereignisse und Umstände,
- oberflächliche, labile Affekte,
- ständige Suche nach aufregenden Erlebnissen und Aktivitäten, in denen die Betreffenden im Mittelpunkt der Aufmerksamkeit stehen,
- unangemessen verführerischer Auftritt in Erscheinung und Verhalten,
- übermäßige Beschäftigung damit, äußerlich attraktiv zu erscheinen.

Menschen mit histrionischer Persönlichkeitsstörung neigen dazu, alltägliche Ereignisse in dramatischen oder übertriebenen Ausdrücken darzustellen. Sie können selbst kleinste Probleme oder Unannehmlichkeiten dramatisch vergrößern, um die Ernsthaftigkeit einer Situation zu betonen. Zum Beispiel sagen sie: »Das ist das Schlimmste, was mir je passiert ist!« oder »Mein Leben ist ein einziger Albtraum!« Oft wird Aufmerksamkeit gesucht, egal ob positiv oder negativ, oder Drama kreiert. Diese durchaus psychotoxischen Verhaltensweisen beruhen auf einem tiefen Bedürfnis nach Anerkennung und Bestätigung und sind nicht zwangsläufig negativ gemeint. Menschen mit histrionischer Persönlichkeitsstörung haben keine Scheu davor, starke Emotionen öffentlich auszudrücken, oft in übertriebener Weise. Betroffene können dabei auch schnell von einer extremen Begeisterung zu einer tiefen Traurigkeit oder Frustration wechseln und dies in Gesellschaft anderer oder in Beziehungen deutlich zeigen. Häufig lassen sie sich vorschnell auf intensive Beziehungen ein, die jedoch meist sehr instabil und fragil sind. Sie können sich leicht in neue Bekanntschaften verlieben, sind aber genauso schnell wieder von ihnen enttäuscht. Histrionische Menschen haben oft eine tiefe Angst, nicht gesehen oder ernst genommen zu werden. Um diesem Gefühl der Unsichtbarkeit zu entgehen, setzen sie alles daran, im Mittelpunkt zu stehen. Sie entwickeln ein ausgeprägtes Bedürfnis nach Bestätigung und Anerkennung von anderen. Sie sind besonders empfänglich für Bestätigung und Lob.

Zwischen Aufmerksamkeitshunger und Kompensationsverhalten

Betroffene einer histrionischen Persönlichkeitsstörung glauben nicht, dass sie ohne ihr übertriebenes Verhalten Aufmerksamkeit erhalten können. Ihr Selbstwert ist sehr instabil und sie haben oft Schwierigkeiten, die Realität so wahrzunehmen, wie sie ist. Entsprechend interpretieren sie die Verhaltensweisen ihrer Mitmenschen oft falsch. Selbst kleinste Signale fehlender Aufmerksamkeit werten sie als Bestätigung dafür, dass sie nicht wichtig sind oder ignoriert werden. Gleichzeitig nehmen sie positive Signale der Wertschätzung oft nicht wahr.

Unterschiede zwischen narzisstischer und histrionischer Persönlichkeitsstörung

Die histrionische Persönlichkeitsstörung zeichnet sich durch ein starkes Verlangen nach Aufmerksamkeit, übertriebenes emotionales Ausdrucksverhalten und das Bedürfnis nach Bestätigung aus. Menschen mit dieser Störung neigen dazu, dramatisch und theatralisch zu sein, um im Mittelpunkt zu stehen.
Im Gegensatz dazu ist die narzisstische Persönlichkeitsstörung durch ein übermäßiges Bedürfnis nach Bewunderung, aufgeblähtes Selbstwertgefühl und einen Mangel an Empathie gekennzeichnet. Narzissten zeigen oft einen übertriebenen Stolz, eine übermäßige Selbstbesessenheit und eine Tendenz, andere zu manipulieren, um ihre eigenen Ziele zu erreichen.
Während histrionische Menschen durch emotionale Instabilität und Impulsivität gekennzeichnet sind, neigen narzisstische Personen eher dazu, andere zu dominieren und sich überlegen zu fühlen.

So entstehen Glaubenssätze, die in Vermeidungs- oder Kompensationsverhalten münden. Das Ziel ist, sicherzustellen, dass so etwas nicht wieder passiert. Ihr Kompensationsziel lautet jetzt: »Ich will die oder der Wichtigste sein. Ich möchte überall und immer uneingeschränkte Aufmerksamkeit erhalten. Ich tue alles, um nicht ignoriert zu werden. Ich kann nur dann glauben, dass ich wichtig bin, wenn mir ständig gesagt wird, wie außergewöhnlich ich bin. Und ich bin nur dann wichtig für andere, wenn sie mir das wieder und wieder beweisen.«
Jeder Mensch interpretiert Handlungen unterschiedlich. Selbst wenn die Bezugsperson einem Histrioniker aus ihrer Sicht viel Aufmerksamkeit schenkt, bedeutet das nicht zwangsläufig, dass der Histrioniker das auch so sieht und es seinen Anforderungen entspricht. Der Partner hat dadurch nur wenig Spielraum.

Natürlich entwickeln Betroffene auch Strategien, die oft von Partnern als sehr positiv und charmant wahrgenommen werden. Sie sind äußerst kontaktfreudig, extrovertiert und hoch emotional. Sie können besonders sexy wirken und eine erotische Ausstrahlung haben. Sie sind sehr unterhaltsam, können guten Smalltalk führen, sind witzig und charmant beim Flirten. Sie präsentieren sich oft in einem sehr positiven Licht.

Es gibt jedoch auch Situationen, in denen es nicht ausschließlich um positive Aufmerksamkeit geht, sondern in denen auch negative Aufmerksamkeit schon ausreicht. Negative Aufmerksamkeit ist schließlich besser als gar keine Aufmerksamkeit. Betroffene versuchen dann auf die verschiedensten Arten auf sich aufmerksam zu machen und Zuwendung zu erhalten. Sei es durch einen sexy Tanz auf einer Party oder das Vortäuschen eines Treppensturzes am Arbeitsplatz. Manche erzählen auch beeindruckende oder schockierende Geschichten, die viele Menschen fesseln, oder fallen durch unangemessenes Verhalten auf, etwa übermäßigen und enthemmten Alkoholkonsum.

Menschen mit einer histrionischen Persönlichkeitsstörung haben oft Schwierigkeiten, allein zu sein, brauchen ständig Abwechslung und suchen stets nach Bestätigung. Sie nutzen häufig Manipulationstechniken wie Jammern, Kontrollverhalten und spielen das Opfer. Dabei überschreiten sie oft Grenzen, indem sie körperliche oder emotionale Distanz nicht einhalten. Eifersüchtiges Verhalten ist stark verbreitet, etwa wenn der Partner mit jemand anderem spricht, was als Zeichen interpretiert wird, dass man dem anderen unwichtig ist. Die Forschung zeigt, dass Histrioniker öfter unzufrieden mit ihren Partnern sind und eher zu Affären neigen. Durch diese – vor allem für das Umfeld, aber auch für die Person selbst – psychotoxischen Verhaltensweisen werden selbst alltägliche Situationen zu Herausforderungen. Im Prinzip suchen Betroffene das, was sie als Kinder nicht bekommen haben: Zuwendung, Nähe und das Gefühl, liebenswert und wichtig zu sein.

Unbewusste Manipulationen

Betroffene von Persönlichkeitsstörungen manipulieren oft automatisch und unbewusst. Viele bemerken ihre Verhaltensweisen nicht und schützen damit ihre eigenen Traumata. Die Betroffenen betrachten sich selbst nicht als manipulativ und möchten keinesfalls so wahrgenommen werden, obwohl die Manipulation oft stark ausgeprägt ist.

In der Liebe auf der Suche nach Bewunderung und Verlässlichkeit

Auch ihre Sexualpartner dienen Histrionikern dazu, die eigene Identität zu festigen und den Selbstwert zu steigern. Deswegen kommt es oft zu sexuell verführerischem Verhalten. Das bedeutet, dass Betroffene betont aufreizend auftreten, in der Erwartung, Komplimente zu erhalten. Die starke Sexualisierung von Beziehungen äußert sich in übermäßigem Flirtverhalten und es besteht häufig tatsächlich eine sexuelle Absicht, wenn ein Flirt eingegangen wird.

Nach der Eroberung folgt meist die Ernüchterung. Histrioniker haben häufig den Eindruck, dass die Wertschätzung nicht auf ihre Persönlichkeit, sondern auf ihre Attraktivität und Sexualität ausgerichtet ist. Regelmäßig wird in Beziehungen nach Perfektion gesucht und die Illusion einer idealen romantischen Liebe gepflegt. Das bedeutet, dass selten Kompromisse eingegangen werden und der Partner dem inneren Idealbild entsprechen soll. So stehen bei der Partnerwahl Eigenschaften wie Aussehen, finanzielle Ressourcen und sozialer Status im Vordergrund. Gesucht wird also der sprichwörtliche Prinz, die Prinzessin zum Verlieben.

In der Realität existiert die Art von Beziehungen, die sie sich vorstellen, aber einfach nicht, sodass sie an ihren Fantasien festhalten und weiter nach dem perfekten Partner suchen. Das heißt jedoch nicht, dass Betroffene keine Beziehungen eingehen können. Für eine feste Bindung wird oft ein zuverlässiger und greifbarer Partner ausgewählt, weil Verlässlichkeit von großer Bedeutung ist. Betroffene fordern in einer Beziehung in hohem Maß Fürsorge und Bewunderung ein. Andersherum agieren sie dem Partner gegenüber leider nicht in der gleichen Weise zugewandt. Wenn der Partner aber seinerseits plötzlich die Zuwendung verweigert, reagieren Histrioniker häufig mit manipulativen Strategien.

Anna passt sich den Wünschen ihres Partners an, indem sie spielerisch, unterhaltsam und erotisch ist und die Wünsche von Mark erfüllt. Nach 20 Jahren Ehe wird das für Mark mehr und mehr Gewohnheit und er reagiert nicht mehr so stark wie früher mit Zuwendung und Aufmerksamkeit auf ihr Verhalten. In dieser Lage muss Anna ihre Vorgehensweise auf der Beziehungsebene ändern. Ab sofort setzt sie negative Strategien ein, um wie gewohnt Marks Aufmerksamkeit zu erlangen. Zum Beispiel kann sie sagen: »Ich habe Herzschmerzen, bitte tu nichts, was mich aufregt«, oder: »Wenn du mich nicht ignorieren würdest, wäre ich auch nicht so krank.«

In diesem Fall wird zwar der Wunsch nach Aufmerksamkeit erfüllt, aber das Bedürfnis nach Wichtigkeit kann leider nicht gleichzeitig befriedigt werden.

Wenn es zu einer Trennung kommt, wird die Partnerschaft oft als nicht verlässliche oder instabile Beziehung betrachtet. Das bestätigt in unserem Fall die alten Annahmen aus Annas Kindheit.

Eine stabile Beziehung mit einem Histrioniker wird auch dadurch erschwert, dass er seine Emotionen nur schwer kontrollieren kann. Das bedeutet, dass Menschen mit einer histrionischen Persönlichkeitsstörung in Phasen der Verliebtheit oft ein überwältigendes Gefühl der Bewunderung für ihren Partner empfinden und ihn stark idealisieren. Diese Gefühle können jedoch genauso schnell wieder verschwinden, wenn sie merken, dass der Partner den Erwartungen nicht entspricht.

Erfolgreiche und erfolglose Histrioniker

In der Praxis unterscheiden wir zwischen erfolgreichen und erfolglosen Histrionikern. Als erfolgreich gelten jene, die durch ihr Verhalten eine hohe Aufmerksamkeit erlangen, wahrgenommen, ernst genommen und respektiert werden, während sie ihre Ziele erreichen und ihre Bedürfnisse erfüllen können. Histrioniker verfügen sowohl über positive als auch negative manipulative Strategien und können diese flexibel einsetzen. Im Aufbau von Beziehungen setzen sie oft positive Strategien ein, um Aufmerksamkeit zu erzeugen. Dazu gehören beispielsweise attraktives Aussehen, auffällig sein, unterhaltsam sein, andere mit ihrer positiven Stimmung anstecken, verführerisch wirken und flirten. Wenn jedoch die positiven Strategien nicht mehr ausreichen und die Umgebung sich bereits daran gewöhnt hat, möglicherweise nicht mehr so stark darauf mit Aufmerksamkeit reagiert wie zu Beginn, treten häufig Symptome wie Panik, Angst, Depression oder Migräne auf. In solchen Momenten werden Strategien eingesetzt, die darauf abzielen, Hilfsbedürftigkeit zu zeigen und Fürsorge einzufordern. Es wird das Gefühl vermittelt, allein nicht zurechtzukommen.

Erfolglose Histrioniker sind Personen, denen es trotz ihrer intensiven Bemühungen nicht mehr gelingt, Aufmerksamkeit zu erlangen, und die ihre kompensatorischen Ziele nicht mehr erreichen können. Das beobachten wir häufig im Alter, wenn Strategien plötzlich kulturell unangemessen wirken und von außen keine Bestätigung oder Ablehnung erfolgt. Bei erfolglosen Histrionikern sind oft die negativen Strategien dominanter. Sie verfügen über wenige positive Strategien und sind nicht in der Lage, diese effektiv einzusetzen.

Vom Drama in die Balance: Tipps für deinen Umgang mit Histrionikern

Wenn du eine Beziehung, sei es beruflich, familiär oder in einem romantischen Kontext mit einem Histrioniker führst, ist es wichtig zu beachten, dass bestimmte Verhaltensmuster beim anderen sehr stark ausgeprägt sein können und du möglicherweise nicht immer verstehst, was du falsch gemacht hast. Eine erhöhte Empfindlichkeit und Impulsivität deines Gegenübers kann eure Kommunikation erschweren. Auch seine hohen Erwartungen an andere können problematisch sein. Zum Beispiel seine Erwartung, dass sein Partner seine Bedürfnisse versteht, ohne dass er sie aussprechen müsste. Konflikte werden oft direkt und offen ausgetragen, denn Histrioniker sind nicht konfliktscheu. Dies kann zu Ärger, Beleidigungen und Verletzungen führen.

Will man positiv auf die Beziehung zu einem Histrioniker einwirken, ist eine Sache entscheidend: Man sollte darauf achten, ob die betroffene Person innerhalb der Beziehung genug Aufmerksamkeit und genug Respekt erfährt und ob sie das Gefühl hat, eine wichtige Rolle im eigenen Leben zu spielen. Gleichzeitig solltest du aber ebenso viel Respekt für dich und deine Bedürfnisse einfordern! Wenn deine Grenzen überschritten werden, musst du nicht allein auf die Bedürfnisse des anderen achten, sondern es möglich machen – und es einfordern –, dass der andere auf dich zukommt und seinen Teil beiträgt, euren Konflikt zu klaren. Es ist wichtig, für dich selbst zu sorgen. Beachte jedoch, dass nicht jeder Konflikt neutral gelöst werden kann. Wenn dein Gegenüber jammert oder klagt, ist es wichtig, die dahinterliegenden Gefühle ernst zu nehmen, ohne abwertend zu reagieren, und der Person auch die gewünschte Aufmerksamkeit zu schenken. Gleichzeitig sollte man die Probleme des Histrionikers nicht einfach bestätigen, sondern ihm zeigen, dass es in Ordnung und vollkommen normal ist, im Leben mit Herausforderungen konfrontiert zu sein.

Ein respektvoller Umgang mit dem anderen ist ebenso wichtig, wie Aufregung zu vermeiden. Auch die Beziehung sollte nicht infrage ge-

stellt werden. Stattdessen solltet ihr euch darauf konzentrieren, gemeinsam Lösungen zu finden. Auch für dich sollte eine Lösung dabei sein – der Fokus sollte nicht nur auf der psychotischen Person liegen. Es ist ratsam, ausreichend Zeit für Gespräche einzuplanen, damit der Histrioniker sich nicht vernachlässigt fühlt und auch du durch ein solches Gespräch gestärkt wirst.
Fazit: In Konfliktsituationen aufmerksam zuhören, Interesse zeigen und gemeinsam an Lösungen arbeiten. Bestehe aber darauf, dass dein Gegenüber dich ausreden lässt und aufmerksam zuhört. Achte darauf, nicht manipuliert zu werden, und kommuniziere klar, wenn du denkst, dass der andere das gerade versucht. Konfrontationen solltest du möglichst vermeiden: Stattdessen ist es besser, geduldig zu bleiben und zu warten, bis die Situation sich beruhigt hat. Es ist wichtig, Ruhe zu bewahren und nicht in die Dramatik des anderen einzusteigen.

Antisoziale Persönlichkeitsstörung – die Beziehung als Mittel zum Zweck

Menschen mit einer Persönlichkeitsausprägung, die antisoziale Züge trägt, nehmen wenig Rücksicht auf soziale Regeln. Sie haben selten Skrupel oder ein schlechtes Gewissen und verhalten sich häufig ausbeuterisch und manipulativ, weil sie vor allem ihr eigener Nutzen interessiert. Das an sich ist noch keine Persönlichkeitsstörung. Im Vergleich zu anderen Menschen mit ähnlichem Verhalten haben Menschen, die von einer antisozialen Persönlichkeitsstörung betroffen sind, jedoch deutlich weniger Selbstzweifel und stören sich seltener an Kritik. Sie betrachten Beziehungen als Mittel, um ihre eigenen Interessen zu fördern, und können sie daher leicht beenden. Obwohl sie selbst oft wenig Gefühle zeigen, können sie zu Beginn den Eindruck erwecken, sehr charmant und einfühlsam zu sein.

Wichtig: Eine antisoziale Persönlichkeitsstörung erfordert professionelle Hilfe. Eine Therapie kann Betroffenen dabei helfen, ihren Mangel an Einfühlungsvermögen auszugleichen und die Entwicklung von sozial verantwortlichem Verhalten zu fördern. Allerdings ist es oft schwierig, Betroffene dazu zu bringen, Hilfe anzunehmen. Oft nehmen sie es einfach nicht als problematisch wahr. In seltenen Fällen kann auch eine gerichtlich angeordnete Therapie notwendig sein, um die Gefahr für die Betroffenen selbst und andere zu reduzieren.
Die Ursachen für diese Art der Persönlichkeitsstörung können genetischer Natur sein, oft liegt ihr aber eine schwierige Kindheit zugrunde. Wenn Kinder nicht lernen, sich um die Gefühle anderer zu kümmern, können sie später in der Jugend antisoziales Verhalten zeigen und zum Beispiel andere verletzen oder Regeln ignorieren.

Die Symptomatik der antisozialen Persönlichkeitsstörung

Sofern die Kriterien für eine Persönlichkeitsstörung erfüllt sind (siehe Seite 89), müssen mindestens drei der folgenden Eigenschaften oder Verhaltensweisen vorliegen:

- herzloses Unbeteiligtsein gegenüber den Gefühlen anderer,
- deutliche und andauernde verantwortungslose Haltung und Missachtung sozialer Normen, Regeln und Verpflichtungen,
- Unfähigkeit, dauerhafte Beziehungen aufrechtzuerhalten, obwohl keine Schwierigkeit besteht, sie einzugehen,
- sehr geringe Frustrationstoleranz und niedrige Schwelle für aggressives, einschließlich gewalttätigem Verhalten,
- fehlendes Schuldbewusstsein oder Unfähigkeit, aus negativer Erfahrung zu lernen, vor allem aus Bestrafungen,
- deutliche Neigung, andere zu beschuldigen oder plausible Rationalisierungen für das eigene Verhalten anzubieten, durch das die Betreffenden in einen Konflikt mit der Gesellschaft geraten sind.

Menschen mit antisozialer Persönlichkeitsstörung zeigen häufig einen Mangel an Empathie und Mitgefühl. Sie machen beispielsweise abwertende und verletzende Kommentare, ohne Rücksicht auf die Auswirkungen auf andere:

Ein Kollege erzählt Alex begeistert davon, dass er für einen Marathon trainiert. Anstatt Freude oder Anerkennung zu zeigen, reagiert Alex mit einem abwertenden Kommentar: »Marathon? Na und? Das ist doch nur Laufen. Ich frage mich, warum du so viel Zeit damit verschwendest. Es gibt wichtigere Dinge im Leben.«

Dieser Kommentar zeigt Alex' Mangel an Empathie und seine Unfähigkeit, die Freude und Leistung seines Kollegen anzuerkennen. Sein Desinteresse an den Gefühlen anderer und die abfällige Bemerkung sind ein Hinweis auf die Symptomatik der antisozialen Persönlichkeitsstörung. Das herablassende Verhalten kann zu sozialer Distanzierung und zu Konflikten am Arbeitsplatz führen. Generell haben Betroffene oft wenig Interesse daran, sich in die Gefühle oder Perspektiven anderer Menschen hineinzuversetzen. Sie können emotionslos oder gleichgültig gegenüber den Problemen und Sorgen anderer erscheinen.

Mark arbeitet in einem Teamprojekt, bei dem seine Kollegin Lisa Schwierigkeiten mit einem persönlichen Problem hat. Lisa teilt dem Team mit, dass sie sich in letzter Zeit gestresst fühlt und Schwierigkeiten hat, mit der Arbeitsbelastung umzugehen. Statt Empathie zu zeigen oder zumindest Interesse an Lisas Gefühlen zu bekunden, reagiert Mark emotionslos: »Na ja, jeder hat Stress. So ist das Leben halt. Vielleicht musst du dich einfach mehr anstrengen und weniger rumheulen oder du musst halt damit klarkommen.« Mark zeigt in diesem Beispiel wenig Verständnis oder Interesse für die Gefühle und Perspektiven von Lisa.

Es kann vorkommen, dass antisoziale Menschen abwertende, herablassende oder sogar verletzende Bemerkungen machen, ohne Rücksicht auf die Auswirkungen auf andere. Solche Bemerkungen können in Form von beleidigenden Kommentaren, Spott oder Mobbing auftreten.

Sarah ist Teil einer Gruppe von Arbeitskollegen, die regelmäßig zusammen Mittagspause machen. Eines Tages teilt Chris der Gruppe mit, dass er sich aufgrund persönlicher Probleme etwas gestresst fühlt. Anstatt Mitgefühl oder Unterstützung zu zeigen, macht Sarah abwertende Kommentare: »Stell dich nicht so an, Chris. Das Leben ist hart, und wir müssen alle damit klarkommen. Du machst aus einer Mücke einen Elefanten.«

Personen mit antisozialer Persönlichkeitsstörung manipulieren andere, um ihre eigenen Bedürfnisse zu erfüllen, und empfinden dabei wenig oder gar keine Reue. Viele lügen, betrügen oder verletzen die Rechte anderer, ohne Gewissensbisse zu haben.

Amin ist Mitarbeiter einer Firma, in der finanzielle Angelegenheiten gemeinsam verwaltet werden, um sicherzustellen, dass jeder fair behandelt wird. Eines Tages hat Amin finanzielle Schwierigkeiten. Er entscheidet sich, die gemeinsame Finanzverwaltung zu seinen Gunsten auszunutzen. Ohne Reue oder Gewissensbisse manipuliert Amin die finanziellen Aufzeichnungen, um zusätzliche Mittel auf sein Konto zu leiten. Wenn die anderen Gruppenmitglieder darauf aufmerksam werden und ihn konfrontieren, zeigt Amin wenig Bereitschaft, Verantwortung zu übernehmen, und leugnet jegliches Fehlverhalten.

Menschen mit einer antisozialen Persönlichkeitsstörung verfügen häufig über einen oberflächlichen Charme, der es ihnen ermöglicht, andere zu täuschen und zu manipulieren. Sie können sehr überzeugend und charismatisch wirken, was es schwierig macht, ihr wahres Verhalten klar zu erkennen. Aufgrund des Mangels an Empathie und sozialem Verantwortungsbewusstsein haben Betroffene oft Schwierigkeiten, stabile und gesunde zwischenmenschliche Beziehungen aufrechtzuerhalten. Ihre egozentrische und manipulative Natur kann zu Konflikten und Trennungen führen. Beziehungen dienen ihnen in erster Linie als Instrumente, um die eigenen Interessen zu fördern. Loyalität oder echte Verbundenheit sind keine Motivation. Beziehungen können ohne Vorwarnung beendet werden, sobald es keinen Nutzen mehr gibt.

Josie pflegt oberflächliche Beziehungen zu Kollegen und Freunden, die anfänglich oft von einem beeindruckenden Charme geprägt sind. Mit ihrer oberflächlichen Freundlichkeit und ihrem charismatischen Auftreten gelingt es ihr, das Vertrauen anderer zu gewinnen. In diesen Beziehungen nutzt Josie geschickt die Menschen um sich herum, um Informationen und persönliche Vorteile zu erlangen. Sie ist dabei äußerst manipulativ und neigt dazu, andere für ihre eigenen Zwecke auszunutzen, sei es beruflich oder persönlich. Josie spielt ihre soziale Kompetenz aus, um ihre Ziele zu erreichen, ohne echte emotionale Bindungen einzugehen oder Loyalität zu zeigen. Sobald Josie keinen weiteren Nutzen in diesen Beziehungen sieht oder ihre eigenen Interessen anderswo befriedigen kann, lässt sie ihre Kollegen und Freunde rücksichtslos fallen. Dabei zeigt sie keine Reue oder andere emotionale Empfindungen gegenüber den Menschen, die sie zuvor in ihr Vertrauen gezogen hatte.

Was ist der Unterschied zur narzisstischen Persönlichkeitsstörung?

Der Unterschied zwischen Menschen mit einer antisozialen und einer narzisstischen Persönlichkeitsstörung zeigt sich in verschiedenen Verhaltensweisen und in der Art, wie sie bestimmte Dinge emotional bewerten. Bei Menschen mit antisozialer Persönlichkeitsstörung ist oft ein Mangel an moralischem Empfinden zu beobachten. Sie unterlassen eine Handlung, die für andere nachteilig ist, nur dann, wenn die Gefahr besteht, erwischt zu werden, nicht wegen eines Gefühls von Schuld oder wegen Gewissensbissen. Selbstzweifel schieben antisoziale Menschen häufig beiseite, weil sie den eigenen Nutzen maximieren wollen. Im Gegensatz dazu werden Narzissten, trotz ihres starken Selbstvertrauens, oft von Selbstzweifeln geplagt.

Menschen mit antisozialer Persönlichkeitsstörung zeigen oft nur begrenzt Mitgefühl für andere und täuschen Gefühle vor, solange es für sie von Vorteil ist. Bei Narzissten kann Empathie in gewissem Maße vorhanden sein, ihr Verhalten wird jedoch stark von ihren eigenen Bedürfnissen getrieben.

Ein gravierender Unterschied zwischen den beiden Störungsbildern besteht darin, dass Menschen mit einer antisozialen Persönlichkeitsstörung oft impulsiver und risikobereiter sind als Narzissten. Sie neigen dazu, unüberlegte Handlungen zu begehen, die negative Konsequenzen für sie selbst und andere haben können. Im Gegensatz dazu sind Narzissten oft äußerst vorsichtig und berechnend in ihren Handlungen, um ihr positives Image aufrechtzuerhalten und ihre Ziele zu erreichen.

Ein weiterer Unterschied liegt im Bedürfnis nach sozialer Anerkennung. Menschen mit einer antisozialen Persönlichkeitsstörung sind nicht unbedingt auf die Beziehungen mit anderen angewiesen. Im Gegensatz dazu nutzen Narzissten ihren oberflächlichen Charme, um sich in sozialen Situationen beliebt zu machen – teilweise passen sie sich den Wünschen anderer auch an. Sie legen oft großen Wert auf Prestige und Status und streben nach Bewunderung und Anerkennung von anderen.

Kompensationsverhalten in Beziehungen

Menschen mit einer antisozialen Persönlichkeitsstörung zeigen oft verschiedene Arten von Kompensationsverhalten in ihren freundschaftlichen, romantischen und beruflichen Beziehungen. Sie können äußerst charmant und manipulativ sein und nutzen psychotoxische Strategien, um andere zu beeinflussen und zu bekommen, was sie wollen. Sie scheuen oft nicht davor zurück, zu lügen, zu betrügen oder zu flirten, um ihre Ziele zu erreichen. Diese Verhaltensweisen dienen dazu, ihre Persönlichkeitsstörung zu verbergen oder ihre eigenen Bedürfnisse zu erfüllen.

Häufig handeln sie auch impulsiv und ziehen andere in riskante oder unüberlegte Situationen hinein, ohne über die Konsequenzen nachzudenken. Dies kann in einer Beziehung zu Konflikten und Stress führen. Viele versuchen außerdem, die Kontrolle in der Beziehung zu übernehmen und ihre Mitmenschen zu dominieren. Meist liegt das Ziel darin, die Bezugsperson zu isolieren. Betroffene zeigen oft wenig Empathie oder Mitgefühl für die Gefühle und Bedürfnisse ihrer Freunde, Partner oder Familienmitglieder. Nicht selten kommt es zu emotionaler Vernachlässigung, vor allem gegenüber Schutzbefohlenen wie Kindern. Sie neigen vorschnell dazu, die Schuld auf andere zu schieben. Häufig führen sie einen unverantwortlichen Lebensstil, der sich negativ auf die finanzielle Sicherheit oder die Stabilität der Beziehung auswirkt. Dies kann zu massiven finanziellen Problemen oder anderen Unsicherheiten in Partnerschaften und Freundschaften führen.

Klare Grenzen im Umgang mit Betroffenen der antisozialen Persönlichkeitsstörung

In einer Beziehung mit einer Person, die Schwierigkeiten zeigt, Empathie zu entwickeln, ist es von entscheidender Bedeutung, klare Grenzen für akzeptables Verhalten zu setzen und sicherzustellen, dass diese Grenzen von beiden Seiten respektiert werden. Selbstfürsorge spielt eine zentrale Rolle, weil Beziehungen mit betroffenen Menschen belastend sein können. Daher ist es wichtig, auf die eigene emotionale und physische Gesundheit zu achten. Die Suche nach Unterstützung durch Freunde, Familienmitglieder oder Selbsthilfegruppen kann ebenfalls hilfreich sein. Die eigene Sicherheit sollte außerdem stets an erster Stelle stehen.

Emotional instabile Persönlichkeitsstörung – Gefühlchaos und Impulsivität

Menschen mit einer emotional instabilen Persönlichkeitsstörung lassen sich in zwei Gruppen unterteilen:

- in den Borderline-Typus und
- den impulsiven Typ.

Borderliner erleben starke Gefühlsschwankungen, verhalten sich impulsiv und haben Schwierigkeiten, Nähe und Distanz in Beziehungen zu regulieren. Sie sind in einem stetigen emotionalen Chaos gefangen, worunter auch ihr Selbstvertrauen leidet. Dies führt dazu, dass sie sowohl sich selbst als auch anderen nur wenig vertrauen können. Sie misstrauen außerdem häufig ihren eigenen Einschätzungen, Gedanken und Gefühlen. Die hohe Empfindlichkeit, das starke Misstrauen und die ausgeprägte Emotionalität können für ihre Partner schwierig zu verstehen sein.

Kennzeichen des impulsiven Typs sind emotionale Instabilität und eine mangelnde Impulskontrolle. Häufig – besonders bei Kritik – verhält sich ein Vertreter des impulsiven Typs gewalttätig oder bedrohlich. Dieses Verhalten richtet sich gegen andere Menschen, aber auch gegen Gegenstände.

Beim Borderline-Typus kommt zu den allgemeinen Kriterien für eine Persönlichkeitsstörung (siehe Seite 89) noch eine Identitätsstörung dazu. Diese Identitätsstörung äußert sich in einem instabilen Selbstbild und der Schwierigkeit, Ziele zu setzen und zu verfolgen. Borderliner führen oft intensive, aber unbeständige Beziehungen. Dies kann immer wieder zu Krisen führen, die sich in Suizidversuchen, selbstschädigendem Verhalten und emotionalen Zusammenbrüchen äußern. Solche Krisen treten häufig auch ohne einen klar erkennbaren Grund auf.

In der Therapie zeigt sich oft, dass Betroffene beider Typen in ihrer Kindheit von ihren Eltern relativ gleichgültig behandelt wurden und unvorhersehbares Verhalten erlebt haben. Dies hat auf der Beziehungsebene gravierende Traumata verursacht. Nicht selten haben Eltern ihre Kinder massiv abgewertet oder vernachlässigt und damit das Gefühl vermittelt, dass sie unwichtig sind. Es kann auch zu emotionalem und körperlichem Missbrauch gekommen sein. Die Kinder waren häufig auf sich allein gestellt. Möglicherweise mussten sie auch für ein Eltern- oder Geschwisterteil sorgen und das führte zu einer Rollenverschiebung, die diese Kinder zusätzlich überforderte. Viele Eltern von Borderlinern hatten selbst massive psychische Probleme und wurden von ihren Kindern als unberechenbar, hoch emotional und aggressiv wahrgenommen. All das kann dazu geführt haben, dass die betroffenen Kinder Glaubenssätze entwickelten wie »Ich belästige und belaste andere« oder »Ich bin es nicht wert, dass andere bei mir bleiben«. Sie haben gelernt, dass ihre Grenzen nicht respektiert werden, und konnten sich selbst nicht schützen.

Wenn diese Kinder erwachsen werden und ihre negativen Glaubenssätze beibehalten, neigen sie dazu, ihre eigenen Grenzen in Beziehungen nicht zu achten oder wahrzunehmen. Dies führt oft dazu, dass ihre sexuellen Grenzen überschritten werden. Betroffene sehnen sich nach positiven Signalen in Beziehungen wie Anerkennung, Verlässlichkeit und Solidarität. Wenn sie solche Signale von jemandem erhalten, fühlen sie sich unwiderstehlich angezogen, weil ihr Verlangen nach Bestätigung so groß ist.

Doch hier ist der Haken: Wie oben gezeigt, haben sie extrem negative Überzeugungen über ihr Selbst und ihre Beziehungen verinnerlicht. Sie halten sich für wenig liebenswert. Sie denken, sie seien für andere eine Belastung. Sie sind oft nicht dazu in der Lage, gesunde Grenzen zu setzen. Außerdem erkennen sie oft zu spät, wenn ihre Grenzen verletzt werden.

All das äußert sich meist in extremen Beziehungsproblemen. Betroffene haben Schwierigkeiten, anderen zu vertrauen, wechseln zwischen intensiver Nähe und abrupter Distanzierung und sind oft für ihre Partner schwer vorhersehbar. Sie reagieren extrem empfindlich auf kleinste Anzeichen von Kritik oder mangelnde Aufmerksamkeit – darin sehen sie die Bestätigung ihres negativen Glaubenssatzes, nicht liebenswert zu sein. Wenn es zu einer Beziehungspause kommt und eine gewisse Distanz zum anderen entsteht, erleben Betroffene oft eine starke Sehnsucht nach Nähe, die dann manchmal in intensiver sexueller Weise ausgelebt wird. Dieses Hin und Her kann ihre Beziehungspartner sehr verwirren. Betroffene sind sich oft nicht über ihre eigene Identität im Klaren. Sie wissen zum Beispiel nicht, was ihre eigenen Wünsche und Bedürfnisse sind – und auch nicht, wer sie selbst wirklich sind. In Beziehungen passen sie sich oft an ihren Partner an und übernehmen dessen Hobbys und Einstellungen. Wenn die Beziehung endet, fühlen sie sich oft verloren und wissen nicht mehr, was sie wollen oder wer sie ohne ihren Partner eigentlich sind.

Die Symptomatik der emotional instabilen Persönlichkeitsstörung

Die allgemeinen Kriterien für eine Persönlichkeitsstörung (siehe Seite 89) müssen erfüllt sein. Die emotional instabile Persönlichkeitsstörung umfasst nach ICD-10 zwei Unterformen (ICD-10, F60.4):
Für den impulsiven Subtyp müssen mindestens drei der folgenden Verhaltensweisen vorliegen, darunter Punkt 2:

- deutliche Tendenz, unerwartet und ohne Berücksichtigung der Konsequenzen zu handeln,
- deutliche Tendenz zu Streitereien und Konflikten mit anderen, vor allem dann, wenn impulsive Handlungen unterbunden oder getadelt werden,
- Neigung zu Ausbrüchen von Wut oder Gewalt mit der Unfähigkeit zur Kontrolle explosiven Verhaltens,
- Schwierigkeiten in der Beibehaltung von Handlungen, die nicht unmittelbar belohnt werden,
- unbeständige, launische Stimmung.

Für den Borderline-Subtyp müssen drei der obigen Kriterien des impulsiven Subtyps zutreffen sowie zusätzlich zwei der folgenden Eigenschaften:

- Störungen und Unsicherheit bezüglich Selbstbild, Zielen und inneren Präferenzen (einschließlich sexueller),
- Neigung, sich auf intensive, aber instabile Beziehungen einzulassen, oft mit der Folge von emotionalen Krisen,
- übertriebene Bemühungen, das Verlassenwerden zu vermeiden,
- wiederholte Drohungen oder Handlungen mit Selbstbeschädigung,
- anhaltendes Gefühl von innerer Leere.

Bei Susi, 35, wurde vor Kurzem eine emotional instabile Persönlichkeitsstörung diagnostiziert. Susi wuchs in unbeständigen familiären Verhältnissen auf. Die wechselnden Partner ihrer Mutter brachten nicht nur emo-

tionales Chaos mit sich, auch körperlich wurde Susi von ihren Stiefvätern bedroht und misshandelt. Das prägte Susis kindliche Psyche nachhaltig. In einem Umfeld, das eigentlich Sicherheit vermitteln sollte, fand sie stattdessen Unsicherheit und Angst. Was das Leid noch verschärfte, war die Art und Weise, wie Susis Mutter mit Susis traumatischen Erlebnissen umging. Anstatt Susi zu schützen, schob sie Susi die Schuld für die Misshandlungen zu. Sie machte ihr massive Vorwürfe und hielt ihr vor, dass sie, Susi, für die Probleme in der Familie verantwortlich sei. Diese Schuldzuweisungen verstärkten nicht nur Susis emotionale Instabilität, sondern führten auch dazu, dass sie sich irgendwann auch selbst die Schuld an den traumatischen Erfahrungen gab.

Aktuell lebt Susi in einer Beziehung mit Moritz, die von intensiven emotionalen Höhen und Tiefen geprägt ist. In Momenten der Nähe fühlt sie sich tief mit Moritz verbunden und empfindet ein intensives Gefühl der Liebe. Doch diese Momente wechseln sich abrupt mit extremen Stimmungsschwankungen ab. Bei der kleinsten Unsicherheit oder der Angst vor Ablehnung reagiert Susi mit intensiven emotionalen Ausbrüchen. Sie blockiert ihn überall, auch auf ihren Social-Media-Kanälen, oder reagiert mit riskantem Verhalten, wie starkem Drogenmissbrauch oder schnellem Autofahren. Ihre Angst, Moritz könnte sich von ihr trennen, führt zu immer verzweifelteren Handlungen, um die Nähe zu Moritz aufrechtzuerhalten. Moritz' Versuche, über persönliche Grenzen zu sprechen oder die Beziehung zu reflektieren, werden oft von Susis starken emotionalen Reaktionen unmöglich gemacht.

Susi hat außerdem Schwierigkeiten, stabile Beziehungen am Arbeitsplatz aufrechtzuerhalten. Ihre intensiven Emotionen und die Furcht vor Zurückweisung führen dazu, dass sie sich in zwischenmenschlichen Situationen oft unangemessen verhält. Konflikte am Arbeitsplatz sind keine Seltenheit, weil Susi aufgrund ihrer geringen Frustrationstoleranz bei Unstimmigkeiten zu intensiven Gefühlsausbrüchen neigt. Dies führt zu Spannungen mit Kollegen und Vorgesetzten.

Wenn man sich die Berichte in den sozialen Medien zum Thema emotional-instabile Persönlichkeitsstörungen und Beziehungen anschaut, entsteht schnell der Eindruck, dass Betroffene grundsätzlich beziehungsunfähig sind. Das möchten wir so nicht stehen lassen. Auch Menschen, die von einer emotional instabilen Persönlichkeitsstörung betroffen sind, besitzen durchaus die notwendigen Voraussetzungen und Fähigkeiten, eine längerfristige und glückliche Partnerschaft zu führen. Für ihre Partner ist es aber wichtig, zu verstehen, wie der oder die Betroffene tickt, und seine oder ihre ganz besonderen Bedürfnisse wahrzunehmen und darauf angemessen zu reagieren – ohne sich selbst zu verausgaben oder eigene Grenzen zu ignorieren.

Für Menschen mit emotional instabiler Persönlichkeitsstörung ist es, wie gesagt, schwierig, die richtige Balance zwischen Selbstständigkeit und dem Wunsch nach Nähe zu finden. Die Angst davor, verlassen zu werden, erschwert es ihnen, stabile Beziehungen zu führen und ihren Partner allzu nahe an sich heranzulassen – zu groß ist ihre Angst, verletzt zu werden. Um genau diese Verletzungen zu vermeiden, dosieren manche Betroffene ihre Zeit und Emotionen dem Partner gegenüber sehr bewusst. Manche fokussieren sich auch auf ihr berufliches Vorankommen und räumen der Beziehung erst gar keinen allzu großen Stellenwert ein.

Menschen mit emotional-instabiler Persönlichkeitsstörung wählen ihren Partner bewusst oder unbewusst nach bestimmten Kriterien aus, sodass sich drei häufige Muster oder Typen von Lebensgefährten zeigen:

- Ein Partner von Typ 1 hat ähnliche Charaktereigenschaften wie der Betroffene. Sie stammen vielleicht beide aus demselben sozialen Umfeld oder sind in ähnlichen Familienverhältnissen aufgewachsen, zum Beispiel in Armut, Stress und Überforderung. Zu Beginn der Beziehung geben Betroffene dem Partner oft das Gefühl, etwas ganz Besonderes zu sein, was der andere positiv wahrnimmt. Allerdings finden die Betroffenen keinen Halt in solchen Beziehungen, weil sich beide Partner gegenseitig in ihrem Wesen und Verhalten spiegeln.

- Der zweite Typus, der als Täter bezeichnet wird, führt dazu, dass Betroffene sich häufig erneut Lebensgefährten suchen, die sich wiederholt den traumatischen Erfahrungen von früher aussetzen. Beispielsweise kann es vorkommen, dass jemand, der in der Vergangenheit eine belastende Beziehung zu seinem Vater hatte, unbewusst einen Partner wählt, der ähnliche Verhaltensmuster aufweist. Betroffene können den Glaubenssatz haben, dass Fürsorge und Liebe zwangsläufig mit Missbrauchserfahrungen zusammenhängen, und ziehen Situationen an, die der Kindheit immer wieder ähneln. In solchen Beziehungen kommt es häufig zu physischer und psychischer Gewalt und die Betroffenen geraten in die Opferrolle. Aufgrund von Scham und Schuld können sie sich nicht lösen, was wiederum selbstverletzendes Verhalten oder Selbsttötungsversuche verstärkt.
- Die dritte Variante ist ein emotional stabiler Partner. Durch seine beständigen Persönlichkeitsmerkmale kann er der Beziehung Standhaftigkeit verleihen. Der Partner übernimmt die Verantwortung für sich selbst, geht achtsam mit seinen eigenen Gefühlen und Bedürfnissen um, setzt klare Grenzen gegenüber dem Betroffenen, besonders wenn es um Stimmungsschwankungen geht, und besitzt eine gute Konfliktfähigkeit. Er kann auch mit Kritik und Fehlern umgehen, setzt klare Prioritäten, ist sehr empathisch und legt mehr Wert auf

Kommunikation. Die impulsiven Ausbrüche der Betroffenen nimmt er nicht persönlich und so behalten die Betroffenen ihre Eigenverantwortung. Dies schützt die stabile Persönlichkeit und Unabhängigkeit, wirkt jedoch häufig bei Betroffenen wenig attraktiv.

Am Anfang jeder Beziehung werden alle negativen Eigenschaften des Partners ausgeblendet und dieser wird komplett idealisiert. Er gilt für den Betroffenen als Retter und Erlöser. Betroffene erfüllen die Wünsche des Partners, aber sie erwarten auch dasselbe von anderen. Zukunftsfantasien werden schnell entwickelt, ohne darüber nachzudenken, ob sie realistisch sind.

Wenn jedoch der Alltag in der Partnerschaft einkehrt, treten meistens die ersten Schwierigkeiten auf. Genauso wie der Partner zunächst idealisiert wurde, kann er auch wieder abgewertet werden: Die ersten Fehler werden wahrgenommen und der Partner erscheint nicht mehr so perfekt. Schon ein falsches Wort kann eine dramatische Szene auslösen. Stimmungsschwankungen, Impulsivität und Unberechenbarkeit treten auf, wenn die Betroffenen merken, dass der Partner nicht zu ihren Vorstellungen passt. Dann kommen innere Spannungen und innere Leere auf. In stark emotionalen Situationen reagieren die Betroffenen beispielsweise mit destruktivem Verhalten wie Beschimpfungen, Erniedrigung oder Selbstverletzungen.

Hinzu kommt die Intimität einer Beziehung. Je intensiver die Beziehung wird, desto mehr werden Themen vermieden, um keine Streitigkeiten zu provozieren. Hier kommt es dann häufig zu Trennungen, aber nach einer Krise folgt oft wieder eine Hochphase. Lässt sich der Partner erneut auf eine Beziehung ein, entsteht ein Wechselspiel zwischen Liebe und Hass. Die Kreisläufe von Idealisierung und Abwertung sowie von Nähe und Distanz können sich über Tage und Wochen ziehen.

Verständnis und Ruhe – Tipps für eine gute Beziehungsführung

Betroffene einer emotional instabilen Persönlichkeitsstörung erwarten oft, dass sich die Muster ihrer aktuellen Beziehung nicht wesentlich von früheren Beziehungsmustern unterscheiden. Dieses Phänomen wird in der Psychologie als Psychodynamik der Projektion bezeichnet.

Sabrina projiziert unbewusst auf ihren Freund Ben die Ängste und Unsicherheiten, die sie aus ihrer Kindheit kennt. Sie unterstellt ihm immer wieder, dass er sie betrügt. Nun kann es passieren, dass Sabrina Ben so lang bedrängt, bis er schließlich tatsächlich fremdgeht (was Sabrina in ihrer Erwartung bestärkt).
Für Ben ist es von entscheidender Bedeutung, klar und deutlich zu kommunizieren, dass er Sabrina weder betrügen noch sie verlassen will. Die Kunst besteht darin, ein Gespräch zu führen, das offen und ehrlich ist. Es ist wichtig, dass beide Partner ihre Gedanken und Gefühle in einer unterstützenden und verständnisvollen Weise austauschen können, um die Dynamik der Beziehung zu verbessern.

Partner von Menschen mit emotional instabilen Anteilen sollten im besten Fall Verständnis zeigen, auf eine klare Kommunikation innerhalb der Beziehung Wert legen und gesunde Grenzen setzen, ohne ihr Gegenüber mit Fehlern oder Schwächen zu konfrontieren. Eine Paartherapie kann hilfreich sein, um die Beziehung zu stärken.
Also: Sprich offen und ehrlich mit deinem Partner und informiere dich über sein Krankheitsbild. Wenn du die Persönlichkeitsstörung deines Partners verstehst, kannst du ihn zum einen besser unterstützen und zum anderen besser für dich selbst sorgen. Lass dich nicht von selbstverletzendem Verhalten erpressen und gib nicht nach, wenn es um deine eigenen Grenzen geht. Sei bestimmt, freundlich und mache klar, dass du dich nicht manipulieren lässt.

Wenn Manipulationsversuche auftreten, schlage alternative Lösungen vor, die auf Offenheit, Verhandlungs- und Kompromissbereitschaft basieren. Denke daran, dass die Manipulationsversuche nicht gegen dich persönlich gerichtet sind, dir also nicht schaden sollen, sondern oft dazu dienen, die Stabilität der Beziehung zu testen. Wahre deine eigenen Grenzen und reagiere nicht impulsiv oder emotional auf Manipulationsversuche. Vermeide es, beleidigt zu sein oder Konflikte in hitzige Diskussionen münden zu lassen. Warte, bis sich die Gemüter beruhigt haben, bevor du den Konflikt angehst.
In einer ruhigen Atmosphäre könnt ihr dann noch einmal ganz explizit besprechen, was jeder von euch in der Beziehung braucht und möchte. Respektiere immer die Grenzen deines Partners und strebe nach Transparenz und Verständnis in eurer Beziehung. Auch die eigenen Interessen durchzusetzen, sollte ausbalanciert sein. Es ist wichtig zu verstehen, warum bestimmte Situationen eskalieren.

Ein Code als Hilfe

Ein Tipp, den wir für alle Betroffenen haben, ist die Einführung eines Codesystems. Dieses soll euch beiden zeigen, wie gut oder schlecht sich die betreffende Person gerade fühlt und ob es ratsam ist, eure Kommunikation wann anders weiterzuführen. Ihr könnt darüber nachdenken, wie dieser Code aussehen könnte – ob es ein bestimmtes Kleidungsstück ist, das der Betroffene trägt, ob ihr euch mit einem bestimmten Handzeichen, einem Bild oder auch einem Code-Wort darüber verständigt, was gerade in euch vorgeht. Ein konkretes Beispiel für ein Codesystem könnte sein, dass du deinem Partner den eigenen Gefühlszustand signalisierst, indem du eine bestimmte Farbe nennst. Zum Beispiel könnte die Farbe »Rot« bedeuten, dass du dich überfordert oder unwohl fühlst und Ruhe brauchst, die Unterhaltung also später fortsetzen möchtest.

Teil 3

Immunität gegen toxische Menschen

Das psychische Immunsystem

Die Kunst, aus Fehlern zu lernen

Entscheidungen zu treffen gehört zum Leben dazu und jeder kennt das Gefühl, hin und wieder die falsche Wahl getroffen oder nicht den richtigen Weg eingeschlagen zu haben. In allen Bereichen des Lebens, auch bei Freundschaften oder in Beziehungen, besteht die Möglichkeit, falsche Wege einzuschlagen. Doch selbst in diesen Momenten gibt es Gründe für die getroffene Wahl. Sein Vertrauen in die falsche Person zu setzen, kann zu Enttäuschungen, Konflikten und sogar emotionalen Verletzungen führen. Manche dieser falschen Entscheidungen in zwischenmenschlichen Beziehungen begleiten uns ein Leben lang und der damit verbundene Ärger kann uns mehr schaden, als wir denken.

Die Gründe für falsche Entscheidungen in Freundschaften oder Beziehungen sind vielfältig. Es können persönliche Unsicherheiten, mangelnde Selbstkenntnis oder äußere Einflüsse eine Rolle spielen. Dennoch ist es wichtig zu verstehen, dass jede Entscheidung einen Kontext hat – auch wenn sie im Nachhinein falsch erscheint. Vielleicht hat man nach bestem Wissen und Gewissen gehandelt, als man eine Freundin verteidigt hat, der ein gemeinsamer Bekannter manipulatives Verhalten vorgeworfen hat. Oder man hat sich aus einer bestimmten Lebenssituation heraus dafür entschieden, mit jemandem eine Beziehung einzugehen, der für seine Untreue bekannt ist.

Später ist es entscheidend, nicht nur den Fokus auf die vermeintlich falsche Wahl zu legen, sondern auch die Gründe dafür und die daraus gewonnenen Erkenntnisse zu betrachten. Und sich nicht allzu stark im Gefühl der Reue zu verlieren. Zum einen können solche negativen Erfahrungen wichtige Lektionen für die persönliche Entwicklung darstellen und uns helfen, künftige Entscheidungen besser zu durchdenken. Psychologen betonen sogar, dass es so etwas wie »Fehlentscheidungen« nicht gibt.

Andererseits können die negativen Empfindungen, die mit dem Gefühl von Reue einhergehen, emotionalen Stress verstärken und das Immunsystem schwächen. Studien haben gezeigt, dass Reue nicht nur an den Nerven zerrt, sondern auch Lebenszeit und -energie kostet. Die Kunst liegt also darin, nicht dauerhaft im Gefühl der Reue zu verharren, sondern aus seinen Fehlern zu lernen. Insgesamt gehört es zum Reifeprozess des Menschen dazu, Entscheidungen zu treffen und aus ihnen zu lernen – sowohl aus den positiven als auch aus den negativen Erfahrungen. Es ist nie zu spät, den Kurs zu korrigieren und bewusster durch das Leben zu navigieren.

Psychologische Forschungsergebnisse weisen darauf hin, dass unsere Psyche von Natur aus mit einer Art Schutzschild ausgestattet ist – wir also ein »psychisches Immunsystem« besitzen, das uns hilft, mit den Konsequenzen von Fehlentscheidungen und Misserfolgen umzugehen. Während das somatische Immunsystem vor körperlichen Erkrankungen schützt, dient das psychische Immunsystem dazu, die mentale Gesundheit zu bewahren und zu stärken. Es geht also um unsere Fähigkeit, mit Stress, Herausforderungen und emotionalen Situationen umzugehen.

Das psychische Immunsystem besteht aus einer Kombination verschiedener psychologischer Wirkfaktoren, die gemeinsam unsere psychische Widerstandsfähigkeit, auch Resilienz genannt, beeinflussen können. Es ist zwar unsichtbar, aber ein kraftvoller Beschützer der mentalen Gesundheit. Ähnlich wie der Körper Abwehrmechanismen gegen Krankheitserreger ausbildet, kann die Seele Strategien entwickeln, um sich vor negativen Einflüssen zu schützen. Der Schutzschild hilft uns dabei, uns von Rückschlägen zu erholen und aus Fehlern zu lernen und dabei am Ende gestärkt aus frustrierenden Situationen hervorzugehen. Genauso wie unser somatisches Immunsystem Antikörper gegen Krankheitserreger bildet, entwickeln wir im Laufe unseres Lebens psychische Abwehrmechanismen, die uns widerstandsfähiger gegenüber emotionalen Belastungen machen. Eine der berühmtesten Studien zum Thema Resilienz stammt von der Psychologin Emmy Werner, die über vier Jahrzehnte hinweg 698 Kinder auf der hawaiianischen Insel Kaua'i untersuchte. Die Ergebnisse ihrer Forschung zeigen, dass sich ein Drittel derjenigen Kinder, die in besonders belastenden Verhältnissen aufwuchsen, trotz der widrigen Lebensumstände zu glücklichen Erwachsenen entwickelte. Möglich war ihnen das durch sogenannte »protektive Faktoren«, wie beispielsweise eine sichere Bindung zu einer ihrer Bezugspersonen. Diese protektiven Faktoren führten dazu, dass diese Kinder eine hohe psychische Widerstandsfähigkeit – kurz Resilienz – ausbilden konnten. Wie man an diesem Beispiel sieht, ist es möglich, auch und gerade unter belastenden Umständen eine Art »psychischen Schutzschild« auszubilden, wenn man die dafür notwendigen Ressourcen schafft oder darauf zurückgreift. Wir möchten dir zeigen, wie das gelingen kann – auch dann, wenn du bislang nicht gerade für deine Unerschütterlichkeit bekannt bist. Heutzutage sprechen wir von Neuroplastizität, der Fähigkeit des Gehirns, sich zu verändern. In unserem Kontext bedeutet das, dass selbst diejenigen von uns, die ein sensibleres Gemüt besitzen, durch »Umprogrammierung« und Training zu mehr Widerstandsfähigkeit gelangen können.

Die psychische Widerstandsfähigkeit

Warum gelingt es manchen Menschen besser als anderen, mit Stress und den Herausforderungen des Lebens umzugehen? Und wie beeinflusst der unsichtbare Schutzschild unsere psychische Gesundheit? An dieser Stelle kommt der Begriff Resilienz ins Spiel, den wir oben bereits kennengelernt haben. Er stammt ursprünglich aus der Werkstoffphysik und beschreibt Materialien, die wieder in ihre Ursprungsform zurückfinden, nachdem bestimmte Druck- oder Zugkräfte auf sie eingewirkt haben. Daneben gibt es natürlich auch Materialien, die nicht die gleiche Art der Widerstandsfähigkeit aufweisen. Diese Materialien verformen sich oder brechen, wenn sie einer vergleichbaren mechanischen Beanspruchung ausgesetzt sind.

Auch wir Menschen unterscheiden uns in hohem Maße, was unsere Widerstandsfähigkeit angeht. Ernüchternd? Ja, auf den ersten Blick mag das entmutigend klingen, aber es gibt tatsächlich gute Nachrichten! Denn neben unserer genetischen Veranlagung, die darüber entscheidet, ob wir »von Natur aus« mehr oder weniger resilient sind, besitzen wir die Fähigkeit, uns selbst zu verändern. Wir können unser Denken und Handeln bewusst beeinflussen. Resilienz kann aktiv entwickelt und gestärkt werden und es gibt verschiedene Faktoren, die dazu beitragen können. Unsere innere Widerstandsfähigkeit ist wie ein Muskel, den wir gezielt trainieren können. Wenn wir unser psychisches Immunsystem stärken und schützen, können wir uns gegenüber den Stürmen des Lebens besser behaupten. Das bedeutet nicht, dass wir nie wieder Schwierigkeiten haben werden, nie mehr frustriert oder niedergeschlagen sind. Aber wir können aus jeder Erfahrung lernen und uns weiterentwickeln. Du bist nicht ohnmächtig, wenn es um deine eigene Widerstandsfähigkeit geht. Du kannst aktiv etwas tun! Die Art und Weise, wie Menschen mit Stress umgehen, hängt stark von persönlichen Strategien, der Unterstützung durch andere und erlernte Fähigkeiten ab. Es ist ein Prozess, der durch Nachdenken über sich selbst und das Erlernen von Bewältigungsfähigkeiten unterstützt wird. Du hast die Zügel dafür in der Hand.

Facetten der Resilienz

Langfristig geht es darum, den Schwierigkeiten des Lebens mit einem gewissen Maß an Flexibilität und Akzeptanz zu begegnen. Menschen, die als besonders resilient gelten, haben in der Vergangenheit große Herausforderungen erfolgreich bewältigt. Sie besitzen eine gewisse innere Stärke, die sie von anderen unterscheidet. Resiliente Menschen werden zudem häufig als optimistisch, gelassen, humorvoll, zuversichtlich und selbstbewusst beschrieben. Doch was genau steckt hinter dieser Resilienz und wie beeinflusst sie nicht nur unsere psychische, sondern auch unsere physische Gesundheit? Das psychische Immunsystem entfaltet seine Wirkung durch drei entscheidende Facetten:

- Resistenz,
- Regeneration und
- Rekonfiguration.

Diese drei Elemente bilden das robuste Gewebe, das die psychische Widerstandsfähigkeit eines Menschen ausmacht.

Resistenz – standhaft durch schwere Zeiten

Die Resistenz bezeichnet die Kraft, schwierigen Umständen standzuhalten. Wie ein festes Fundament hilft sie, stark zu bleiben, auch wenn das Leben schwierig wird. Das erfordert die Bereitschaft, sich auf Neues einzulassen und die Fähigkeit, aus den gemachten Erfahrungen zu lernen und sich weiterzuentwickeln. Wir können Extremsituationen meistern und uns Problemen effektiv entgegenstellen, ohne daran zu zerbrechen. Denk nur an die Menschen, die nach Naturkatastrophen wie Erdbeben oder Überschwemmungen ihre Häuser verlieren. Anstatt aufzugeben, helfen sie einander, teilen Ressourcen und bauen gemeinsam eine neue Zukunft auf. Resistenz, im Kontext der Resilienz, ist wie die immunologische Verteidigung unserer Psyche gegenüber den Schwierigkeiten des Lebens. Genauso wie der Körper eine Abwehr gegen Krankheitserreger aufbaut, entwickelt auch die Psyche eine Resistenz gegenüber den emotionalen Stressoren, die auf uns einwirken. Ähnlich wie das Immunsystem eines Neugeborenen sich nach und nach auf die Umwelt einstellt und stärker wird, entwickelt auch die menschliche Seele im Laufe des Lebens eine psychische Widerstandsfähigkeit. Diese Fähigkeit wächst durch Erfahrungen, die Reflexion über sich selbst und das Erleben von persönlicher Wirksamkeit. Angenommen, ein heranwachsender Jugendlicher hat bislang gezögert und Schwierigkeiten gehabt, seine Gefühle gegenüber seinen Eltern offen auszudrücken. Nach einer Phase der Selbstreflexion fasst er aber den Entschluss, sich seinen Ängsten zu stellen und ein aufrichtiges Gespräch mit den Eltern zu führen. Obwohl ihm der Gedanke an diese Unterhaltung zunächst überwältigend und unüberwindbar schien, hat es gut geklappt. Die positive und unterstützende Reaktion seiner Eltern auf diese ehrliche Offenbarung stärkt nicht nur die Bindung zwischen Eltern und Sohn, sondern setzt auch einen entscheidenden Impuls für sein Selbstwertgefühl und sein Vertrauen in zwischenmenschliche Beziehungen. So wie das Immunsystem durch den Kontakt mit Krankheitserregern gestärkt wird, stärkt sich die psychische Resistenz durch den Umgang mit den Herausforderungen des Lebens. Es ist ein kontinuierlicher Prozess, bei dem Menschen durch ihre Erfahrungen wachsen und lernen, sich den Stürmen des Lebens zu stellen und gestärkt daraus hervorzugehen. Es gibt verschiedene Strategien und Techniken aus der Resilienzforschung, die helfen können, die psychische Widerstandsfähigkeit zu fördern. Dazu gehören beispielsweise die Pflege positiver Denkmuster und die Verbesserung der Stressbewältigungsfähigkeiten.

Regeneration – die Kraft der Erneuerung

Der zweite Aspekt der Resilienz ist die Regeneration, die Fähigkeit, sich nach einer Belastung zu erholen. Sie sorgt dafür, dass wir aus dem, was uns erschüttert, gestärkt hervorgehen. In der Psychologie verwenden wir den Begriff der Allostase: Er bezieht sich auf die erstaunliche Fähigkeit des menschlichen Organismus, sich an neue Bedingungen anzupassen. Allostase ermöglicht es uns, in einer sich ständig verändernden Welt zu überleben und zu gedeihen, indem sie unseren Körper im Gleichgewicht hält. Sie arbeitet eng mit der Homöostase zusammen, die als unser persönlicher Stabilitätsmanager funktioniert. Sie sorgt dafür, dass wichtige Körperfunktionen wie die Kontrolle der Körpertemperatur, des Blutdrucks und des Blutzuckerspiegels in einem sicheren Bereich bleiben. Wenn diese Prozesse stabil laufen, fühlen wir uns physisch und psychisch weitgehend wohl und gesund.

Doch der Begriff Allostase bezieht sich nicht nur auf körperliche Prozesse, sondern hat auch im psychologischen Kontext eine entscheidende Bedeutung. Unser Geist und unsere Emotionen sind ebenfalls Meister der Anpassung. Wenn wir mit Stressoren konfrontiert werden, sei es beruflicher Druck oder persönliche Konflikte, setzen unsere mentalen Mechanismen Ressourcen frei, um damit umzugehen – eine Art innerer Werkzeugkoffer, den wir öffnen können, wenn das Leben uns vor Herausforderungen stellt. In diesem Werkzeugkasten finden sich Strategien und Fähigkeiten, mit denen wir den Stress bewältigen und unser emotionales Gleichgewicht bewahren können. Das ist Allostase in Aktion – die Fähigkeit, sich flexibel den Gegebenheiten anzupassen, um trotz der Turbulenzen des Lebens stabil zu bleiben.

Wenn Allostase allerdings über einen langen Zeitraum hinweg aktiviert ist, kann sie zu einer sogenannten allostatischen Last führen. Klingt kompliziert, oder? Lass es uns einfach erklären! Stell dir vor, du bist ein Marathonläufer. Kurzfristig aktiviert Allostase deine

Energiereserven und steigert deine Leistungsfähigkeit, um die Herausforderung zu meistern. Das ist natürlich großartig für den Marathon. Nun läufst du aber Tag für Tag Marathons, ohne ausreichend Zeit, dich zu regenerieren. Früher oder später wird dein Körper Ermüdungserscheinungen zeigen, und genau das passiert bei einer allostatischen Last.

Was bedeutet das nun für dich konkret? Dein Körper kann nicht immer auf Hochtouren laufen und sich Tag für Tag denselben Stressoren stellen, ohne sich zwischendurch ausreichend zu regenerieren. Es ist wichtig, dass du auf deine Bedürfnisse hörst, dir Ruhepausen gönnst und deinen Stress reduzierst. Dazu kannst du regelmäßig Entspannungstechniken wie Meditation, Yoga oder Atemübungen ausprobieren. Dein Körper benötigt diese Ruhepausen, um physische und psychische Schäden zu reparieren und sich zu erholen.

Rekonfiguration – das eigene Selbst umgestalten

Die dritte Facette der Resilienz ist die Rekonfiguration. Damit ist die Fähigkeit gemeint, sich anzupassen und neu zu gestalten. Ähnlich einem flexiblen Zweig, der sich dem Wind beugt und nicht bricht, ermöglicht die Rekonfiguration, Veränderungen als Chance zu sehen. Ein Mensch, der nach jahrelangem Anstellungsverhältnis plötzlich gekündigt wird, kann sich von dieser Veränderung entweder entmutigen lassen oder sie als Chance für persönliches Wachstum und seine berufliche Weiterentwicklung betrachten. Vielleicht wird er Anpassungsfähigkeit zeigen und eine neue berufliche Richtung einschlagen, also seine berufliche Zukunft neugestalten.

Die Fähigkeit zur Anpassung ist eine Schlüsselqualität, die dem psychischen Immunsystem den nötigen Boost verleiht. Das Leben ist von Natur aus veränderlich. Wir alle haben die Fähigkeit, uns nach traumatischen Ereignissen neu zu gestalten und besser gegen weitere Krisen gewappnet zu sein. Das bedeutet, dass du deine Denk- und Handlungsweisen anpassen musst, wenn sich die Umstände in deinem Leben ändern. Es ist wichtig, offen für Veränderungen zu bleiben und zu versuchen, flexibel auf neue Situationen zu reagieren. Indem du regelmäßig darüber nachdenkst, wie du auf bestimmte Situationen reagierst und welche Ergebnisse deine Handlungen anschließend haben, kannst du lernen, deine Reaktionen besser zu verstehen und anzupassen.

Seelische Robustheit ist individuell

Unser psychisches Immunsystem kann man sich wie ein unsichtbares Rüstzeug vorstellen, das unsere mentale Widerstandsfähigkeit stärkt. Diese seelische Robustheit ist so individuell wie wir selbst, verändert sich im Laufe der Zeit und wird von vielen verschiedenen Dingen beeinflusst. Sie ist gewissermaßen eine kunterbunte Mischung aus persönlichen Erfahrungen, momentanen Lebensumständen und den unterschiedlichsten Aspekten unseres Denkens und Fühlens. Wie eine Pflanze, die sich dem Licht zuwendet, besitzen auch wir die Fähigkeit, uns den verschiedenen Aspekten des Lebens anzupassen, nach Lösungen zu suchen und Strategien zu entwickeln, mit den Herausforderungen Schritt zu halten. Dadurch haben wir nicht nur die Möglichkeit zu überleben, sondern auch zu gedeihen, wenn sich die Landschaft um uns herum verändert.

Wie Resilienz unsere physische und psychische Gesundheit beeinflusst

Wenn wir uns resiliente Menschen genauer anschauen, dann offenbart sich ein spannendes Gesamtbild. So zeigen resiliente Menschen nicht nur eine Fülle bemerkenswerter Eigenschaften wie Gelassenheit, Optimismus und Humor, sondern ihre Resilienz hat andersherum auch positive Auswirkungen auf ihre physische Gesundheit. Die drei Facetten der Resilienz – Resistenz, Regeneration und Rekonfiguration – beeinflussen die Stressreaktion des Körpers positiv. Eine weniger intensive körperliche Stressreaktion, weniger Stresshormone und Entzündungsmarker im Blut sind nur einige Aspekte, die auf eine gestärkte Widerstandsfähigkeit hinweisen.

Aber warum können nun einige Menschen besser mit Stress umgehen als andere? Einer der Schlüsselfaktoren ist die neuronale Plastizität, also die Fähigkeit des Gehirns, sich anzupassen und zu verändern. Resiliente Menschen zeigen eine erhöhte neuronale Plastizität. Das bedeutet, dass ihr Gehirn besser in der Lage ist, auf neue Erfahrungen und Herausforderungen zu reagieren. Stell dir vor, du stehst vor einer herausfordernden Situation. Dein Körper reagiert darauf mit der Ausschüttung von Stresshormonen wie Cortisol und Adrenalin. Bei resilienten Menschen ist diese Stressreaktion effizienter reguliert. Ihre Hormonspiegel kehren schneller wieder in den Normalzustand zurück, sobald die Stresssituation vorbei ist. Diese effektive Regulation und Rekonfiguration wirkt sich nicht nur auf die psychische, sondern auch auf die körperliche Gesundheit aus. Chronischer Stress kann Entzündungen im Körper fördern, die wiederum mit verschiedenen Gesundheitsproblemen in Verbindung gebracht werden, von Herz-Kreislauf-Erkrankungen bis hin zu Autoimmunerkrankungen.

Neuronale Plastizität bezeichnet also die Fähigkeit des Gehirns, sich aufgrund von Erfahrungen und Umweltreizen anzupassen und zu verändern. Sofern du gewillt bist, deine Resilienz zu stärken, so trainierst du auch dein Gehirn, flexibler auf Stress und Herausforderungen des Alltags zu reagieren. Diese Prozesse können zu positiven Veränderungen innerhalb der neuronalen Verknüpfungen und Strukturen führen, die für die Bewältigung von Stress sowie die Emotionsregulation verantwortlich sind.

Psychische Erkrankungen

Psychische Erkrankungen entstehen in einem komplexen Zusammenspiel von verschiedenen Faktoren, die individuell und in einer Wechselbeziehung zusammenwirken. Biologische, psychische und soziale Einflüsse spielen eine entscheidende Rolle. Gemäß dem Vulnerabilitäts-Stress-Modell entstehen körperliche Erkrankungen durch die Wechselwirkung von aktuellen oder chronischen Belastungen, neurobiologischen oder psychischen Veränderungen mit anderen Einflussgrößen wie psychischen Störungen. Dies geschieht vor dem Hintergrund der individuellen Veranlagung einer Person, auch als Vulnerabilität bezeichnet.

Kohärenz als Stärkung des psychischen Immunsystems

Während die Pathogenese sich damit beschäftigt, wie Krankheiten entstehen, geht es bei der Salutogenese darum zu verstehen, was dazu führt, dass wir gesund und glücklich sind. Die Salutogenese, ein Konzept von Dr. Aaron Antonovsky, beschreibt, wie Menschen bestimmte Lebensereignisse und Stresssituationen verstehen, mit ihnen umgehen und sie als sinnvoll erleben. Das bedeutet, dass sie die Welt um sich herum begreifen können, das Vertrauen haben, mit neuen Herausforderungen umzugehen und einen Sinn und eine Bedeutung in ihrem Leben sehen können. Diese Aspekte werden auch unter dem Begriff Kohärenz zusammengefasst. Gemäß Aaron Antonovsky (1970) gilt: Je höher das Kohärenzerleben, desto psychisch gesünder sind Menschen. Ein hohes Kohärenzerleben wirkt sich also stärkend auf das psychische Immunsystem aus. Wenn dieses Erleben fehlt oder geschwächt ist, kann dies zu Entwicklungsstörungen und seelischen Erkrankungen führen, die das psychische Immunsystem angreifen.

Das Leben ähnelt einem riesigen Puzzle. Es setzt sich zusammen aus vielen kleinen Teilen, jede Erfahrung, jede Beziehung und jede Herausforderung repräsentieren ein Puzzlestück. Das Kohärenzerleben beschreibt das Zusammensetzen der Einzelteile in Form eines Puzzles. Du greifst jedes der Puzzlestücke und ordnest sie so an, dass ein Gesamtbild entsteht – ein Bild, das für dich Sinn ergibt, schön ist und dich stolz macht. Dieses Puzzle ist für dich verstehbar und es ist handhabbar.

Verstehbarkeit heißt an dieser Stelle, dass du nachvollziehen kannst, wie die verschiedenen Teile des Puzzles zusammenpassen. Du erkennst die Zusammenhänge und Dynamiken zwischen den Teilen und verstehst, wie dein Leben diese einzigartige Form bekommen hat.

Handhabbarkeit beschreibt die Fähigkeit, Puzzlestücke zu greifen, zu drehen und zu verändern, um ein stimmiges Gesamtbild zu gestalten. Du hast die nötigen Werkzeuge und besitzt die Fähigkeit, die Herausforderungen zu bewältigen, um dein Leben in die richtige Richtung zu lenken. Wenn du nun auf dein vollendetes Puzzle blickst und erkennst, dass es kein zufälliger Haufen von Teilen ist, sondern deine persönliche Geschichte erzählt, dann hast du auch die Bedeutsamkeit und den Sinn darin gefunden. Gleichzeitig ist eine gestärkte Kohärenz ein Wegweiser in der Salutogenese, der uns hilft, Sinn und Verständnis in unserem Leben zu finden.

Selbstschutz aktivieren – so entwickelst du deine psychische Abwehrkraft

Von innen stark – wie wir unsere Widerstandskraft beeinflussen

Manchmal sind wir in komplizierten Beziehungen gefangen und müssen uns von dem trennen, was uns schadet. Die Entscheidung, negative Situationen hinter sich zu lassen, ist wichtig für unser Wachstum und psychisches Wohlbefinden. Lass uns gemeinsam diesen wichtigen Schritt gehen: die bewusste Trennung. Das bedeutet nicht nur, äußeren Schutz zu suchen, sondern auch innerlich stark zu werden. Du hast die Chance, dich von schlechten Einflüssen zu befreien und einen neuen Anfang zu wagen – mit mehr Widerstandsfähigkeit.

In diesem Kapitel wirst du – hoffentlich – viel über dich selbst nachdenken: überlegen, was du fühlst, was du brauchst, und lernen, deine Stärken und Schwächen zu akzeptieren. Das gibt dir Selbstvertrauen und zeigt dir, was du schaffen kannst. Es ist auch wichtig, Menschen um dich herum zu haben, die dich unterstützen. Deine Freunde, deine Familie oder Leute, die dir professionell helfen, spielen eine große Rolle dabei, wenn du dich freischwimmen willst. Wenn du über deine Erfahrungen und Gefühle sprichst, wirst du innerlich stärker. Um deine seelische Widerstandsfähigkeit und dein psychisches Immunsystem auch in der Phase der Trennung zu stärken, sind Achtsamkeit und Stressmanagement hilfreich. Durch bewusstes Leben im Hier und Jetzt kannst du negative Gedanken durchbrechen. Techniken wie Meditation oder ruhiges Atmen helfen dir jetzt besonders, Stress abzubauen und dein Gleichgewicht wiederzufinden.

Eine Trennung, egal ob von deinem Liebespartner, einem guten Freund oder einem Familienmitglied, kannst du nicht nur als schwierige Zeit betrachten, sondern auch als Chance für persönliches Wachstum. Setze dir klare Ziele und arbeite an deinem Wachstum, sei es im Beruf oder im Privatleben. Das hilft dir, gestärkt aus dieser Phase herauszukommen. Bewusstes Neinsagen und die Verteidigung deiner Bedürfnisse helfen dir nicht nur dabei, dich selbst mehr zu respektieren, sondern auch dabei, toxische Einflüsse unschädlich zu machen. Suche nach einem tieferen Sinn in deinem Leben, mach dir deine Werte bewusst und arbeite an persönlichen Zielen – das hilft dir nicht nur dabei, eine positive Sichtweise zu entwickeln, sondern sorgt auch für mehr psychische Widerstandsfähigkeit. So kannst du Krisen als Chancen sehen. Die Entwicklung deiner Resilienz braucht Zeit, Geduld. Nimm dir die Zeit und sei geduldig mit dir selbst. Diese Reise wird dich stärker und widerstandsfähiger machen.

Wenn eine Trennung der einzige Ausweg ist

In den meisten Fällen ist eine Trennung ein Prozess – und manchmal der einzige Ausweg, um wieder zu sich selbst zu finden und das Beste für sich zu erreichen. Dieser Prozess erfordert oft eine erhebliche emotionale und mentale Anstrengung. Schon allein die Gewohnheiten, die du in einer Beziehung aufgebaut hast, machen das Loslassen zu einer großen Herausforderung. Hinzu kommen bestimmte chemische Reaktionen in deinem Körper, die dazu führen, dass sich eine Trennung so schmerzhaft anfühlt. Noch schwieriger wird es, wenn gemeinsame Kinder mit in die Trennung hineingezogen werden – oder wenn finanzielle Gründe eine Trennung erschweren oder die Machtverhältnisse nicht ausgeglichen sind. In solchen Fällen benötigt eine Trennung einfach sehr viel Zeit.

Außerdem kann das Zusammensein mit einem toxischen Menschen zumindest vorübergehend unser Bedürfnis nach Zuwendung und Sehnsucht stillen. Das wiederum kann mit einer kurzweiligen Stärkung unseres Selbstwertgefühls einhergehen. Eine solche Dynamik spielt ebenfalls häufig eine wichtige Rolle, wenn sich jemand schwertut, sich von einer belastenden Beziehung zu lösen.

Die Gründe dafür, in einer belastenden Beziehung zu verharren, können sehr unterschiedlich sein. Sie hängen davon ab, um welche Art der Beziehung es geht, eine Liebesbeziehung, eine freundschaftliche oder familiäre oder auch eine Arbeitsbeziehung:

- die Sehnsucht nach Liebe und Zuneigung
- die Angst, allein zu sein und der Wunsch, der Einsamkeit zu entkommen
- das vorübergehende Gefühl von Gemeinschaft
- der Wunsch, begehrt zu werden
- der Wunsch, Anerkennung zu bekommen
- die Überzeugung, die psychotoxische Person ändern zu können
- das Bedürfnis nach Beachtung und Aufmerksamkeit
- die Angst vor erneutem Scheitern innerhalb einer Beziehung
- ein gemeinsamer Freundeskreis
- die Angst, dass bei einer Trennung die gesamte Familie zerbricht
- finanzielle und berufliche Aspekte (Angst vor Jobverlust, Angst vor Arbeitslosigkeit, Angst vor Verarmung)

Das ist nur eine kleine Auswahl von Motiven, warum wir in einer toxischen Beziehung bleiben. Es gibt noch viel mehr, denn sie sind oft sehr individuell. Erkennst du in der Liste Anteile von dir wieder? Oder sind es bei dir andere Gründe?

Eine Trennung, vor allem eine Trennung vom Partner, kann zu finanziellen Herausforderungen führen. Es ist wichtig, deine wirtschaftliche Unabhängigkeit zu schützen oder wiederherzustellen. Das kann bedeuten, eigene Konten zu führen, deine finanziellen Mittel zu planen und Maßnahmen zu ergreifen, um auf eigenen Beinen zu stehen. Diese Punkte gelten auch, wenn du dich endlich aus deinem psychotoxischen Elternhaus lösen und auf eigenen Beinen stehen möchtest.

Gemeinsame Verbindlichkeiten wie gemeinschaftliche Konten, Kredite oder Hypotheken sollten vorab geklärt werden. Die Auflösung dieser finanziellen Verflechtungen kann komplex sein. Sie erfordert oft ebenso schwierige wie klare Vereinbarungen, ist aber unbedingt nötig, um zukünftige finanzielle Belastungen zu vermeiden. Der Rat von Finanzexperten oder Anwälten kann dir bei der Klärung dieser Angelegenheiten helfen. Es ist wichtig, dass du selbstständig über deine Finanzen entscheidest, damit du unabhängig bleibst oder deine Unabhängigkeit zurückgewinnst. Dazu gehören ein eigenes Bankkonto, das Erstellen eines einfachen Finanzplans, in dem du Einnahmen und Ausgaben aufschreibst, und eigenständige Entscheidungen in finanziellen Angelegenheiten.

Es ist auch sinnvoll, wenn du versuchst, dich beruflich weiterzuentwickeln, dir ein finanzielles Polster für Notfälle aufzubauen und faire finanzielle Absprachen in deinen Partnerschaften zu treffen. Auch die eigene Altersvorsorge solltest du im Blick behalten, sei es durch private Rentenpläne oder andere Wege, um im Alter finanziell abgesichert zu sein.

Ähnlich wie bei persönlichen Zielen ist es wichtig, dir auch finanzielle Ziele zu setzen. Die Festlegung von realistischen und erreichbaren Vermögenszielen kann dazu beitragen, dass du dir einen klaren Weg in die Zukunft bahnst und die Trennung für dich ihren (finanziellen) Schrecken verliert. Monetäre Unabhängigkeit kann außerdem auch dein Selbstwertgefühl stärken. Insgesamt ist die Auseinandersetzung mit finanziellen Aspekten der Trennung innerhalb deiner Paarbeziehung (oder bei einer Loslösung vom Elternhaus) genauso wichtig wie die psychische Verarbeitung einer Trennung.

Trennen oder nicht? Prüfe deine Beziehung

Bei der folgenden Übung geht es darum, dass du dir darüber klar wirst, ob in einer deiner derzeitigen Beziehungen eine Trennung in Betracht kommt und vielleicht sogar notwendig ist oder ob es alternative Lösungen gibt. Der Einfachheit halber beziehen wir uns hier und in den folgenden Abschnitten vor allem auf romantische Beziehungen, Freundschaften und Beziehungen innerhalb von Familiengefügen.

Im beruflichen Kontext gestaltet sich eine Kündigung oder Trennung oft komplexer als in persönlichen Beziehungen. Es sind nicht nur emotionale, sondern auch rechtliche und finanzielle Aspekte zu berücksichtigen. Bevor eine Kündigung in Betracht gezogen wird, sollten zunächst alternative Lösungen erwogen werden. Dies kann die Möglichkeit eines internen Transfers, einer Umstrukturierung der Arbeitsaufgaben oder eine Neugestaltung der Arbeitsbeziehung beinhalten. Oftmals können offene und ehrliche Gespräche mit Vorgesetzten oder Kollegen dazu beitragen, Konflikte zu lösen und Missverständnisse aus dem Weg zu räumen.

Wenn jedoch eine Kündigung unausweichlich ist, ist es wichtig, den Prozess fair und respektvoll zu gestalten. Dies umfasst die Einhaltung der geltenden Arbeitsgesetze und Vertragsbedingungen sowie eine angemessene Kündigungsfrist und gegebenenfalls eine Abfindungsregelung. Eine transparente Kommunikation ist ebenfalls entscheidend, um Missverständnisse zu vermeiden und einen reibungslosen Übergang zu ermöglichen.

Übung: Soll ich mich trennen oder kann ich meine Beziehung retten?

- Worin liegt deiner Meinung nach der aktuelle Sinn in der Beziehung?

Zum Beispiel: gegenseitige Unterstützung und Fürsorge, Erfüllung emotionaler und sozialer Bedürfnisse, Aufbau einer gemeinsamen Zukunft, Verwirklichung gemeinsamer Ziele, Verfolgen gemeinsamer Interessen

- Was spricht derzeit für eine Trennung bzw. einen Beziehungsabbruch?
- Was steuerst du und was steuert dein Gegenüber bei zum Gelingen der Beziehung?
- Wie würden deine engsten Freunde oder Angehörigen den aktuellen Sinn der Beziehung beschreiben?
- Woran merkst du, dass die Qualität der Beziehung oder eure Verbundenheit wieder gestiegen ist?
- Was müsste dein Gegenüber tun, um der Beziehung wieder mehr Sinn zu verleihen?
- Wie wahrscheinlich ist es, dass dein Gegenüber tatsächlich in der Lage ist, dies umzusetzen?

Wie wertvoll und förderlich eine Beziehung für dich ist, hängt von verschiedenen Dingen ab wie gemeinsamen Zielen und Werten. Wenn du über eine Trennung oder einen Beziehungsabbruch nachdenkst, achte auf Anzeichen von Konflikten und von mangelnder Unterstützung. Es ist wichtig, dass beide Teile aktiv zum Gelingen einer Beziehung beitragen wollen. Die Meinung von engen Freunden oder Angehörigen kann dir dabei helfen, die Qualität der Beziehung realistisch einzuschätzen. Wenn sich euer Verhältnis verbessert, verstärkt sich in der Regel auch dein Wohlbefinden innerhalb der Beziehung. Entscheidend für eine Verbesserung sind eine klare

Kommunikation – und vor allem die Bereitschaft beider Parteien, Dinge ändern zu wollen. Deine Entscheidung, eine Beziehung zu retten oder sie zu beenden, sollte darauf basieren, was für dich das Beste ist.

Ein Beispiel für den Beziehungsabbruch innerhalb einer Familie:

Lilly wuchs in einem schwierigen Umfeld auf und hatte eine komplizierte Beziehung zu ihrem Vater, der oft sehr distanziert war. Ihr Wunsch nach Nähe und Anerkennung wurde wiederholt enttäuscht. Nach einem letzten Versuch, ihre Gefühle mit ihm zu teilen, entschied sie sich, sich von ihrem Vater zu lösen, um sich und ihren Sohn zu schützen. Sie schrieb ihm einen Brief, in dem sie ihre Gründe für diesen Schritt und ihre Entscheidung, den Kontakt abzubrechen, klar darlegte. Trotz der emotionalen Härte dieses Schrittes empfand sie eine gewisse Erleichterung und ein Gefühl von Freiheit. Mithilfe ihrer Therapeutin arbeitet sie nun daran, sich selbst die Liebe zu geben, die sie als Kind vermisst hat, und negative Gedanken und Glaubenssätze aus der Kindheit zu überwinden.

Die Trennung vorbereiten

Sich aus einer dysfunktionalen Beziehung zu lösen oder von einer psychotoxischen Person zu trennen stellt eine emotionale Herausforderung dar, die sorgfältig vorbereitet sein will. Eine durchdachte Planung ist entscheidend, um die bevorstehenden Veränderungen erfolgreich zu bewältigen. Damit du besser durch diese schwierige Zeit kommst, gibt es einige Dinge, die du in verschiedenen Lebensbereichen im Blick behalten solltest:

- Familie und soziales Umfeld: Suche nach Unterstützung bei deinen Freunden, deiner Familie oder bei professionell ausgebildeten Beratern, die dir emotionalen Rückhalt bieten können. Kläre bereits im Vorfeld, wen du ins Vertrauen ziehen möchtest, und schaffe dadurch ein Netzwerk, das dich während der Trennung unterstützt. Achte darauf, dass du dich bei all dem nicht wieder auf einen toxischen Menschen verlässt.

- Berufliche Aspekte: Informiere deinen Arbeitgeber vorab über die bevorstehende Veränderung in deinem Leben (beispielsweise Umzug, Scheidung ...). Kläre auch, ob flexible Arbeitsregelungen oder anderweitige Unterstützung im Job möglich sind, um dir den Trennungsprozess zu erleichtern.
- Finanzen: Wie wir bereits angesprochen haben, ist es wichtig, dass du dich vorausschauend auf finanzielle Veränderungen vorbereitest. Erstelle eine klare Übersicht über deine finanzielle Situation und sichere bedeutende Dokumente. Zur Unterstützung kannst du einen Finanzexperten konsultieren.
- Kinder und Sorgerecht: Sollte eine Trennung von einem toxischen Lebensgefährten bevorstehen, mit dem du gemeinsame Kinder hast, lass dich bezüglich des Sorgerechts juristisch beraten – vor allem dann, wenn du beabsichtigst, das alleinige Sorgerecht für eure Kinder zu beantragen, weil du befürchtest, eure Kinder sind womöglich bei deinem Lebensgefährten in Gefahr. Entwickle einen Plan für die emotionale Unterstützung der Kinder und suche auch Unterstützung bei einer Familienberatungsstelle.
- Wohnsituation: Wenn deine bevorstehende Trennung auch eine räumliche Trennung mit sich bringt, überlege im Vorfeld, wie die Wohnsituation nach der Trennung aussehen könnte. Kläre rechtzeitig Fragen zu Mietverträgen oder Immobilienbesitz.
- Rechtliche Unterstützung: Nicht immer läuft eine Trennung ganz glatt, besonders dann nicht, wenn wir es mit toxischen und grenzüberschreitenden Menschen zu tun haben. Konsultiere in diesem Fall einen Anwalt, um deine Rechte zu erfahren und durchzusetzen. Halte wichtige Dokumente wie Heiratsurkunden, Testamente und Versicherungspolicen griffbereit.
- Emotionale Unterstützung: Der Trennungsprozess kann kräftezehrend, schmerzhaft und emotional belastend sein Es ist okay, wenn du dir Hilfe und eine passende Begleitung suchst.

Fallbeispiel für eine Paartherapie und dann die Trennung:
Leonie war seit drei Jahren mit ihrem Partner Kevin zusammen, aber ihre Beziehung wurde zunehmend belastet durch Streit und seine extreme Eifersucht. Trotzdem dachte sie nie daran, sich von ihm zu trennen. Doch als sie sich immer mehr erschöpft und ausgebrannt fühlte, suchte sie Hilfe bei einem Therapeuten und begann, ihre Kindheit und ihre Verhaltensmuster zu reflektieren. Sie erkannte, dass sie selbst in Beziehungen toxisches Verhalten zeigte, wie Ignoranz nach Streit, und dass Vergebung wichtig ist, auch sich selbst gegenüber. Trotz ihrer Bemühungen änderte sich jedoch wenig an ihrer Streitkultur. Ihr Therapeut schlug Paartherapie, Trennung oder radikale Akzeptanz vor. Leonie war überwältigt, denn sie fühlte sich emotional von Kevin abhängig, weil er sie von ihrem Umfeld völlig isoliert hatte. Also meldete sie sich bei einer Paartherapeutin an, doch Kevin war nur widerwillig bei der Sache und reagierte sehr abwertend. Die Therapie half ihnen, ihre eigenen Anteile zu erkennen und konstruktiv über ihre Beziehung nachzudenken. Das überraschende Ergebnis war ihre Trennung. Manchmal ist eine Trennung das beste Ergebnis einer Therapie und für Leonie war sie ein Befreiungsschlag, der es ihr ermöglichte, wieder zu atmen und alte Wunden zu heilen.

Eigene Ressourcen erkennen

Der Schritt, sich aus seiner toxischen Beziehung zu lösen, ist herausfordernd und schmerzhaft, aber er markiert den Beginn einer heilsamen Reise zu dir selbst. Ob es um dominantes Kontrollverhalten, emotionale Manipulation oder wiederholte Traumatisierungen geht, die toxische Dynamik hat einen erdrückenden Einfluss auf dein Wohlbefinden. In vielen Fällen ist die Entscheidung, sich zu trennen und zu gehen, von einer schmerzhaften Abhängigkeit geprägt. Die Angst vor dem Alleinsein, die Sorge um den Verlust des Vertrauten, das gemeinsame Heim oder sogar gemeinsame Kinder und die Unsicherheit über die Zukunft halten viele Menschen in einem Beziehungsgeflecht fest, das ihnen mehr schadet und mehr zerstört, als es ihnen tatsächlich nutzt oder Freude bereitet. Meist wird die Entscheidung zur Trennung von Trauer, Verlust und Schuldgefühlen begleitet. Der Schmerz, den sie verursacht, ist real und kann tief sitzen. Doch inmitten der Dunkelheit einer toxischen Beziehung kann die Entscheidung zur Trennung ein Akt der Selbstliebe und Selbstachtung sein. Dieser Schritt ermöglicht nicht nur die Befreiung aus toxischen Dynamiken, sondern öffnet die Tür zu innerem Wachstum und einer Wiederentdeckung des Selbst. Durch die Reaktivierung unserer eigenen Ressourcen können wir nicht nur überleben, sondern auch gestärkt und bewusster aus der Erfahrung hervorgehen. Heilung ist aber kein linearer Weg und braucht einige Zeit. Deine eigenen Ressourcen sind dabei der Schlüssel zur Heilung. Sie helfen dir dabei, einen neuen Lebensabschnitt zu beginnen, der von Authentizität und Liebe zu dir selbst geprägt ist. Mit der folgenden Übung findest du deine persönlichen Ressourcen, die dich bei der Trennung unterstützen.

Übung: Überprüfe deine Ressourcen
Frage dich:

- Welche Menschen in meinem sozialen Umfeld könnten mir in dieser schwierigen Zeit mit Rat und Unterstützung zur Seite stehen?
- Gibt es Familienmitglieder, Freunde oder Bezugspersonen, bei denen ich mich sicher und unterstützt fühle, wenn es darum geht, meine Emotionen mitzuteilen?
- Gibt es Menschen in meinem sozialen Umfeld, die mir dabei helfen können, neue Perspektiven zu entwickeln und Lösungen für die aktuelle Situation zu finden?

- Welche externen Unterstützungsmöglichkeiten stehen mir zur Verfügung, um professionelle Hilfe in Anspruch zu nehmen?
- Gibt es Beratungsstellen, Therapeuten oder Selbsthilfegruppen, die mich bei der Verarbeitung meiner dysfunktionalen Beziehung unterstützen können?
- Wäre eine rehabilitative Maßnahme für mich geeignet, um mich physisch und psychisch zu regenerieren und meine Lebensqualität zu verbessern?
- Ist eine Mutter-Kind-Kur oder eine Vater-Kind-Kur eine sinnvolle Option für mich, um sowohl für meine eigene Gesundheit als auch für die meiner Kinder zu sorgen?
- Ist es ratsam, eine Auszeit zu nehmen, die es ermöglicht, Abstand von der toxischen Beziehung zu gewinnen, Ressourcen wiederzuentdecken und gestärkt zurückzukehren?

Gemeinsame Kinder und Sorgerecht

Trennt man sich von seinem Lebenspartner und hat man gemeinsame Kinder, bleiben Sorgerechtsstreitigkeiten meist nicht aus. Dabei steht das Wohl der Kinder an erster Stelle. Eine offene und respektvolle Kommunikation zwischen den Eltern, aber auch gemeinsam mit den Kindern (sofern sie alt genug dafür sind) ist entscheidend, um die Bedürfnisse der Kinder zu verstehen und gemeinsam nach Lösungen zu suchen. Man kann und sollte nach Möglichkeit zunächst versuchen, Konflikte außergerichtlich mithilfe eines neutralen Vermittlers zu lösen. Das Hauptziel liegt darin, gemeinsame Sorgerechtsvereinbarungen zu finden, die den Kindern am besten dienen. Bei Bedarf können Kinderpsychologen oder Familientherapeuten unterstützen. Wenn eine außergerichtliche Einigung nicht gelingt, ist die Beratung durch einen Anwalt notwendig, der Auskunft geben kann über die eigenen Rechte und der bei rechtlichen Schritten unterstützt. Der

Fokus sollte immer darauf liegen, Entscheidungen im Sinne des Kindeswohls zu treffen. Eine genaue Dokumentation aller Aktivitäten (Kommunikation, Streit, Drohungen …) im Zusammenhang mit dem Sorgerechtsstreit ist wichtig.

Anna, eine alleinerziehende Mutter von zwei Kindern, befand sich in einer schwierigen Situation nach der Trennung von ihrem Ex-Partner Paul. Das Beziehungsende verlief alles andere als harmonisch und Paul setzte verschiedene Tricks ein, um Anna unter Druck zu setzen. Paul drohte regelmäßig mit Selbstmord und damit, Anna die Kinder wegzunehmen. Er sagte Dinge wie »Ich bringe mich um« und »Ich nehme dir die Kinder weg«, um sie zu verunsichern. Zusätzlich drohte er damit, sie aus dem gemeinsamen Haus zu werfen. Anna versuchte, die Situation zu beruhigen, machte jedoch den Fehler, sich auf Pauls Spielchen einzulassen. Aber egal, wie sehr sie sich bemühte, Paul war nie zufrieden. Er fand immer etwas, worüber er sich beschweren konnte, und machte ihr unbegründete Vorwürfe. Paul ignorierte Absprachen, kam und ging, wann er wollte, und holte die Kinder nur dann ab, wenn es ihm passte. Das machte es für Anna schwer, für Stabilität zu sorgen. Die Belastung durch Pauls Verhalten brachte Anna an ihre Grenzen.

Nachdem Anna die Trennung hinter sich hatte, erkannte sie im Rückblick, dass sie an einigen Stellen anders hätte handeln sollen. Anstatt sich auf Pauls Manipulationen einzulassen, hätte sie frühzeitig klare Grenzen setzen und sich vor seinen emotionalen Erpressungen schützen sollen. Sie hätte früher die Behörden einschalten sollen. In solchen schwierigen Trennungssituationen sollte der Schutz der eigenen mentalen und emotionalen Gesundheit höchste Priorität haben. Anstatt sich auf Pauls Drohungen einzulassen, hätte Anna rechtzeitig professionelle Hilfe in Anspruch nehmen und klare Schritte unternehmen sollen, um sich und ihre Kinder vor unangemessenen Verhaltensweisen zu schützen.

Es ist wichtig, frühzeitig professionelle Unterstützung zu suchen, klare Grenzen zu setzen und sich nicht auf toxische Manipulationen einzulassen. Das Streben nach Stabilität für sich und die Kinder erfordert oft einen klaren Kurs und die Bereitschaft, die notwendigen Schritte zu unternehmen, um sich selbst und die Familie bestmöglich zu schützen. Wenn du dabei mit jemandem kommunizierst, der sehr egoistisch und ich-bezogen ist, können die folgenden Ratschläge hilfreich sein:

- **Vermeide persönliche Angriffe:** Übe dich in gewaltfreier Kommunikation und versuche, dein Gegenüber nicht persönlich anzugreifen oder abzuwerten. Es hilft, alles in Ich-Botschaften zu formulieren. Kritik könnte eine empfindliche Reaktion hervorrufen, die zu Aggressivität oder Verteidigungsmechanismen führen kann. Zum Beispiel: »Ich habe bemerkt, dass du die Aufgaben nicht rechtzeitig erledigt hast. Es wäre hilfreich, wenn wir gemeinsam überlegen könnten, wie wir besser planen können, um solche Situationen in Zukunft zu vermeiden. Ich bin mir sicher, dass wir zusammen eine Lösung finden können, die für uns beide funktioniert.«
- **Akzeptiere, dass du das Verhalten deines Gegenübers nicht ändern kannst:** Sei dir bewusst, dass das Bestreben, den anderen zu ändern, oft frustrierend ist und die Situation eher verschärft. Wenn sich jemand nicht ändern möchte, dann wirst du deine gesamte Energie an ihn verschwenden und doch nichts erreichen. Du bist nur für dich zuständig, nicht für die Bedürfnisse deines Beziehungspartners. Akzeptiere, dass du sein Verhalten nicht grundlegend ändern kannst.
- **Setze klare Grenzen:** Definiere klare Grenzen (siehe Seite 125) und lasse nicht zu, dass jemand deine persönlichen Grenzen überschreitet. Das gilt auch dann, wenn ihr eine klare räumliche Trennung oder die Umgangszeiten mit euren Kindern besprochen habt und die psychotoxische Person die Vorgaben nicht einhält. Sei konsequent in der Durchsetzung deiner Grenzen.
- **Vermeide ständige Rechtfertigungen:** Rechtfertige oder entschuldige dich nicht ständig für deine Meinungen und Entscheidungen.

Durch ihre gezielten Manipulationstechniken hat die psychotoxische Person dich bestimmt schon genug verunsichert, jetzt ist es an der Zeit, deine Selbstwirksamkeit wiederzuerlangen.

- **Bleibe ruhig bei Provokationen:** Bewahre Gelassenheit in provokativen Situationen, vor allem wenn es um das Sorgerecht geht. Die Provokationen werden mit großer Sicherheit darauf abzielen, emotionale Reaktionen bei dir hervorzurufen, die vielleicht gegen dich verwendet werden könnten. Wenn du in diesem Moment die Contenance bewahrst, wird die psychotoxische Person vor Eifersucht, Wut oder Frustration toben und du wirst langsam, aber sicher immun gegen ihre Spielchen.
- **Verwickle dich nicht in Machtspiele:** Es ist an der Zeit, die Opferrolle zu verlassen und sich nicht mehr dominieren und unterdrücken zu lassen. Also behalte deine eigenen Ziele und Prinzipien im Fokus und lasse dich nicht in Machtspielchen verwickeln. Mit den oben genannten Tipps bist du immun gegen alle möglichen Arten von Drohungen.

On-Off-Beziehungen: Zwischen Liebe, Unsicherheit und Neuanfang

In Trennungssituationen, besonders in schwierigen Beziehungen, greifen Menschen oft zu verschiedenen Manipulationstechniken wie Love Bombing (siehe Seite 18) oder unrealistischen Versprechungen (Future Pacing, siehe Seite 22), um eine endgültige Trennung zu verhindern. Plötzlich läuft in der Beziehung alles wie gewünscht: Warum sollte man sich da trennen?

Wir machen dann oft den Fehler und gehen davon aus, dass es in einer plötzlich so perfekten (oder perfekt anmutenden) Beziehung nur eine Möglichkeit gibt – und das ist, zusammenzubleiben. Doch die Situation kann sich auch wieder verschlechtern oder in alte Mus-

ter zurückfallen. Viele haben dann aber schon vergessen, dass es nach wie vor noch die Möglichkeit gibt, die Beziehung zu beenden. Dabei sind wir uns meistens sehr unsicher und der Partner versucht jetzt, Macht und Kontrolle aufrechtzuerhalten, um die eigenen Unsicherheiten zu kompensieren.
Der Schlüssel, um dieses heißkalte Spiel zu durchbrechen, liegt darin, sich vor der Trennung innerlich zu stärken und Selbstvertrauen aufzubauen. Dabei spielen Maßnahmen, die unseren Selbstwert steigern und die eine gute emotionale Selbstregulation fördern, eine entscheidende Rolle. Im Falle einer On-Off-Beziehung sind noch mehr als sonst Mut, Kraft und ein unbeugsamer Wille notwendig, um die belastende Verbindung endgültig zu lösen.

In Theresas Beziehung zu ihrem Ex-Partner kann man nicht wirklich von einer klaren Trennung sprechen. Sie haben sich ständig getrennt und doch schien es, als würden sie nie wirklich auseinanderkommen. Es gab insgesamt sieben Trennungsversuche – ein ständiges Hin und Her. Nach jedem Trennungsversuch kam er zurück, entschuldigte sich, war liebevoll und tat alles, um sie zurückzugewinnen. Theresa bekam täglich Blumen und herzerweichende Nachrichten. Plötzlich wurden gemeinsame Ausflüge zu seinen Eltern in die Türkei geplant, sie sprachen über das Zusammenziehen und Theresa wurde immer mehr in sein Leben eingebunden. Er war plötzlich der Partner, den sie sich immer gewünscht hatte – liebevoll, aufmerksam, verständnisvoll, zuverlässig und unterstützend. Dafür hatte sie so lange gearbeitet und jetzt schien es Wirklichkeit zu werden.
Leider täuschte sich Theresa und es blieb nur bei leeren Versprechungen. Doch diese Phase änderte sich bald wieder und all die negativen Verhaltensweisen, die sie zermürbten, begannen von vorn. Theresa konnte sich einfach nicht von ihm lösen. Sie war süchtig nach ihm.
Wenn sie vorher gewusst hätte, wie Manipulationstechniken eingesetzt werden und einen immer wieder in ihren Bann ziehen, hätte sie sich vermutlich nicht so oft wieder auf die Beziehung eingelassen. Sie konnte sich nur trennen, indem sie sich selber die Angst vor der Einsamkeit nahm.

Bei der emotionalen Abhängigkeit und dem Suchtgefühl halfen ihr ihre Freunde. Theresa zerstörte alle Bilder ihres Partners und holte sich eine neue Telefonnummer. Das Abhängigkeitsgefühl blieb noch eine ganze Weile und erst mit einer Therapie wurde es immer schwächer und schwächer. Heute kann Theresa sagen: Es war die beste Entscheidung ihres Lebens, sich zu trennen.

Checkliste für die Trennung aus manipulativen oder gewaltvollen Beziehungen

Es ist wichtig, sich gut auf eine Trennung vorzubereiten, weil bestimmte Unterlagen benötigt werden, damit beispielsweise das Jugendamt die Unterhaltszahlungen für die Kinder berechnen kann. Egal ob Frauen oder Männer, beide müssen oft lange darauf warten, dass der andere Elternteil seine Gehaltsbescheinigungen vorlegt. Während dieser Zeit sind sie finanziell stark eingeschränkt, was die Suche nach einer neuen Wohnung erschweren kann. Daher ist es entscheidend, alle erforderlichen Unterlagen rechtzeitig vorzulegen (und auch den Partner/die Partnerin dazu aufzufordern), um in dieser Übergangsphase einen reibungslosen Ablauf und finanzielle Stabilität zu gewährleisten.
Als nächster Schritt ist es empfehlenswert, sich rechtlichen Rat von einem Anwalt einzuholen, um die eigene Situation zu verstehen und die möglichen Unterhaltszahlungen nach der Trennung zu berechnen. Es ist wichtig, das Jugendamt über die bevorstehende Trennung zu informieren und sich hinsichtlich der Kinder beraten zu lassen.
Danach ist es sinnvoll, finanziell unabhängig zu werden, indem man nach einer Arbeit sucht, die sowohl einen selbst als auch die Kinder absichert, sofern man nicht bereits einem solchen Job nachgeht. Dies ist auch der richtige Zeitpunkt, um nach einer neuen Wohnung Ausschau zu halten.

Beachte: Diese Vorbereitungen können den toxischen Menschen misstrauisch machen und er könnte versuchen, Nähe und Liebe wieder aufzubauen. Er könnte aber auch provokativ handeln, um deine neu gewonnene Stärke zu beschädigen und dich zu schwächen. Nicht selten kommt hier die Triangulation (siehe Seite 38) zum Einsatz, indem beispielsweise eine dritte Person, oft ein neuer Partner, mit in die Konflikte involviert wird.

Es ist wichtig, mit Bedacht und Gelassenheit vorzugehen, um sicherzustellen, dass deine Pläne nicht vorzeitig durchkreuzt werden. Vermeide es, dem anderen im Affekt zu verraten, was du planst, weil er möglicherweise versuchen wird, das zu verhindern oder andere Erpressungsversuche zu starten. Warte, bis du stark genug bist, die neue Wohnung bereitsteht und du einen festen Job hast, bevor du ihn mit deiner Entscheidung konfrontierst. Du kannst dies heimlich machen, indem du ihn vor vollendete Tatsachen stellst, beispielsweise mit einer leeren Wohnung und einem Abschiedsbrief. Alternativ kannst du es ihm persönlich mitteilen, wenn du dich stark genug fühlst, aber verlasse danach sofort die gemeinsame Wohnung.

Für die erste Zeit nach der Trennung ist es ratsam, bei Familienmitgliedern oder guten Freunden unterzukommen. Dies bietet Schutz vor Bedrohungen oder Schäden durch einen verletzten Partner. Solltest du der Meinung sein, keine Freunde mehr zu haben oder den Kontakt zur Familie verloren zu haben, ist es wichtig, vorher neue unterstützende Menschen zu finden. Teile ihnen deine Pläne mit. Es gibt viele Mitmenschen, die in ähnlichen Situationen waren und die für dich da sein können.

Vor der Trennung solltest du auch überlegen, wie ihr den gemeinsamen Haushalt auflöst und die Besuchszeiten der Kinder regelt. Es ist ratsam, Kinder, besonders, wenn sie noch klein sind, nicht zu früh in die Trennungspläne einzuweihen, um Unsicherheit zu vermeiden. Sobald Kinder die Möglichkeit haben, die Situation zu verstehen, können sie in die Entscheidung einbezogen werden. Je nachdem, wie stark die egoistischen Anteile des Partners sind, kann ein ruhiges Gespräch und eine gemeinsame Mitteilung an die Kinder möglich sein. Nach sorgfältiger Vorbereitung und Beachtung dieser Überlegungen kannst du die Trennung durchführen.

Checkliste für die Trennung

Such dir aus den folgenden Punkten jene heraus, die du für deine persönliche Checkliste der Trennung brauchst:

- Hast du Kopien von deinen/euren Steuererklärungen gemacht?
- Hast du die Gehaltsbescheinigungen deines Partners der letzten zwölf Monate?
- Liegt dir eure Heiratsurkunde vor?
- Sammle Chatverläufe und dokumentiere bildlich Sach- oder Personenschäden.
- Liegen die Geburtsurkunden der Kinder bereit?
- Hast du weitere wichtige Dokumente kopiert?
- Konntet ihr bereits eure Wohnsituation klären?
- Sind die finanziellen Regelungen überprüft?
- Wurden Entscheidungen über den Wohnort der Kinder getroffen?
- Habt ihr bereits sinnvolle Besuchszeiten festlegen können?
- Konntet ihr eine Aufteilung des gemeinsamen Haushalts besprechen und planen?

Strategien,
Tools und Übungen
für den Umgang
mit schwierigen
Menschen

Mit Klarheit Standards setzen

In vielen Beziehungen kommt irgendwann eine Zeit, in der der falsche Weg eingeschlagen wird – sei es bereits von Beginn an oder durch schleichende, giftige Gewohnheiten. Der Respekt schwindet, Grenzen werden überschritten und die zwischenmenschliche Beziehung wird zu einer alltäglichen Last. Wenn dies in etwa deiner Situation entspricht, dann möchten wir dir Mut zusprechen. Vielleicht gibt es noch eine Möglichkeit, deine Beziehung zu verbessern. Allerdings reichen dafür Zuneigung und Toleranz allein nicht aus und beide Beziehungspartner müssen bereit sein, an der Beziehung und an ihren Kommunikationsweisen zu arbeiten. Es kann sich lohnen, einen Versuch zu starten.

Dafür musst du Klarheit über deine Standpunkte, Bedürfnisse und Wünsche in deiner Beziehung haben sowie deine persönlichen Standards definieren. Dies kann dir den Weg zu einer stabilen Beziehungsqualität ebnen. Indem du dir bewusst machst, was du wirklich möchtest und bis zu welchem Punkt du Toleranz empfinden kannst, schaffst du eine klare Grundlage für deine persönliche Reise. Nachstehende Strategien und Tools können dich dabei unterstützen, eine Verbesserung deiner Beziehungsqualität zu erwirken – egal, ob es um deine Beziehung zu deiner besten Freundin, deiner Nachbarin oder deinem Lebensgefährten geht.

Manchmal lässt sich eine Beziehung aber trotz aller Bemühungen nicht mehr verbessern. Durch dysfunktionale Beziehungen und toxische Menschen fühlen wir uns oft ausgebrannt, geschwächt, verletzlich und nur noch bedingt widerstandsfähig. In solchen Beziehungen können unsere emotionale Stabilität, unser psychisches Immunsystem und die innere Widerstandskraft stark beeinträchtigt werden. Doch wir können lernen, uns innerlich zu wappnen, widerstandsfähiger zu werden und uns langfristig nicht von toxischem Verhalten angreifen zu lassen. Viele der Strategien, Tools und Übungen in diesem Kapitel können dir ebenfalls dabei helfen, dein psychisches Immunsystem so auf Vordermann zu bringen, dass du langfristig immun gegen toxische Menschen wirst.

Optimistisch aus Krisen hervorgehen

Vielleicht ahnst du bereits, dass die Bausteine für unsere psychische Widerstandsfähigkeit eng an das achtsame Wahrnehmen der Umwelt geknüpft sind. Wenn du bewusst und konstruktiv mit deinen Problemen, deren Ursachen und möglichen Lösungen umgehst, entwickelst du automatisch Resilienz (siehe Seite 196). Diese erhöhte psychische Widerstandsfähigkeit führt wiederum dazu, dass du achtsamer auf die Herausforderungen des Lebens reagierst, anstatt diese zu ignorieren und dich selbst in die Opferrolle zu begeben.
Hierzu eine Anregung: Wie wäre es, wenn wir unsere Schwächen zur Abwechslung einmal als eine wertvolle Facette von uns selbst betrachten würden, statt uns dafür zu geißeln? Wenn wir uns nicht von unseren Krisen oder negativen Erfahrungen aus toxischen Beziehungen brechen lassen, sondern optimistisch einen Mehrwert aus den Situationen ziehen? Wenn wir uns also fragen, ob es auch etwas Gutes hat, dass wir die schmerzhaften Erfahrungen mit einer psychotoxischen Person machen mussten (auch, wenn das im ersten Moment unmöglich erscheint)? Falls wir das nächste Mal einen Fehler begehen, kritisiert werden oder erneut eine Beziehung zu einem

toxischen Menschen eingehen, sollten wir uns besser selbst gut zusprechen und uns sagen: »Das zeigt, dass ich authentisch bin und immer wieder den Mut aufbringe, mein Leben aktiv selbst zu gestalten.« Merkst du, dass sich dadurch etwas an deiner Wahrnehmung und deiner Bewertung ändert?

Sogar unsere vermeintlichen Schwächen haben positive Aspekte. Beispielsweise zeichnen sich chaotische und unstrukturierte Menschen häufig durch ein hohes Maß an Kreativität und Sensibilität aus. Manchmal sind es gerade unsere Schwächen, also die Eigenschaften, die wir an uns am meisten ablehnen, die anderen Menschen in unserer Umgebung ein Gefühl von Wohlbefinden vermitteln. Wer Erfahrungen mit psychotoxischen Menschen gesammelt hat und dadurch verletzt wurde, reagiert vielleicht besonders empathisch auf andere Betroffene und kann ihnen hilfreiche Unterstützung bieten. Um aus Krisen zu lernen, optimistisch zu bleiben und in den eigenen Schwächen auch Stärken zu erkennen, ist es wichtig, sich dieser bewusst zu werden.

Unser Tipp:

Wenn du das nächste Mal in dein Gedankenkarussell einsteigst, dann bedenke nicht nur die Risiken, sondern auch die möglichen Vorteile deiner bisher getroffenen Entscheidungen, Erfahrungen oder Handlungen. Anstatt dich ausschließlich auf die negativen Aspekte zu konzentrieren, halte inne und denke darüber nach, welche positiven Veränderungen bereits in deinem Leben eingetreten sind. Entdecke, was dir Freude bereitet, welche Menschen du an deiner Seite haben und wie du leben möchtest. Nimm dir gelegentlich Zeit, um deine Ängste und Sorgen zu reflektieren und sie mit der Realität abzugleichen. Erinnere dich daran, dass die Vergangenheit nicht die Gegenwart ist. Du bist kein kleines Kind mehr, du hast Handlungskompetenzen erworben und darfst für dich und deine Bedürfnisse einstehen. Das bedeutet auch, dass du zum Beispiel den Wunsch äußern darfst, dass dein Umfeld auf narzisstische Kommunikation verzichtet – oder dass du schädliche Beziehungskonstellationen auch verlassen kannst.

Übung: Mit der positiven Brille betrachtet

Setze bei dieser Übung optimistisch an und überlege, welche positiven Qualitäten deinen vermeintlichen Schwächen gegenüberstehen. Erstelle eine Liste deiner Schwächen und suche den positiven Gegenpol dazu. Hier einige Beispiele:

- Ich bin sehr chaotisch. – Ich bin sehr kreativ.
- Ich bin sehr introvertiert. – Ich kann anderen gut zuhören.
- Ich bin zu sensibel. – Ich kann mich empathisch in andere einfühlen.

Wenn dir das schwerfällt, überlege, worin eine fremde Person, die exakt dieselben Schwächen hat, möglicherweise gut ist, etwa:

- Eine fremde Person, die sehr extrovertiert und laut ist, kann große Gruppen gut moderieren und unterhalten.

Radikale Akzeptanz – manche Menschen ändern sich nicht

Menschen mit einer hohen Resilienz haben die Fähigkeit, Unglück, Rückschläge, Enttäuschungen und Herausforderungen des Lebens annehmen zu können. Sie erkennen und akzeptieren, dass widrige Umstände nicht immer vermeidbar oder vollständig auszuräumen sind, und können sich meist selbst mit all ihren Stärken und Schwächen akzeptieren. Dazu gehört auch, unliebsame Situationen und psychotoxische Menschen zu akzeptieren, die sie nicht beeinflussen oder verändern können.

Um dir Mut zu machen und deine Angst vor dem Ausstieg aus einer toxischen Beziehung zu vermindern, können dir die folgenden Überlegungen helfen: Wenn sogar eine geringfügige Meinungsverschiedenheit das Ende eurer Beziehung herbeiführen kann, dann stellt sich die Frage, ob die emotionale Bindung zu der betreffenden Person überhaupt so stark und innig gewesen ist, wie du angenommen hast. Welche Nähe möchtest du zu einer Person aufbauen, die bei jeder kleinen Auseinandersetzung unangemessen und impulsiv reagiert? Gespräche mit psychotoxischen Menschen, bei denen du sie mit ihren ungesunden Verhaltensmustern konfrontierst, können überaus ernüchternd sein, weil sie dich manipulieren und ihre eigene Rolle verleugnen. Du musst verstehen, dass psychotoxische Menschen jegliche Verantwortung für ihr Handeln ablehnen oder sogar stolz darauf sind, beispielsweise so narzisstisch zu sein. Einsicht und Verständnis werden sie vermutlich nicht zeigen.

Unser Tipp:
Manche Menschen werden sich und ihre Verhaltensweisen einfach nicht ändern, egal wie sehr du es dir wünscht. Hier kommt die Idee der radikalen Akzeptanz nach dem römischen Philosophen Epiktet ins Spiel. Diese radikale Akzeptanz bedeutet, etwas anzunehmen, unabhängig davon, ob es einem gefällt oder nicht. Im Kontext von toxischen Beziehungen bedeutet radikale Akzeptanz aber definitiv nicht, dass du das toxische Verhalten anderer Menschen einfach so annehmen und akzeptieren musst. Um dein psychisches Immunsystem vor ihren Psychotoxinen zu bewahren, solltest du stattdessen akzeptieren, dass der toxische Mensch sein Verhalten nicht ändern wird – weder für sich selbst noch für irgend jemand anderen. Wahrscheinlich hast auch du im Verlauf deiner toxischen Beziehung(en) versucht oder versuchst vielleicht immer noch, deinen psychotoxischen Partner dazu zu bringen, sein Verhalten endlich zu ändern. Du kannst nur immun dagegen werden, wenn du akzeptierst, dass dieser Mensch sich höchstwahrscheinlich nie ändern wird, besonders nicht für dich. Es ist daher ein radikaler Schritt, den anderen dennoch zu akzeptieren und deinen inneren Frieden mit dieser Person zu machen, indem du darauf verzichtest, weiterhin sein Verhalten ändern oder ihn retten zu wollen.

Übung: Ändern oder akzeptieren?

Welche Verhaltensweisen der psychotoxischen Person beschäftigen dich momentan? Überlege dir, ob du die Situation oder den Menschen tatsächlich beeinflussen kannst oder ob dir die Situation deine kostbaren Energiereserven raubt. Wenn du dich entscheidest, die Verhaltensweisen, Eigenschaften und Charakterzüge weiterhin zu tolerieren, dann schreibe dir den Satz »Ich nehme die Situation/Person so an, wie sie ist« auf und platziere diesen Zettel an einem Ort, den du täglich aufsuchen kannst.

Die Opferrolle verlassen und selbstwirksam werden

Wie handhabst du die Widrigkeiten des Lebens? Große oder kleine Schwierigkeiten und deine zwischenmenschlichen Konflikte? Verfällst du in Selbstmitleid, bleibst du untätig und verharrst in der Opferrolle? Menschen mit einem ausgeprägten psychischen Schutzschild sind fest davon überzeugt, dass sie Herausforderungen erfolgreich mithilfe ihrer eigenen Fähigkeiten bewältigen können. Dieser Ansatz wird auch als Selbstwirksamkeitserwartung bezeichnet. Selbstwirksamkeitserleben ist wie das geglückte Steuern deines eigenen Boots auf einem See. Du hältst das Ruder fest in den Händen, navigierst durch die Gewässer des Lebens und spürst die kraftvolle Gewissheit, dass du die Richtung deines Weges selbst bestimmen kannst, auch dann, wenn Wellen oder Windböen auftauchen.
In der Kindheit sind wir alle wie kreative Künstler, die unvoreingenommen und voller Tatendrang und Inspiration die Welt erkunden. Doch dann lernen wir durch unsere nächsten Bezugspersonen immer mehr Einschränkungen, Verbote und manchmal sogar physische und psychische Gewalt kennen – sei es in der Familie, in der

Schule, im Heim, beim Sportklub, durch Filme oder in den Nachrichten. In der Zeit des Heranwachsens haben wir vielleicht gelernt, uns ruhig zu verhalten, uns anzupassen und auszuharren. Manchmal beeinflusst durch unsere Ängste oder eben durch mangelnde positive Vorbilder.

Das Drama-Dreieck (Täter-Opfer-Retter), das du auf Seite 74 kennengelernt hast, prägt häufig unser Selbstbild und führt dazu, dass wir uns in vielen Situationen als Opfer sehen. Dadurch suchen wir nach Erklärungen für unsere scheinbare Unfähigkeit, unsere Situation zu verändern – sei es aufgrund finanzieller Einschränkungen, familiärer Umstände, der misslungenen Partnerschaft, beruflicher Herausforderungen, schlechter Noten oder der eigenen erlernten Hilflosigkeit. Durch diese schädlichen Selbstannahmen und das Verharren in der Opferrolle überlassen wir die Kontrolle über unser Leben anderen.

Die Opferrolle ermöglicht uns, die Schwierigkeiten des Lebens zu beklagen und dadurch auch noch Mitgefühl bei anderen zu wecken. So wird uns Verständnis und Wohlwollen entgegengebracht, ohne dass wir uns dabei selbst verändern müssen. Der Schritt ins Unbekannte hingegen birgt Unsicherheiten und Ängste, die oft stärker sind als die Bequemlichkeit alter Gewohnheiten.

Unser Tipp:

Du stehst vor einer Kreuzung deines Lebens und musst eine Entscheidung für dich treffen. Erinnere dich daran, dass du die Freiheit hast, Erwartungen zu hinterfragen und deinen eigenen Weg zu wählen. Du musst lernen zu erkennen, wann du in der Rolle des Opfers verharrst. Welcher Weg und welche Situationen führen dich in diese passive Position? Es stehen dir fast immer Handlungsalternativen zur Verfügung, auch wenn sie für dich nicht sofort ersichtlich sind. Nutze diese Erkenntnisse, um eine Landkarte deines Selbst zu erstellen – eine innere Navigationshilfe, die dir zeigt, warum du eine bestimmte Entscheidung triffst.

Übung: Müssen oder wollen

1. Frage dich, warum du Dinge tust, die du eigentlich nicht tun möchtest.
2. Tausche die »Ich muss…, weil…«-Sätze aus durch »Ich will…, weil…«-Sätze.

Zum Beispiel:
»Ich muss Sport machen, weil mein Partner mich sonst unattraktiv findet.« – »Ich will Sport machen, weil ich mich in meinem Körper wohlfühlen möchte.«

In fünf Schritten aus der Opferrolle

Wir erklären dir, wie du die Opferrolle ein für alle Mal hinter dir lassen kannst. Es ist normal, sich manchmal machtlos und unglücklich zu fühlen, aber wir leiten dich in fünf einfachen Schritten dazu an, aus diesem Muster auszubrechen. So lernst du, wieder an deine eigene Stärke und Selbstbestimmung zu glauben.

1. Identifiziere deine Position.
Um aus der Rolle des Opfers auszubrechen, ist es wichtig, deinen gegenwärtigen Zustand zu erkennen. Veränderungen können erst dann eingeleitet werden, wenn die Illusion weicht und du dich der Realität stellst. Reflektiere, in welchen Situationen du dich vor allem beschwerst, besonders über andere Menschen oder äußere Umstände. Ob es das regnerische Wetter, die unfaire Behandlung des Chefs, ungerechte Prüfungsbedingungen, eine schwierige wirtschaftliche Lage oder die fehlende Aufmerksamkeit deines Partners ist. Wie häufig äußerst du vor anderen deine Unzufriedenheit, um Anerkennung und Bestätigung zu bekommen?

2. Reflektiere, wie viel Macht du abgibst.

Denke einmal darüber nach, wer tatsächlich die Kontrolle über deine Stimmung hat. Bestimmt die Frau, die sich beim Einkaufen vorgedrängelt hat, tatsächlich die Qualität deines gesamten Tages? Beeinflusst deine Großmutter, die dich zurechtgewiesen hat, deine Laune für den gesamten Feierabend? Hast du wirklich die Macht über deine Gefühle und dein Leben? Oder überlässt du diese Macht bereitwillig anderen Menschen? Vergiss nicht: Dich in die Opferrolle zu begeben ist eine bewusste Entscheidung. Du willst doch nicht zulassen, dass die Frau im Supermarkt einen größeren Einfluss auf deine Emotionen hat als du selbst!

3. Wechsel die Perspektive.

Wenn toxische Menschen (oder solche, die wir dafür halten) uns schlecht behandeln oder nicht so, wie wir es gerne hätten, dann kann es hilfreich sein, die Situation aus ihrer Perspektive zu betrachten. Vielleicht hat sich die Frau im Supermarkt vorgedrängelt, weil sie ihren Hund im Auto gelassen hat und schnell zu ihm zurückkehren möchte. Vielleicht hat deine Chefin private Sorgen, sodass sie dir gerade nicht die Dankbarkeit entgegenbringen kann, die du dir wünschst. Ein neuer Blickwinkel auf die Situation kann dazu beitragen, dich weniger hilflos zu fühlen, negative Emotionen zu reduzieren und die Opferrolle hinter dir zu lassen.

4. Finde neue Lösungen.

Statt dich immer den äußeren Umständen auszuliefern und von deinem Leben hin und her geschubst zu werden, beginne, aktiv nach Lösungsmöglichkeiten zu suchen. Manche Umstände lassen sich allein durch eine Veränderung deiner Einstellung beeinflussen. In deinem Leben wird es noch einige Situationen geben, in denen du dich unfair behandelt fühlst. Anstatt dich darüber aufzuregen und den gesamten Tag in der Opferrolle zu verharren, versuche, das Ganze aus einer anderen Perspektive zu betrachten und es einfach abzuschütteln. Entscheide dich dafür, solche Dinge nicht mehr so nah an dich heranzulassen. Oft ist Kommunikation die beste Lösung. Vielleicht könntest du ein klärendes Gespräch mit deiner Großmutter führen? Auch mit deiner Chefin könntest du über deine Bedürfnisse sprechen, vielleicht ist ihr das unfaire Verhalten gar nicht bewusst?

5. Akzeptiere oder verabschiede dich.
Um dein psychisches Immunsystem stets gesund zu halten, musst du erkennen, dass manche Situationen sich vielleicht nicht mehr reparieren lassen. Es liegt aber in deiner Macht, sie radikal zu akzeptieren oder dich ihnen komplett zu entziehen. Vielleicht wäre es eine Idee, dir einen neuen Job zu suchen? Vieles ist möglich, aber um besonders resilient zu sein, musst du die Verantwortung für dein Leben übernehmen und ins Handeln kommen.

Verantwortung übernehmen

Menschen mit hoher psychischer Widerstandsfähigkeit tragen die Verantwortung für ihr Denken, Fühlen und Handeln. Wenn du keine ausgeprägte Widerstandskraft besitzt, stellst du dir bei grenzverletzendem Verhalten vermutlich Fragen wie: »Warum behandelt mich mein Gegenüber so? Habe ich irgendetwas falsch gemacht …?« Unser psychischer Schutzschild leidet immens darunter, wenn wir uns nicht erklären können, warum wir von einer psychotoxischen Person schlecht behandelt werden. Die Suche nach Antworten ist oft vergeblich, vergiftet unseren Verstand und mindert unser Selbstwertgefühl weiter. Denn die Reaktionsweise der psychotoxischen Person bleibt für uns zwangsläufig ungewiss.
Unsere Auseinandersetzung mit dieser Unsicherheit ist entscheidend, um uns sicher mit uns selbst und unserer inneren Stärke verbinden zu können. Diese Verbundenheit mit uns selbst wiederum

bildet die Grundlage für positive Beziehungen zu Partnern, Eltern, Geschwistern, Kindern, Kollegen oder Mitschülern. Übernimm die Verantwortung für deine Beziehungen und lenke den Fokus weg von der psychotoxischen Person, zurück zu dir. Erinnere dich liebevoll an dich selbst und deine Verantwortung.

Unser Tipp:
Manchmal verlieren wir uns selbst im Versuch, unsere Beziehung zu retten oder andere glücklich zu machen. Dabei geben wir unbewusst die Verantwortung für unser Wohlbefinden ab. Nutze die folgenden Fragen und Übungen zur Reflexion, um wieder zu dir selbst zu finden und Verantwortung zu übernehmen.

1) Reflektiere das Verhalten der psychotoxischen Person
Frage dich, welche konkreten Verhaltensmuster »dein« toxischer Mensch zeigt und welche nicht. Hat er konkrete Schritte unternommen, um eure Beziehung zu verbessern? Oder angemessene Schritte, um dir auf Augenhöhe zu begegnen? Frage dich, was du tun kannst, um einen gesunden Ausgleich zwischen deinem eigenen Wohlbefinden und den Bedürfnissen des anderen zu finden.

2) Übernimm die Verantwortung für dein Handeln
Erinnere dich immer wieder daran, dass du als erwachsener Mensch allein die Verantwortung für dein Handeln oder Nicht-Handeln trägst. Akzeptiere, dass du die psychotoxische Person nicht verändern oder retten kannst. Du hast lediglich die Möglichkeit, ihr Unterstützung zu bieten, wenn sie selbst etwas ändern möchte. Erkenne also auch die Grenzen deiner eigenen Einflussnahme und verliere dich nicht in dem Versuch, dein Gegenüber zu retten. Überlege, wie du sicherstellen kannst, dass du dir selbst treu bleibst, während du gleichzeitig für andere da bist. Welche Verantwortung übernimmst du aktuell für dein eigenes Denken, Fühlen oder Handeln in eurer zwischenmenschlichen Beziehung?

3) Fokussiere dich auf deine Selbstentwicklung und -stärkung
Überprüfe, inwiefern du bereit bist, der psychotoxischen Person Unterstützung anzubieten, ohne dich dabei selbst zu vernachlässigen. Achte auch darauf, dass du die Verantwortung für dich nicht an sie abgibst, sondern konkrete Schritte einleitest, um dich aus toxischen Mustern zu lösen. Vertraue dabei auf deine eigenen Fähigkeiten und Ressourcen. Wie kannst du deine Fähigkeiten auf konstruktive Weise einsetzen, um dich und deine Beziehung zu stärken und zeitgleich deine psychische Gesundheit zu schützen? Inwiefern hast du bislang deine Gefühle und Bedürfnisse vernachlässigt, während du versucht hast, dein Gegenüber glücklich zu machen?
Indem du diese drei Schritte umsetzt und reflektierst, wirst du allmählich immun gegen die manipulativen Spielchen des toxischen Menschen und kannst dich auf eine gesunde und positive Selbstentwicklung konzentrieren.

Übung: Dein psychotoxischer Mensch und du

Sei ehrlich zu dir selbst und frage dich:

- Verbringst du Zeit mit der psychotoxischen Person, auch wenn es vielleicht andere Dinge gibt, die du bevorzugen würdest?
- Was in dieser Beziehung machst und investierst du, obwohl du es eigentlich nicht tun möchtest?
- Führst du manche Handlungen nur aus Angst vor der Reaktion des toxischen Menschen durch, um mögliche Missbilligungen zu vermeiden?
- Wer ist dieser Mensch für dich und warum investierst du deine Zeit und Lebensenergie in ihn?
- Trittst du dieser Person authentisch und offen gegenüber und traust dich, Dinge ehrlich zu reflektieren?

Die Zukunft neu gestalten

Resiliente Menschen richten ihren Blick auf die Zukunft und erkennen dabei ihre eigenen Stärken und Ressourcen. Sie verharren nicht in der Vergangenheit, sondern setzen sich realistische Ziele für die Zukunft. Nimm die Verantwortung für deine Heilung selbst in die Hand. Jeder hat das Recht auf Hilfe und Unterstützung während seiner persönlichen Wachstumsphase. Willst du etwas ertragen, nur um deine Kinder glücklich zu machen? Verfolgst du diese Ausbildung nur, um den Stolz deiner Eltern zu gewinnen? Erfüllt dieser Job wirklich dein Leben? Liebst du deinen Partner oder seid ihr nur noch aus Gewohnheit zusammen? Wenn du merkst, dass du dich aus einer toxischen Beziehung lösen musst, aber dein Verstand dir sagt, dass du bleiben sollst, ändere gezielt deine Perspektive.

Unser Tipp:
Beginne, dich um dich selbst zu kümmern! Überprüfe die Qualität deiner zwischenmenschlichen Beziehungen und erweitere dein Wissen. Lies (Fach-)Bücher und vernetzte dich mit anderen. Überlege dir:

- Welches Selbstbild möchtest du ab jetzt pflegen?
- Welcher Mensch möchtest du sein?
- Welchen ersten Schritt kannst du unternehmen, um ein erfülltes Leben zu führen?
- Welche Voraussetzungen erwartest du in einer erwachsenen und unterstützenden Partnerschaft?
- Wo liegen deine persönlichen Grenzen? Welches Verhalten tolerierst du nicht länger?

Kleine Achtsamkeitspraktiken für einen positiveren Alltag

Im Dschungel des Alltags verlieren wir manchmal den Blick für das Wesentliche: uns selbst. Vielleicht hast du auch schon einmal versucht, glücklicher zu werden, nur um festzustellen, dass sich trotz aller Bemühungen in deinem Leben wenig zum Positiven verändert hat. Deine Beziehungen sind gleich geblieben, das Umfeld und deine wohnliche Situation ebenso. Möglicherweise liegt das daran, dass wir manchmal an den falschen Schrauben drehen und die Vorstellung haben, dass äußere Umstände bis zu unserem Lebensende unser Glück beeinflussen. Wir denken vielleicht, ein besserer Job, ein Partner, der unser perfektes Gegenstück darstellt, mehr Geld oder ein größeres Haus könnten uns glücklich machen. Doch solange sich unsere innere Haltung und unser Selbstbild nicht ändern, werden immer wieder die gleichen Probleme, Unsicherheiten und Ängste auftauchen. Wir ziehen weiterhin die gleichen Menschen an, die uns nicht guttun, und stecken in frustrierenden Lebenssituationen fest.

Unser Denken und Handeln läuft oft wie auf Autopilot ab, ohne dass wir es richtig merken. Das betrifft sogar unsere belastenden Gefühle, die immer wiederkehren. Um aus diesen negativen Gedankenschleifen auszubrechen, müssen wir bewusst entscheiden, etwas zu ändern, und uns darin üben, besser wahrzunehmen, was um uns herum passiert. Es ist zwar wichtig zu verstehen, warum wir uns schlecht fühlen, aber allein dieses Verstehen reicht nicht aus, um uns dauerhaft besser zu fühlen. Wir müssen auch aktiv neue Gewohnheiten lernen und trainieren, um alte Muster zu durchbrechen.

Achtsamkeit hilft uns, aus belastenden Gedanken und Gefühlen auszusteigen und die Dinge anders zu sehen. Unser seelisches Leiden hängt stark davon ab, wie wir unsere Gedanken und Gefühle betrachten. Wir können lernen, unsere Wahrnehmung zu beeinflussen und uns bewusst zu machen, wie wir unsere Realität verstehen. Das kann uns helfen, eine neue Perspektive einzunehmen.

Diese Erkenntnis sollte uns dazu führen, unseren Fokus auf unsere inneren Ressourcen zu legen. Sie sind oft der Schlüssel zu einer nachhaltigen positiven Veränderung. Kleine Veränderungen im Alltag, die nicht nur einen positiven Einfluss auf die Stimmung haben, sondern auch zu einem grundsätzlich ausgewogeneren und erfüllteren Leben beitragen können, sind hier der Anfang.

Ein ausgiebiges Frühstück zum Beispiel ermöglicht dir nicht nur einen entspannten Start in den Tag, sondern stellt auch sicher, dass du genügend Energie hast für die Herausforderungen des Tages. Hörst du deine Lieblingsmusik, bereitet dir das nicht nur Freude, sondern beeinflusst auch deine Stimmung positiv und weckt positive Emotionen in dir. Genießt du ein gutes Buch, wirst du womöglich inspiriert oder kannst für kurze Zeit deinen Sorgen entfliehen. Und das soll dein psychisches Immunsystem stärken? Ganz genau! Solche kleinen, aber bedeutungsvollen Veränderungen und Stellschrauben helfen dir dabei, eine ausgewogene Balance zwischen den täglichen Herausforderungen und den angenehmen Momenten deines Lebens zu finden. Es geht darum, das, was dein Wohlbefinden und deine Freude fördert, bewusst in deinem Alltag zu leben und so eine nachhaltige Grundlage für positive Veränderungen zu legen.

Die Art und Weise, wie wir unseren Alltag gestalten, beeinflusst maßgeblich unsere allgemeine Lebensqualität. Positive Emotionen und bewusste Selbstfürsorge können den Unterschied zwischen einem guten und einem weniger erfreulichen Tag ausmachen. Und viele solche Tage machen den Unterschied zwischen einem glücklichen und einem weniger zufriedenstellenden Leben aus. In einer Welt, in der wir oft verleitet sind, uns selbst infrage zu stellen oder unter Druck zu setzen, ist es entscheidend, sich bewusst Zeit für Selbstpflege und Achtsamkeit zu nehmen.

Durch Selbstfürsorge können wir unsere inneren Ressourcen neu entdecken und stärken. Dazu gehören nicht nur physische Aspekte wie ausreichend Schlaf und gesunde Ernährung, auch wenn diese zweifelsfrei sehr wichtig sind. Die Ressourcen, von denen wir hier sprechen, umfassen auch eine mentale und emotionale Dimension. Beispielsweise kann Tagebuchschreiben (siehe Seite 252) oder Meditation (siehe Seite 256) dazu beitragen, unsere Gedanken zu klären und einen positiveren Blick auf das eigene Leben zu entwickeln. Ein weiteres Beispiel für eine gute Selbstpflege könnte es sein, eine tägliche Routine oder ein neues Ritual zu etablieren. Dies kann bedeuten, am Morgen bewusst und in Ruhe eine Tasse Tee zu trinken, während des Tages immer mal wieder einen Moment innezuhalten und eine Atemübung zu machen oder vor dem Schlafengehen ein positives Ereignis zu reflektieren. Solche kleinen, aber regelmäßigen Handlungen können einen erheblichen Einfluss darauf haben, wie wir uns fühlen und wie wir unsere täglichen Herausforderungen bewältigen.

Übung: Atemübung To Go

Versuche, dich auf das Hier und Jetzt zu konzentrieren.
Bemerke, was du gerade tust, wie es dir dabei geht und wie sich dein Körper anfühlt (angespannt, locker, energiegeladen ...).
Halte kurz inne, steh aufrecht und schließe die Augen. Dann spür bewusst, was du in diesem Moment in deinem Körper empfindest.
Welche Gedanken gehen dir durch den Kopf und was empfindest du als sehr angenehm?
Achte ganz bewusst auf deinen Atem. Atme tief ein und spüre, wie die Luft in deine Lunge strömt. Dann versuchst du, nicht einfach in deinem Auto-Pilot-Modus zu bleiben. Schau dich um und nimm alles um dich herum wahr, als ob du deine Gedanken weit öffnest. Das Gefühl gleicht dem, wenn du dich in einem großen, offenen Raum befindest.

Es gibt verschiedene Möglichkeiten, achtsam zu sein. Hier sind einige einfache Tipps:

Achte bewusst auf deine Atmung, indem du einen Moment lang innehältst und fühlst, wie du ein- und ausatmest. Lass deine Aufmerksamkeit auf dem Fluss deines Atems im Körper ruhen.

Beobachte deine Sinne mit Achtsamkeit. Nimm dir Zeit, um bewusst wahrzunehmen, was um dich herum geschieht. Lausche den Geräuschen in deiner Umgebung, spüre die Temperatur auf deiner Haut, rieche die Düfte um dich herum und genieße bewusst den Geschmack dessen, was du isst oder trinkst.

Sei präsent im gegenwärtigen Moment. Lass deine Gedanken nicht in die Vergangenheit oder Zukunft abschweifen. Fokussiere dich stattdessen darauf, was gerade geschieht, und sei vollkommen im Hier und Jetzt verankert.

Praktiziere gezielt Übungen, die dir helfen können, deine Achtsamkeit zu vertiefen. Nutze Übungen wie achtsames Gehen oder Essen, um deine Wahrnehmung zu schärfen und deine Präsenz im Moment zu stärken.

Verbinde dich mit deinem Körper und achte auf seine Bedürfnisse. Nimm dir Zeit, um bewusst zu spüren, was dein Körper braucht, sei es regelmäßige Bewegung, ausreichend Schlaf oder eine gesunde Ernährung. Indem du auf die Signale deines Körpers achtest, kannst du besser für dein körperliches und emotionales Wohlbefinden sorgen.

Achtsamkeitsübung: Ein Objekt wahrnehmen

Setze dich bequem hin und schließe deine Augen. Wähle ein Objekt aus deiner Umgebung. Es kann etwas Alltägliches wie ein Stift, eine Frucht oder ein kleines Dekorationsstück sein.

Nimm dir 10 Minuten Zeit, um dich vollständig auf dieses Objekt zu konzentrieren. Beginne damit, es behutsam zu berühren, seine Textur zu erfühlen und seine Form zu erkunden. Nimm den Geruch des Objekts wahr und versuche einmal, es zu kosten, um seinen Geschmack zu entdecken und mit deinem Mund seine Oberfläche zu ergründen.

Nachdem du diese Sinneserfahrungen gemacht hast, nimm dir einen Moment, um das Objekt zu beschreiben. Achte dabei auf seine Farbe, Form, Oberfläche, seinen Geruch und Geschmack. Versuche, so detailliert wie möglich vorzugehen.

Während du diese Übung durchführst, sei dir bewusst, wie schwierig es sein kann, die konkreten Eigenschaften eines Objekts wahrzunehmen, wenn wir bereits ein vorgefertigtes Konzept davon haben. Ähnlich kann ein festes Konzept über unsere Nachbarn, unsere Arbeit, unsere Partner und sogar über uns selbst uns daran hindern, die Realität vollständig zu erfassen. Ein vorgefertigtes Konzept steht oft zwischen dem Phänomen und unserer eigenen Wahrnehmung davon.

Die folgenden Übungen eignen sich gut für zwischendurch, etwa für kurze Arbeitspausen oder Wartezeiten in der Kassenschlange und an der Ampel.

Sehübung

Schau entspannt um dich herum. Wechsle zwischen Nah- und Fernsicht. Achte auf Farben, Muster, Formen und Bewegungen. Was siehst du? Was entdeckst du erst auf den zweiten oder dritten Blick? Was fesselt deine Aufmerksamkeit?

Hörübung

Hör genau hin, wie Klänge kommen und gehen. Das können Straßenlärm, das Gelächter spielender Kinder, Musik, das Brummen des Kühlschranks und viele andere Dinge mehr sein. Versuche, nicht sofort herausfinden zu wollen, woher die Geräusche kommen. Bleib offen für alle Geräusche um dich herum.

Riechen

Riech bewusst an verschiedenen Dingen um dich herum. Versuch herauszufinden, was du riechst und wie es dich beeinflusst.

Tastsinn

Fühl verschiedene Materialien mit deinen Händen. Beschreibe, wie sie sich anfühlen. Nutze auch andere Sinne wie Hören und Sehen.

Meditatives Gehen

Geh langsam und achtsam. Fühl den Boden unter deinen Füßen. Achte auf deine Atmung und halte dich aufrecht.

Spüre dich selbst

Spür, wie sich dein Körper anfühlt. Nimm deine Gefühle wahr, ohne sie zu beurteilen. Schau, ob du dich gut fühlst oder ob es Dinge gibt, die dich stören.

Innere Kraftquellen finden

Nachdem wir gesehen haben, dass äußere Umstände nicht zwangsläufig unser Glück beeinflussen und dass eine Veränderung von innen heraus oft effektiver ist, stellt sich die grundlegende Frage, wie wir diese inneren Ressourcen überhaupt finden können. Bestimmt hast du schon gemerkt, dass es nicht immer leicht ist, sich seiner selbst bewusst zu werden und herauszufinden, was dich wirklich erfüllt. In diesem Kontext sollen die folgenden Fragen als unterstützender Leitfaden dienen, um ein wenig Klarheit zu schaffen.

Eine Schlüsselfrage in diesem Zusammenhang ist: Was erfüllt mich wirklich? Dabei geht es darum, Momente oder Aktivitäten zu identifizieren, in denen du dich besonders glücklich oder erfüllt gefühlt hast. Was war es genau an diesen Situationen, das dein inneres Wohlbefinden gesteigert hat?

Auch die Auseinandersetzung mit deinen Stärken und Talenten ist wichtig. Überlege, welche Fähigkeiten du gern einsetzt und welche Aktivitäten dir Freude bereiten. Deine persönlichen Stärken und Talente sind oft der Schlüssel zu innerer Erfüllung.

Ein weiterer Aspekt ist das Nachdenken über deine wichtigsten Werte. Welche Prinzipien leiten dein Handeln und beeinflussen deine Entscheidungen? Die Identifikation deiner Werte kann einen klaren Weg zur persönlichen Erfüllung zeigen.

Selbstreflexion beinhaltet auch die Auseinandersetzung mit dem, was dich möglicherweise daran hindert, dich selbst zu schätzen. Identifiziere mögliche innere Blockaden und überlege, wie du sie überwinden kannst, um eine gesunde Selbstwahrnehmung zu fördern. Nicht zuletzt ist es hilfreich zu überlegen, wie du bewusster leben kannst. Das kann durch tägliche Momente der Achtsamkeit geschehen, wie wir sie im letzten Kapitel beschrieben haben, oder durch Meditation, Tagebuchschreiben oder einfach durch bewusstes Erleben deiner Umgebung. Diese Fragen sind nicht nur der Ausgangspunkt deiner Selbsterkundung, sondern durchziehen den gesamten Prozess deiner

Selbstentdeckung. Indem du dich diesen Fragen stellst, kannst du allmählich deine inneren Ressourcen erkennen und somit den Weg zu einem erfüllteren Leben aus eigener Kraft ebnen.

Übung: Entdecke deine Ressourcen

Es geht darum, sich bewusst mit den eigenen Fähigkeiten, Stärken und Ressourcen auseinanderzusetzen, um ein tieferes Verständnis für sich selbst zu entwickeln und das emotionale Wohlbefinden zu fördern. Durch Fragen zu unseren Kompetenzen, positiven Eigenschaften, Hobbys, persönlichen Erfolgen und sozialen Unterstützungssystemen erkunden wir unser inneres Potenzial. Zusätzlich werden bewährte Strategien zur Stressbewältigung, positive Denkmuster und förderliche Gewohnheiten erkundet, um das eigene Wohlbefinden zu stärken.

- Welche Fähigkeiten oder Kompetenzen besitze ich, die mir in verschiedenen Lebensbereichen zugutekommen könnten?
- Welche positiven Eigenschaften und Charakterzüge zeichnen mich aus?
- Welche Hobbys oder Aktivitäten bereiten mir Freude und schenken mir ein Gefühl der Erfüllung?
- Auf welche persönlichen Erfolge oder Herausforderungen, die ich bewältigt habe, bin ich stolz?
- Welche Menschen in meinem sozialen Umfeld bieten mir Unterstützung und Verständnis?
- Welche bewährten Strategien habe ich in der Vergangenheit genutzt, um mit Stress umzugehen?
- Gibt es bestimmte Überzeugungen oder positive Denkmuster, die mir helfen, schwierige Situationen zu bewältigen?
- Welche Rituale oder Gewohnheiten tragen dazu bei, mein emotionales Wohlbefinden zu fördern?

- Welche Lern- oder Weiterentwicklungsmöglichkeiten stehen mir zur Verfügung, um meine Ressourcen zu erweitern?
- Wie kann ich meine Interessen und Leidenschaften besser in meinen Alltag integrieren, um mein emotionales Fundament zu stärken?

Die Power unseres Umfelds

Soziale Kontakte sind überaus wichtig für unser Wohlbefinden und unsere psychische Gesundheit. Wenn wir mit anderen Leuten reden und Zeit verbringen, fühlen wir uns nicht nur besser, sondern lernen auch viel über uns selbst. Freunde, Familie oder Kollegen können uns unterstützen, uns verstehen und das Gefühl geben, dazuzugehören. Zumindest, solange sie nicht psychotoxisch sind.

Stell dir vor, du hast gerade viel Stress im Job oder fühlst dich allgemein momentan sehr unsicher. Wenn du dich mit Freunden oder deiner Familie austauschst, hilft dir das nicht nur dabei, dich besser zu fühlen, sondern du erkennst auch, was du gut kannst und wo deine Ressourcen liegen. Deine Beziehungen sind wie ein Schutzschild gegen Stress und Probleme.

Es gibt mehrere Studien, die zeigen, dass Menschen, die viele soziale Kontakte haben, glücklicher sind. Wenn du mit anderen zusammen lachst oder Erfahrungen teilst, beeinflusst das positiv, wie du über dein Leben denkst. Gespräche helfen dir auch dabei, verschiedene Sichtweisen zu verstehen und von anderen zu lernen. Wenn wir uns gegenseitig unterstützen, wird es einfacher, mit den schwierigen Dingen im Leben umzugehen. In einer Welt, in der es oft stressig zugeht, zeigt die Kraft der Freundschaften und Beziehungen, dass es wichtig ist, mit anderen eine gute Zeit zu verbringen. Sei es persönlich, über den Austausch von Nachrichten oder bei gemeinsamen Aktivitäten – diese Verbindungen sind wie ein Superheld, der uns hilft, die Höhen und Tiefen des Lebens zu meistern und stark zu bleiben.

Auch nach dem Ende einer toxischen Beziehung kann die Unterstützung anderer die eigene emotionale Resilienz und Widerstandsfähigkeit stärken. Manchmal ist es auch das soziale Umfeld, das uns dabei unterstützt und ermutigt, uns von toxischen Einflüssen zu befreien. Zu zweit ist man immer stärker als allein.

Bleib nicht allein

Vergiss nicht, dass zwischenmenschliche Beziehungen und das Gefühl von Kameradschaft zu den entscheidenden Resilienzfaktoren zählen. Eine Bindungsperson, auf die du dich wirklich verlassen kannst, spielt eine wichtige Rolle für unser Wohlbefinden. Selbst oberflächliche Interaktionen können im Alltag zu einer positiven Stimmung beitragen.

Die Fragen in der Übung auf der nächsten Seite möchten dich zum Nachdenken anregen und bieten dir auch die Gelegenheit, dein eigenes soziales Umfeld genauer unter die Lupe zu nehmen. Wir werden gemeinsam erkunden, warum es so wichtig ist, bewusste Entscheidungen darüber zu treffen, mit wem wir uns umgeben, und wie dies einen nachhaltigen Einfluss auf unser Glück, unsere Entwicklung und unser tägliches Wohlbefinden haben kann. Mithilfe der Fragen kannst du eine klare Vorstellung davon entwickeln, welche Menschen dich unterstützen, herausfordern und fördern und welche Beziehungen möglicherweise nicht im Einklang mit deinen Zielen und Werten stehen.

Übung: Wer tut dir gut?

Durch die bewusste Auseinandersetzung mit diesen Fragen kannst du tiefe Einblicke in deine sozialen Bindungen gewinnen und Wege finden, wie du authentische und erfüllende Beziehungen in dein Leben integrieren kannst.

- Welche Menschen in deinem Leben unterstützen dich in deinen Zielen und ermutigen dich, dein Bestes zu geben?
- Wer gibt dir positive Energie und motiviert dich, wenn du Herausforderungen meisterst?
- Kannst du Menschen identifizieren, die dich in deiner persönlichen Entwicklung inspirieren und fördern?
- Welche Freunde oder Familienmitglieder schenken dir Aufmerksamkeit und zeigen Interesse an deinen Bedürfnissen und Wünschen?
- Gibt es Menschen, die eine positive Haltung und optimistische Perspektive in dein Leben bringen?
- Welche Beziehungen bieten dir ein unterstützendes Umfeld, in dem du wachsen und lernen kannst?
- Beobachte, wie du dich fühlst, wenn du Zeit mit bestimmten Menschen verbringst. Wer bringt dich zum Lächeln und wer sorgt für Unbehagen oder Stress?
- Überlege, welche Personen dir in schwierigen Zeiten beigestanden haben und dir emotionale Unterstützung geboten haben.
- Reflektiere, ob es Beziehungen in deinem Leben gibt, die regelmäßig negativen Stress oder Unsicherheit verursachen.
- Kannst du Menschen benennen, die dich in deinen Werten und Lebensprinzipien unterstützen und nicht versuchen, dich zu verändern?

Bei all dem, was wir durch eine Stärkung unserer Resilienz erreichen können, sollten wir nicht den Fehler begehen, Resilienz als universelle Lösung all unserer Probleme zu betrachten oder gar toxische Verhaltensweisen einfach hinzunehmen und nicht mehr zu hinterfragen. Ist man Teil einer problematischen Beziehung, ist es ratsam, sich intensiv damit auseinanderzusetzen, das schädliche Verhalten anzusprechen und an den eigenen Anliegen zu arbeiten.
Was würde geschehen, wenn du ab heute beginnen würdest, dich gegenüber den wichtigsten Menschen deines Lebens offener zu zeigen? Was wäre, wenn du die Veränderung in der Familie, Klasse oder am Arbeitsplatz einleiten könntest, die du dir so sehnlichst wünschst? Was wäre, wenn du dich ab heute nicht mehr von den Erwartungen deiner Bezugspersonen beeinflussen lassen würdest und dir dafür selbst treu bleibst?

Praktische Anwendungen für deinen Alltag

In diesem Abschnitt geben wir dir konkrete Methoden an die Hand, die dir helfen können, bewusster und zielgerichteter durchs Leben zu gehen. Die folgenden Techniken sind keine komplizierten Ideen, sondern praktische Werkzeuge, die bereits vielen Menschen geholfen haben – nicht nur in toxischen Beziehungen. Der Schlüssel zum erfolgreichen Gebrauch dieser Werkzeuge liegt in der Kontinuität, mit der wir sie einsetzen, und unserer Bereitschaft, aus jeder Erfahrung zu lernen. Nimm dir Zeit, um über deine Erkenntnisse aus den Übungen nachzudenken und Wege zu finden, wie du sie in dein eigenes Leben integrieren kannst.
Du wirst sehen, dass es im Folgenden darum geht, kleine, konkrete Schritte zu machen, statt komplexe Lösungen zu suchen. Denk daran, dass es ein kontinuierlicher Prozess ist, sich weiterzuentwickeln. Selbst kleine Schritte können große Auswirkungen haben.

Sei offen für Veränderungen, integriere die Übungen in deinen Alltag und du wirst schon bald positive Veränderungen bei dir feststellen. Wusstest du beispielsweise, dass schon sieben Minuten Meditation am Tag nachweislich die Konzentrationsfähigkeit und das Wohlbefinden steigern können? Kleine, regelmäßige, gute Gewohnheiten können dein Leben tatsächlich erheblich beeinflussen. Bist du bereit, dich auf diese Reise zu begeben? Lass uns gemeinsam starten!

Tägliches Journaling

Das tägliche Journaling, das Führen eines Tagebuchs oder das Festhalten von Gedanken und Erfahrungen, hat zahlreiche psychische Vorteile. Es fördert die Selbstreflexion und schafft Bewusstsein für unsere Gedanken und Emotionen. Wir können unsere Gefühle so besser einordnen und lernen auch unsere Trigger besser kennen. So sorgen wir dafür, dass sich keine Emotionen aufstauen können – und sich irgendwann alle auf einmal Bahn brechen.

Trigger

Spezifische Reize, Ereignisse oder Situationen, die eine starke emotionale Reaktion oder Erinnerung auslösen können, nennt die Psychologie Trigger. Diese Reaktionen können vielfältig sein und reichen von Angst und Wut bis hin zu Freude. Trigger können durch verschiedene Sinnesreize wie Gerüche, Geräusche, Bilder oder auch durch bestimmte Worte oder Situationen ausgelöst werden. In vielen Fällen sind Trigger mit posttraumatischem Stress verbunden und können zu unerwünschten psychischen oder physischen Reaktionen führen.

Eine Unterform des Journaling ist das Dankbarkeitstagebuch. Darin schreibst du jeden Tag drei Ereignisse auf, für die du dankbar bist. Das muss nicht immer etwas Großes sein, auch die Dankbarkeit für einen blauen Himmel ist schon ausreichend. Wenn du deine Erfolge und positiven Erlebnisse im Rahmen eines Dankbarkeitstagebuchs aufschreibst und auch deine Fehler und die Herausforderungen deines Alltags akzeptierst, hat das einen überaus positiven Einfluss auf dein Selbstvertrauen und deine Selbstakzeptanz.

Das regelmäßige Schreiben hilft dir, kreativer zu denken und neue Sichtweisen auf Probleme zu finden. Es unterstützt dich auch dabei, dir klare Ziele zu setzen und eine motivierende Vision für dein persönliches Wachstum zu entwickeln. Die positive Wirkung des Journalings auf die Schlafqualität zeigt sich, wenn du deine Gedanken vor dem Schlafengehen aufschreibst. Dies beruhigt den Geist und unterstützt einen besseren Schlaf. Gleichzeitig fördert das Journaling die Entwicklung von Achtsamkeit, indem es deine Präsenz im gegenwärtigen Moment stärkt.

Als therapeutisches Mittel kann das Führen eines Tagebuchs helfen, Veränderungen im Leben zu verarbeiten, und Raum für Anpassung und persönliches Wachstum bieten. Insgesamt trägt das tägliche Journaling dazu bei, deine allgemeine psychische Gesundheit zu verbessern. Es lindert Symptome von Angst und Depression und schafft einen sicheren Raum für die Verarbeitung von emotionalen Herausforderungen. Damit ist das tägliche Journaling nicht nur eine einfache Gewohnheit, sondern eine mächtige Praxis mit tiefgreifenden positiven Auswirkungen auf die psychische Gesundheit.

Übung: Journaling

- Führe ein Tagebuch, in dem du deine Gedanken, Gefühle und Erfahrungen des Tages festhältst.

- Reflektiere über positive Momente, Herausforderungen und mögliche Lösungsansätze.
- Setze dir klare Ziele für den nächsten Tag und notiere, wie du sie erreichen möchtest.

Affirmationen und positives Denken

Affirmationen sind positive Sätze, die eine positive Einstellung fördern, das Selbstvertrauen stärken und das Unterbewusstsein positiv beeinflussen. Indem du dir wiederholt positive Aussagen – laut oder leise – vorsagst oder sie aufschreibst, kannst du dein Denken und Verhalten zum Besseren beeinflussen. Durch regelmäßige positive Äußerungen über dich selbst stärkst du dein Selbstbewusstsein. Affirmationen tragen außerdem dazu bei, positive Selbstbilder zu etablieren. Das Fokussieren auf positive Aspekte fördert eine optimistische Lebenssicht und stärkt die Überzeugung, dass positive Ergebnisse möglich sind. Zudem können positive Affirmationen stressreduzierend wirken, indem sie das Nervensystem beruhigen und eine proaktive Herangehensweise an Herausforderungen unterstützen.
Durch regelmäßige Selbstliebe-Affirmationen entwickeln wir eine positivere Einstellung zu uns selbst und akzeptieren unsere Schwächen besser. Mithilfe von Affirmationen verankern wir mit der Zeit optimistische Überzeugungen, die unser Verhalten und unsere Entscheidungen beeinflussen. Wenn wir uns positive Ergebnisse vorstellen und sie durch passende Aussagen verinnerlichen, hilft uns das, unsere Ziele zu erreichen und unseren Glauben an unsere Fähigkeit zu stärken, Hindernisse zu überwinden.
Affirmationen fördern außerdem unsere emotionale Widerstandsfähigkeit, indem sie uns helfen, negative Emotionen in herausfordernden Situationen zu bewältigen. Zudem dienen Affirmationen als Quelle der Selbstmotivation, erinnern an persönliche Stärken

und fördern die Entwicklung eines optimistischen und anspornenden Mindsets. Wenn du Affirmationen und positives Denken bewusst anwendest, nutzt du eine äußerst kraftvolle Strategie, um dein individuelles Wohlbefinden nachhaltig zu verbessern.

Übung: Stärker durch Affirmationen

- Erstelle eine Liste von positiven Affirmationen, die zu deinen Zielen und Werten passen. Hier einige Beispiele: »Ich bin die beste Version meiner selbst«, »Ich ziehe nur positive Menschen an« oder »Ich bin glücklich und gesund«.
- Sprich diese Affirmationen täglich mehrmals laut vor dem Spiegel aus und stärke so dein Selbstbewusstsein.

Visualisierungstechniken

Visualisierung ist eine weitere kraftvolle Methode, um deine Ziele zu verwirklichen und positive Veränderungen in dein Leben zu ziehen. Setze dich hin, schließe die Augen und stelle dir bildhaft vor, wie du deine Ziele erreichst. Wie würde dein Leben aussehen, wenn du es endlich schaffst, dich von der psychotoxischen Person zu lösen? Was müsste sich verändern, damit du doch wieder mit deinen Eltern an einem Tisch sitzen könntest? Wie würde dein perfektes Arbeitsumfeld aussehen? Stelle dir all das möglichst detailliert vor. Was siehst du? Was riechst und schmeckst du? Welche Kleidung trägst du? Ist es Sommer? Frühling oder Herbst? Je genauer du die inneren Bilder vor dir siehst, desto mehr ist auch dein Unterbewusstsein von der Realität dessen, was du siehst, überzeugt.

Diese Technik kann nicht nur deine Motivation steigern, sondern auch deine Selbstwirksamkeitserwartung stärken. Statt zu visualisieren kannst du auch Bilder, die dich positiv stimulieren, ausdrucken und für dich nutzen, zum Beispiel in Form einer Visions-Collage.

Meditation

Meditation ist eine uralte Praxis, die dir dabei hilft, deinen Geist zu beruhigen und inneren Frieden zu finden. Sie kann dich dabei unterstützen, dich in schwierigen Zeiten besser zu fühlen und klarer zu denken. Sie ermöglicht es dir auch, intensiver über dich selbst nachzudenken und dich selbst zu verstehen sowie deine Stärken und Schwächen besser zu erkennen.
Gerade in stressigen Phasen, sei es während der Arbeit, zu Hause oder bei einem Spaziergang, kannst du schon mit nur fünf Minuten Meditation sehr viel bewirken.

Übung: allgemeine Meditation

- Finde einen ruhigen und bequemen Platz zum Sitzen oder Liegen.
- Schließe deine Augen und entspanne deinen Körper.
- Konzentriere dich auf deinen Atem und spüre, wie er durch deine Nase ein- und ausströmt.
- Lasse Gedanken kommen und gehen, ohne dich von ihnen mitreißen zu lassen.
- Falls du dich ablenken lässt, kehre sanft zur Beobachtung deines Atems zurück.
- Verweile für einige Minuten in diesem Zustand.
- Öffne langsam deine Augen und nimm die Ruhe und Klarheit mit in deinen Tag.

Für Menschen in toxischen Beziehungen kann Meditation eine unterstützende und heilende Praxis sein, um mit den besonderen Herausforderungen umzugehen, die solche Beziehungen mit sich bringen. Sie können emotional belastend sein und tiefe Wunden hinterlassen, die das Selbstwertgefühl beeinträchtigen und dein emotionales Wohlbefinden negativ beeinflussen. In solchen Situationen kann Meditation als ein Weg dienen, um emotionale Balance zu finden, Selbstfürsorge zu praktizieren und innere Stärke aufzubauen. Die folgende Meditation zielt speziell darauf ab, Menschen in toxischen Beziehungen dabei zu helfen, einen gesunden Umgang mit ihren Emotionen zu entwickeln.

Übung: Entgifte deinen Geist

Diese Meditationsanleitung für Menschen in toxischen Beziehungen soll es dir ermöglichen, einen Raum für Selbstreflexion, Selbstmitgefühl und Selbststärkung zu schaffen, um deine eigenen Bedürfnisse zu erkennen, Grenzen zu setzen und positive Veränderungen herbeizuführen.

- **Vorbereitung:** Finde einen ruhigen und sicheren Ort, an dem du ungestört meditieren kannst. Setze dich in eine bequeme Position, schließe deine Augen und nimm ein paar tiefe Atemzüge, um dich zu zentrieren.
- **Achtsame Selbstreflexion:** Lenke deine Aufmerksamkeit auf deine Gefühle und Gedanken in Bezug auf die toxische Beziehung. Erlaube dir, ohne Urteile oder Selbstkritik zu erkennen, was du fühlst und wie sich dieses Gefühl in deinem Körper ausdrückt.
- **Selbstmitgefühl:** Wende dich liebevoll und mitfühlend dir selbst zu. Akzeptiere deine Gefühle ohne Urteile und erinnere

dich daran, dass es normal ist, in einer toxischen Beziehung zu leiden. Sage dir selbst einfühlsame Worte wie: »Es ist in Ordnung, dass ich leide. Ich bin nicht allein mit meinen Gefühlen.«

- **Loslassen von Negativität:** Stell dir vor, wie du all deine negativen Gefühle und Gedanken über die toxische Beziehung in einen imaginären Ball packst. Atme tief ein und visualisiere beim Ausatmen, wie du diesen Ball sanft loslässt und ihn davonfliegen lässt. Lass los und erlaube dir, für einen Moment frei von diesen Belastungen zu sein.
- **Klärung der eigenen Bedürfnisse:** Nutze die Meditation, um deine eigenen Bedürfnisse und Grenzen zu erkunden. Frage dich selbst, was du brauchst, um dich sicher, geliebt und respektiert zu fühlen. Stärke deine Verbindung zu deinen eigenen Werten und Zielen.
- **Entwicklung von Selbstvertrauen:** Visualisiere dich selbst als stark, selbstbewusst und dazu in der Lage, gesunde Entscheidungen für dich selbst zu treffen. Stelle dir vor, wie du dich von der toxischen Beziehung löst und deine innere Stärke und Selbstsicherheit stärkst.
- **Dankbarkeit und Positivität:** Lenke deine Aufmerksamkeit auf die positiven Aspekte deines Lebens und deiner Beziehungen außerhalb der Toxizität. Konzentriere dich auf Dankbarkeit für die Unterstützung und Liebe, die du von anderen erhältst, und auf die Hoffnung für eine gesündere Zukunft.

Wie Grenzen setzen in toxischen Beziehungen die Selbstachtung bewahrt

In schwierigen Zeiten oder in besonders belastenden zwischenmenschlichen Beziehungen kann es passieren, dass du dich hilflos und leer fühlst. Du könntest irgendwann das Gefühl haben, dass du in einer Sackgasse feststeckst und es keine Möglichkeit gibt, dich zu befreien. Aber keine Sorge, denn es gibt einen Weg, der aus dieser Misere herausführen kann! Indem du aufhörst, dich über die Umstände oder Menschen in deinem Umfeld zu ärgern, und dich nicht länger in die Opferrolle begibst, kannst du einen wichtigen Schritt in Richtung Selbstbestimmung machen.

Manchmal neigen wir Menschen dazu, uns in einem Zustand der Unzufriedenheit einzurichten und darin sogar wohlzufühlen, weil er uns so vertraut erscheint. Möglicherweise haben dein Körper und deine Seele schon gelernt, dass es normal ist, unglücklich zu sein, oder du dich nur dann sicher fühlen kannst, wenn dich etwas belastet. Wenn du aber etwas Neues und Gesundes in deinem Leben etablieren möchtest, dann musst du lernen, deine Grenzen zu erkennen und richtig zu setzen. Das bedeutet, dass du dir darüber bewusst werden musst, welche Menschen und welche Art von zwischenmenschlichen Beziehungen dir guttun und welche nicht.

Es geht darum, zu erkennen, wo deine persönlichen Grenzen liegen, und diese auch zu respektieren, denn das ist wichtig für deine Selbstachtung. Das kann auch bedeuten, dass du dich von psychotoxischen Menschen oder Situationen distanzieren musst, die dir nicht guttun oder sogar schaden. Oder dass du lernen musst, deine Wünsche und Bedürfnisse klar und deutlich zu kommunizieren und dafür einzustehen. Du kannst nur dann immun gegen toxische Menschen werden, wenn du deinem Umfeld in den verschiedensten Lebensbereichen klare Grenzen setzt.

Dafür ist es wichtig, dass du die Fähigkeit entwickelst, klar und deutlich Nein zu sagen und deine persönlichen Grenzen zu kommunizieren. Das gilt sowohl für den beruflichen, persönlichen und auch den sozialen Bereich. Immer wieder gelangen wir in Situationen oder an Menschen, die unsere Grenzen überschreiten, sei es durch unangemessenes Verhalten oder durch die Erwartungen, die an uns gestellt werden. Es ist wichtig, dass du solche Situationen erkennst und genau analysierst: Wie hat das Fehlen einer klaren Grenze deine Stimmung und dein Selbstwertgefühl beeinflusst? Das kann zum Beispiel sein, wenn dich jemand um einen Gefallen bittet, den du eigentlich nicht erfüllen möchtest, oder wenn du dich in einer Situation befindest, die für dich unangenehm ist, du dich aber aus Höflichkeit oder Angst vor Konflikten nicht traust, Nein zu sagen. Dieses Verhaltensmuster wirkt sich negativ auf dein psychisches Immunsystem aus und kann dazu führen, dass du dich überfordert, ausgenutzt oder unwohl fühlst. Vermutlich fühlst du dich in solchen Momenten schlecht oder machst dir sogar selbst Vorwürfe, weil du dich wieder nicht getraut hast, für dich selbst einzustehen.

Es ist keine Schwäche, sondern eine Stärke, für seine eigenen Bedürfnisse einzustehen und sich vor unangemessenem Verhalten psychotoxischer Menschen zu schützen.

Übung: Die Kraft des Neins: Selbstbestimmt Grenzen setzen

Nimm dir zunächst Zeit, um über deine eigenen Bedürfnisse und Grenzen innerhalb deiner belastenden Beziehung nachzudenken. Welche Situationen führen dazu, dass du dich unwohl fühlst oder deine Grenzen überschritten wurden? Achte dabei auf deine Körpersignale. Wenn du dich nicht wohlfühlst oder merkst, dass eine gewisse Verhaltensweise dich unglücklich macht, dann spüre bewusst in deinen Körper hinein und nimm diese Signale ernst. Übe dann, klar und deutlich Nein zu sagen. Das bedeutet, dass du deine Ablehnung höflich, aber bestimmt kommunizierst. Vermeide Ausreden oder Entschuldigungen und bleibe bei deinem Nein authentisch.

Wenn du von einer Frage oder Bitte überrumpelt wirst und dir noch nicht im Klaren darüber bist, ob du derzeit Kapazitäten dafür hast, diese Bitte zu erfüllen, oder deine Grenzen durch eine sehr persönliche Frage überschritten werden, dann nimm dir einen Moment Zeit und antworte: »Ich würde gern kurz über deine Frage nachdenken. Ich gebe dir aber in zwei Stunden Bescheid.«

Arbeite an deinem Selbstbewusstsein und deinem Selbstwertgefühl (siehe Seite 128). Erinnere dich daran, dass es in Ordnung ist, für deine Bedürfnisse einzustehen. Übe positive Selbstgespräche und stelle dir vor, wie du bewusst und souverän Nein sagst.

Wenn dein Gegenüber sauer wird, weil du eine Grenze setzt, ist es wichtig, dass du ruhig bleibst und auf deine eigene Sicherheit achtest. Versuche, in einem ruhigen Ton zu sprechen und deine Gefühle klar und respektvoll auszudrücken. Lasse deine Bezugsperson wissen, dass du ihre Gefühle verstehst, aber auch deine eigenen Grenzen respektiert werden müssen. Vermeide es, dich auf einen Streit oder auf eine aggressive Auseinandersetzung einzulassen. Gib der Person Zeit um Raum, sich wieder zu beruhigen, aber bleibe dennoch standhaft bei deiner Grenzsetzung. Vielleicht kann es hilfreich sein, euer Gespräch zu einem späteren Zeitpunkt fortzusetzen, wenn die Emotionen abgeklungen sind.

Belohne dein Nein

Belohne dich für jede Situation, in der du es erfolgreich geschafft hast, Nein zu sagen, und deine Grenzen respektiert hast. Das stärkt nicht nur dein Selbstwertgefühl, sondern auch deine Motivation, weiterhin für dich einzustehen.

Heile dein Herz: Selbstliebe schenken

In einer Beziehung, in der du das Gefühl hast, dass deine Bezugsperson dich nicht unterstützt und nicht auf dich eingehen kann, können Zweifel an dir selbst und ein Gefühl der Wertlosigkeit aufkommen. Erinnere dich daran, dass deine eigenen Gefühle und Wahrnehmungen deine Erfahrungen bestimmen und nicht das Verhalten der psychotoxischen Person. Selbstmitgefühl und Selbstannahme sind entscheidend, damit du wieder zu dir selbst finden kannst. Verbringe bewusst Zeit mit dir selbst, ohne dich abzulenken, und erlaube dir, deine verdrängten Gefühle zu erkennen. Das kann zum Beispiel bedeuten, dass du dich deinen schmerzhaften Emotionen der Vergangenheit stellst, die dich dazu gebracht haben, in einer psychotoxischen Beziehung zu bleiben oder dich von einer Person abhängig zu machen. Indem du dich löst, hast du die Möglichkeit, zu dir selbst zurückzufinden und deine eigene innere Stärke wiederzuentdecken. Indem du dich selbst mit all deinen inneren Anteilen annimmst, kannst du eine tiefe Verbindung zu dir selbst aufbauen und eine gesündere Beziehung zu anderen entwickeln. Wenn du dich selbst nicht wertschätzt oder dir nicht genug Respekt entgegenbringst, wirst du dich immer wieder in Beziehungen, an Arbeitsorten oder in Situationen wiederfinden, die dir einfach nicht guttun. Denke daran, dass du es wert bist, geliebt und respektiert zu werden und – dass nur du allein die Kraft hast, positive Veränderungen in deinem Leben herbeizuführen. Wenn du aufhörst, psychotoxischen Menschen hinterherzurennen, und stattdessen beginnst, dich liebevoll um dich selbst zu kümmern, dann öffnest du die Tür für Veränderungen in deinem Leben.

Übung: Innerer Optimismus durch positive Selbstgespräche

Schreibe einen Liebesbrief an dich selbst. Setze dich an einen ruhigen und gemütlichen Ort, an dem du ungestört bist. Schreibe einen Brief an dich selbst, in dem du dir Selbstliebe, Mitgefühl und Unterstützung zeigst.

Beginne damit, dir selbst zu sagen, welche Eigenschaften du an dir schätzt und wieso es so wichtig ist, dass du für dich selbst da bist.

Reflektiere über die Fragen:

- »Wie kann ich liebevoller mit mir selbst umgehen?«
- »Was kann ich tun, damit ich gut für mich selbst sorge?«

Sammle dazu deine Gedanken und Ideen. Das können kleine Gesten der Selbstliebe oder kleine Achtsamkeitspraktiken im Alltag sein (siehe Seite 240), wie ein entspannendes Bad, ein Spaziergang in der Natur oder das Hören eines Hörbuchs. Verwende ausschließlich positive und aufbauende Worte, um dich selbst zu ermutigen und zu unterstützen. Erinnere dich immer wieder daran, wie wertvoll du bist und dass du es verdienst, dich selbst zu lieben und gut für dich zu sorgen.

Bewahre deinen Liebesbrief an einem Ort auf, an dem du ihn immer wieder lesen kannst, wenn du eine Erinnerung an deine Selbstliebe und Selbstfürsorge benötigst.

Entgiftung für die Seele: Entzug von psychotoxischen Menschen

Wenn du anfängst, dich von einer psychotoxischen Beziehung zu lösen, beginnt die Reise zu dir selbst. Du wirst vielleicht merken, wie viel unaufgeräumtes emotionales Gepäck aus deiner vergangenen Beziehung noch in deinem Inneren steckt. Vielleicht spürst du sogar Wut oder Traurigkeit in dir aufsteigen, die du in deiner Beziehung unterdrückst. Endlich kannst du klar sehen, wie oft du deine eigenen Bedürfnisse zurückgestellt hast, aus Angst davor, die psychotoxische Person zu verlieren. Zu akzeptieren, was war, und all diese Emotionen zuzulassen, kann eine große Herausforderung sein. Der Schmerz kann sich wie ein echter Entzug anfühlen, wenn du endlich den Schritt wagst, dich auch innerlich von dieser Beziehung zu lösen. Dafür musst du im Inneren aufräumen und für Ruhe in dir selbst sorgen. Das bedeutet, du solltest dir Zeit nehmen, um deine Gefühle zu erkennen und diese zu akzeptieren, ohne sie zu verurteilen.

Während du dich von der Vergangenheit löst, ist es auch wichtig, dich mental auf ein neues Leben einzustellen. Wie möchtest du dein Leben und die verschiedenen Bereiche darin künftig gestalten? Was ist dir wirklich wichtig? Überlege dir, wie eine gesunde zwischenmenschliche Beziehung für dich aussehen könnte, sei es in Partnerschaften, Freundschaften, innerhalb der Familie oder in beruflichen Beziehungen. Denke darüber nach, welche Eigenschaften und Qualitäten du bei anderen Menschen schätzt und welche Art von Umgebung du brauchst, um dich wohlzufühlen. Visualisiere dein ideales Leben und überlege, welche Schritte du unternehmen kannst, um diesem Ideal näher zu kommen. Begegne dir dabei freundlich und mitfühlend und gib dir die Erlaubnis, Fehler zu machen und aus diesen zu lernen.

Letztlich braucht jeder Heilungsprozess Zeit und immerhin geht es darum, dich selbst wiederzuentdecken und ein Leben zu führen, das deinen eigenen Bedürfnissen und Wünschen entspricht.

Übung: Von Träumen zu Taten – realistische Ziele setzen

Beginne damit, zunächst die Dinge und Aspekte aufzuschreiben, die du in deinem Leben verbessern oder ändern möchtest. Das könnten beispielsweise weniger Arbeitsstunden, ein höheres Gehalt oder klar umrissene Grenzen zwischen Arbeits- und Freizeit sein. Vermeide vage Formulierungen und konzentriere dich darauf, was du tun möchtest, anstatt darauf, was du vermeiden willst.

Setze möglichst auf sogenannte SMART-Ziele: Sie sollten **s**pezifisch, **m**essbar, erreichbar (**a**chievable), **r**elevant und zeitgebunden (**t**ime-related) sein. Ein Beispiel, wie du die SMART-Zielsetzungsmethode im Umgang mit psychotoxischen Menschen anwenden kannst, könnte wie folgt aussehen:

Spezifisch: »Ich möchte meine Beziehung zu meinem psychotoxischen Partner beenden und meine mentale Gesundheit wieder an die erste Stelle setzen.«

Messbar: »Ich werde in den nächsten drei Monaten die notwendigen Schritte unternehmen – eine Wohnung suchen, die Haushaltsgeräte aufteilen (...), um mich langfristig von der psychotoxischen Person trennen zu können.«

Erreichbar: »Ich werde sicherstellen, dass ich während des Trennungsprozesses auch die notwendige emotionale Unterstützung von meinem Umfeld (Freunde, Familie, Therapeuten) bekomme.«

Relevant: »Das Ende dieser toxischen Beziehung wird es mir ermöglichen, meine emotionale Gesundheit zu verbessern und endlich Raum für positive Veränderungen und eine gesunde Beziehung in meinem Leben zu schaffen.«

Zeitgebunden: »Ich werde innerhalb der nächsten drei Monate einen Plan erstellen und Schritte unternehmen, um die Trennung von der psychotoxischen Person durchführen zu können und bis Ende des Jahres eine stabile emotionale Verfassung zu erreichen.«

Ziele positiv formulieren

Positiv formulierte Ziele fördern eine optimistische Einstellung und motivieren zu aktivem Handeln. Ziele solltest du außerdem nicht isoliert betrachten, sondern in einen größeren Kontext eingebettet. Das Leben ist unvorhersehbar und es können unerwartete Herausforderungen auftreten. Sei bereit, deine Ziele anzupassen, und lerne aus deinen Erfahrungen. Eine regelmäßige Überprüfung und Anpassung deiner Ziele gewährleisten, dass sie weiterhin mit deinen Bedürfnissen und Ambitionen übereinstimmen.

Mit Blick auf die Zukunft: Positives festhalten, Toxisches gehen lassen

Wir alle tragen unsere Lasten, aber von Zeit zu Zeit ist es sinnvoll, Ballast abzuwerfen. Wir müssen Rückschläge einstecken, sei es durch Krankheit, Traumata oder Verluste, und wir können die Vergangenheit nicht mehr ändern. Wir können jedoch entscheiden, wann wir die Vergangenheit loslassen und uns mehr auf die Zukunft fokussieren wollen – das heißt, das übermäßige Grübeln zu beenden und uns darauf zu konzentrieren, was uns bevorsteht.

Etwas loszulassen ist immer ein Prozess und geschieht nicht von heute auf morgen. Oft wollen wir unsere alten toxischen Beziehungen, Freundschaften, Verhaltensmuster oder Denkmuster loslassen und Platz für positive Veränderungen schaffen, aber es klappt nicht. Es ist dann wichtig, innezuhalten und zu überlegen: Woran genau halte ich da noch fest? Hierzu zählen neben Freundschaften und Beziehungen auch Emotionen, Hobbys, Denkmuster sowie gute und schlechte Glaubenssätze.

- Freundschaften: Welche guten Eigenschaften hat diese Freundschaft? Gibt es einen Freund oder eine Freundin, die du inzwischen als psychotoxisch bezeichnen würdest?
- Beziehungen: Welche positiven Aspekte siehst du in deiner zwischenmenschlichen Beziehung? Halte dir auch die negativen Aspekte dieser Beziehung vor Augen.
- Denkweisen: Gibt es positive Denkmuster und förderliche Glaubenssätze, die du weiterhin beibehalten möchtest? Bestimmt gibt es auch negative Denkmuster und toxische Glaubenssätze, die dich nicht länger begleiten sollten.
- Emotionen: Welches Gefühl würdest du gern häufiger spüren und welches Gefühl möchtest du reduzieren? Denke dabei auch an Konfliktsituationen mit psychotoxischen Menschen.
- Hobbys: Gibt es Hobbys, die dich wirklich erfüllen und weiterhin Teil deines Lebens bleiben sollen? Oder gibt es Dinge, die du weiterhin tust, obwohl du sie gar nicht möchtest und als belastend wahrnimmst?

Frage dich, an was du noch festhalten möchtest. Sind es die guten Eigenschaften, die Beziehungen oder Freundschaften? Vermutlich ja. Aber sind es auch die psychotoxischen Menschen? Hast du den Mut, daran etwas zu verändern? Schreibe mithilfe der Übungen in diesem Buch alles auf, um klarer zu sehen und den Prozess des Loslassens zu beginnen. Setze dir dabei kein starres Zeitfenster. Du bist nicht gezwungen, deine Entscheidung heute noch umzusetzen.

Beispiel: Ich möchte meine Beziehung zu meinem Vater beenden.
Spüre in dich hinein. Schaue, welche negativen Gefühle hochkommen und was der Grund dafür sein könnte. Vielleicht: »Ich habe Angst vor Verlust und fürchte, nie wieder jemanden zu finden, der mich so akzeptiert, wie ich bin.«
Mache diesen Prozess zu einem Schritt in Richtung innerer Freiheit und positiver Veränderung. Mit dem klaren Blick auf das, woran du

festhalten möchtest. Es ist ein Schritt der Selbstreflexion, der dir ermöglicht, deine Beziehungen, Denkmuster, Emotionen genauer zu betrachten. Das Festhalten an Positivem fördert dein Wohlbefinden, während das Erkennen von Toxischem dir die Gelegenheit gibt, den Prozess des Loslassens zu beginnen.

Die Frage, an was wir noch festhalten wollen, führt uns zu einem tieferen Verständnis unserer Bedürfnisse und Wünsche. Die klare Identifikation von Glaubenssätzen, die uns stärken oder einschränken, gibt uns einen erkennbaren Handlungspfad für die nächsten Schritte.

Egal, ob es darum geht, toxische Beziehungen zu hinterfragen, belastende Denkmuster zu durchbrechen oder erfüllendere Hobbys zu finden – der Weg des Loslassens ist auch ein Weg des Wachsens. Jeder Schritt auf diesem Weg bringt dich einem Leben näher, das mehr im Einklang mit deinen authentischen Bedürfnissen steht.

Loslassen: Ein Schritt-für-Schritt-Guide zur inneren Befreiung

Wie genau kannst du Menschen, psychotoxische Personen oder Orte loslassen, an die du emotional gebunden bist? Wie kannst du dich von belastenden Ereignissen befreien und einen neuen Weg einschlagen? Fünf Schritte führen dich dabei zum Erfolg:

1. Der Spiegel der Realität: Weisheit aus Erfahrung schöpfen
Es beginnt damit, die Realität so anzuerkennen, wie sie ist, anstatt andauernd gegen sie anzukämpfen. Wenn du ständig an dem festhältst,

was geschehen ist, beraubst du dich selbst wertvoller Energie und Zeit und belastest dein psychisches Immunsystem. Es ist also entscheidend, den Fokus auf die Gegenwart zu richten und nicht in vergangenen Situationen zu verharren. Anstatt darüber nachzugrübeln, was hätte anders sein können, ist es auch wichtig, aus den Erfahrungen zu lernen und dich selbst zu fragen, welche neuen Möglichkeiten sich dir dadurch eröffnet haben.
Reflektiere dafür: Welche Botschaft hat diese Erfahrung für mich bereitgehalten? Welche unerwarteten Wege haben sich daraus für mich eröffnet? Was habe ich für kommende Herausforderungen gelernt?

2. Die Macht des Loslassens: Kontrolle abgeben und Akzeptanz finden
Loslassen bedeutet auch, die Kontrolle abzugeben und die Dinge so anzunehmen, wie sie sind. Manchmal erfordert das, dass du dich selbst an erste Stelle setzt und dich veränderst, um einen positiven Wandel herbeiführen zu können. Frage dich, *was* genau du loslassen möchtest, und nicht nur, *wie* du es loslassen möchtest. Dazu gehört, dass du aufhörst, die andere Person weiterhin beeinflussen oder ändern zu wollen. Während des Loslassens geht es darum, deine eigenen Gefühle und Gedanken in dieser Situation zu reflektieren und dich bewusst von belastenden Emotionen zu lösen. Versuche, das Geschehene zu akzeptieren und dich und deine Anteile zu reflektieren.

3. Freiheit durch Distanz: Deinen persönlichen Raum schaffen
Ein wichtiger Schritt beim Loslassen ist es, dich räumlich und vor allem mental von der betreffenden Person zu lösen oder dich von einer Situation zu distanzieren. Mehr dazu erfährst du auf Seite 258. Das bedeutet nicht, dass du den Kontakt zwangsläufig abbrechen musst (besonders, wenn man das gemeinsame Sorgerecht für seine Kinder hat), sondern vielmehr, dass du dich von der Verpflichtung löst, ständig für den anderen da zu sein und ihm den permanenten Zugriff auf dich und deine Energie zu gewähren.

4. Abschied nehmen: Rituale des Loslassens und Neubeginns

Oftmals hindern uns bewusste Gefühle daran, Konflikte zu lösen und inneren Frieden zu finden. In solchen Fällen kann ein Vergebungs- oder Abschiedsritual hilfreich sein, um den Prozess des Loslassens zu unterstützen. Dafür könntest du beispielsweise einen Brief an die psychotoxische Person oder über die Beziehung verfassen, in dem du Abschied nimmst. Ob du ihn jemals abschicken möchtest, ihn verbrennst oder ihn gut für dich verwahrst, ist dir überlassen.
Falls du dir das nicht gut vorstellen kannst, hast du hier ein Beispiel für einen Abschiedsbrief:

Liebe/r … … …,
ich möchte den Raum zwischen uns mit Dankbarkeit und Vergebung füllen. Die Zeit, die wir gemeinsam verbracht haben, hat mich gelehrt, über mich hinauszuwachsen. Ich lasse nun los, mit einem Herz voller Dankbarkeit für die Erfahrungen, die wir miteinander geteilt haben. Mögen unsere Wege sich trennen, aber unsere Erinnerungen weiterleben. Heute entscheide ich mich für mich selbst. Danke für alles.
Bis dann, … … …

5. Ein authentischer Abschied

Abschließend ist es wichtig, sich nicht nach äußerer Bestätigung zu sehnen, sondern die eigene Intuition als Maßstab für den Fortschritt anzuerkennen. Jeder geht seinen eigenen Weg des Loslassens und sollte sich dabei selbst treu bleiben. Es ist wichtig, das auch du dir überlegst, wie du deinen Prozess für dich besiegeln und die Vergangenheit ruhen lassen kannst. Dies erfordert viel Zeit und Geduld, aber mit jedem kleinen Schritt kommst du näher zu deiner inneren Ruhe und Gelassenheit. Es ist ein Akt der Selbstliebe, der es dir ermöglicht, die Vergangenheit erfolgreich abzuschließen und nach vorn zu blicken.

Was wir beeinflussen können und was nicht

Auf bestimmte Dinge im Leben können wir Einfluss nehmen, während andere außerhalb unserer Kontrolle liegen. Es ist wichtig, realistisch zu sein und sich bewusst zu machen, was wir beeinflussen können und was nicht. Was wir beeinflussen können, sind unsere eigenen Reaktionen und unsere Grenzen. Du darfst selbst entscheiden: Bis hierhin und nicht weiter! Es liegt ebenso in deiner Macht, bewusst zu wählen, *wie* du auf psychotoxische Verhaltensweisen reagierst. Lässt du dich auf die Machtspielchen und Manipulationstechniken ein oder spannst du deinen psychischen Schutzschild auf und wendest den psychotoxischen Verhaltensweisen den Rücken zu?

Das Festlegen klarer Grenzen und die Kommunikation unserer Bedürfnisse sind aktive Schritte, die wir unternehmen können, um unser Leben nachhaltig zu verbessern. Auch die Auseinandersetzung mit deinen eigenen Anteilen, Kindheitserfahrungen, Denkmustern, Glaubenssätzen und Verhaltensweisen liegt in deiner Hand. Die bewusste Entscheidung, sich von psychotoxischen Beziehungen zu distanzieren, ist ein Schritt, der deine Lebensqualität positiv beeinflussen kann.

Was du nicht beeinflussen kannst

Direkten Einfluss darauf, wie andere Menschen handeln oder sich verhalten, haben wir nicht. Jeder Mensch trägt ganz allein die Verantwortung für sein Tun und Handeln. Manchmal sind psychotoxische Beziehungen mit Umständen verbunden, die außerhalb unserer Kontrolle liegen. Geschehnisse der Vergangenheit können nicht rückgängig gemacht werden. Dennoch kannst du beeinflussen, wie du mit den Auswirkungen umgehen und daraus lernen kannst.

Es ist entscheidend zu akzeptieren, dass nicht alles in unserer Hand liegt.

Diese Erkenntnis befreit uns von unnötigem Druck und ermöglicht es, uns auf die Aspekte zu konzentrieren, die wir aktiv gestalten können. Die Anerkennung der eigenen Möglichkeiten und Begrenzungen ist ein Schritt auf dem Weg zu einer gesunden Selbstführung und einem erfüllten Leben.

Die Vergangenheit können wir nicht ändern, aber wir haben dennoch die Macht, zu beeinflussen, wie wir mit den Auswirkungen umgehen und daraus lernen.

Ein entscheidender Schritt auf dem Weg zu einer gesunden Selbstführung und einem erfüllten Leben ist die Anerkennung unserer eigenen Möglichkeiten. Sie bildet den Grundstein für persönliches Wachstum. Dankbarkeit und Journaling (siehe Seite 252) sind dabei wertvolle Werkzeuge. Diese Praktiken dienen dazu, unsere Reaktionen auf Dinge zu lenken, die außerhalb unseres Einflussbereichs liegen. Durch das Fokussieren auf positive Aspekte unseres Lebens können wir stressige Situationen besser bewältigen, und das führt zu einer spürbaren Reduzierung von Angstzuständen und einer höheren Stressresilienz.

Wahre Stärke

Letztlich liegt die Betonung darauf, dass die wahre Stärke darin besteht, sich auf das zu konzentrieren, was in unserer Kontrolle liegt, und flexibel auf das zu reagieren, was außerhalb unseres Einflussbereichs liegt. Indem wir diese Perspektive einnehmen, öffnen sich uns Wege zu innerer Gelassenheit und einem erfüllten Leben, selbst inmitten der Unwägbarkeiten des Daseins.

Schlussbemerkung

Wie geht es dir, nachdem du dieses Buch gelesen hast? Konntest du dich oder eine Bezugsperson wiedererkennen? Gibt es toxische Verhaltensweisen oder Manipulationstechniken, die du entlarven konntest? Was ist dir während des Lesens der Beispiele durch den Kopf gegangen? Wurden alte Wunden aufgerissen und hast du dadurch eigene Anteile erkannt?

In deinem sozialen Umfeld wirst du immer wieder den verschiedensten Persönlichkeiten begegnen – einige herausfordernd, aber dadurch auch oft bereichernd. Warum ist es aber so wichtig, gut und gelassen mit psychotoxischen Menschen umzugehen? Der springende Punkt ist die Wirkung eurer Beziehung auf dein mentales und emotionales Wohlbefinden: Greift sie dein psychisches Immunsystem an, sodass du ständig deine Energie aufwenden musst, um dagegenzuhalten, quasi »Antikörper« zu bilden? Oder bereichert dich die Beziehung und eure Kommunikation so sehr, dass dein psychischer Schutzschild immer größer wird? Ein gesunder Umgang mit toxischen Menschen bewahrt nicht nur deine eigenen emotionalen Ressourcen, sondern fördert auch ein harmonisches Umfeld.

Denke daran: Der Umgang mit psychotoxischen Menschen beginnt bei dir selbst. Es ist deine bewusste Entscheidung, wie du in Zukunft auf schwierige Situationen reagierst, wie du deine Grenzen schützt und dich vor Manipulationsversuchen abschirmst. Dieser innere Schutz ist kein Zeichen von Schwäche, sondern ein Akt der Selbstliebe.

Wir hoffen, dich inspiriert zu haben, eine Reise zu dir selbst zu starten und endlich der Mensch zu werden, der du wirklich sein möchtest. Wer weiß, vielleicht bist du das auch schon einmal gewesen, bevor eine psychotoxische Person in dein Leben getreten ist? Wir hoffen, wir konnten dir einen Weg zeigen, wie du deine inneren Anteile erkundest und dabei vielleicht feststellen konntest, dass du mehr Facetten hast, als du bisher dachtest. Vielleicht musstest du erkennen, dass die Schutzmauern, die dich von anderen trennen, ganz schön in Mitleidenschaft gezogen wurden. Oder du siehst sogar, dass einige toxische Einflüsse dazu beigetragen haben, dass andere an deinen Mauern angebaut haben. Dann bedarf es endlich einer Renovierung. Es ist Zeit für einen Neuanfang, und zwar für einen, bei dem du immun bist gegen toxische Menschen.

Möge dieses Wissen dir helfen, Brücken zu bauen, Verbindungen zu vertiefen und die gemeinsame Lebensreise mit Respekt, Verständnis und Mitgefühl zu gestalten. Möge dieses Buch ein Katalysator für positive Veränderungen sein, eine Quelle der Inspiration und ein weiser Begleiter auf dem Weg zu einem erfüllten und selbstbestimmten Leben. Wir schließen es mit der Hoffnung ab, dass die gewonnenen Erkenntnisse uns alle auf unseren individuellen Reisen weiterführen und uns die Kraft verleihen, uns von dem zu befreien, was uns noch zurückhält.

Dank

Wir möchten uns herzlich bei dir, liebe Leserin, lieber Leser, bedanken, dass du unser Buch bis zum Ende durchgelesen hast. Die Reise durch die Tiefen toxischer Beziehungen und zwischenmenschlicher Dynamik ist keine leichte und doch hast du dich mit Tapferkeit, Mut und Entschlossenheit diesen wichtigen Themen gestellt. Danke für dein Vertrauen.

Ein Dankeschön geht auch an alle, die uns immer unterstützt und an uns geglaubt haben. Besonders möchten wir unsere Familien, Partner und Freunde erwähnen, die uns immer ermutigt und unterstützt haben. Ohne euch wäre dieses Projekt nicht möglich gewesen.

Auch ohne die tatkräftige Hilfe der angestellten und freien Mitarbeiterinnen des Verlags wäre dieses Buch nicht zustande gekommen. Danke.

Und zu guter Letzt möchten wir uns bei all unseren Followern auf unseren Social-Media-Plattformen bedanken. Eure Unterstützung und euer Engagement bedeuten uns mehr, als Worte das jemals ausdrücken könnten.

Adressen, die weiterhelfen

TelefonSeelsorge®

- Kosten: kostenfrei
- Telefon: +49 800 111 0 111, +49 800 111 0 222 oder +49 116 123
- Sprechzeiten: rund um die Uhr
- Webseite: www.telefonseelsorge.de

Info-Telefon Depression

- Kosten: kostenfrei
- Telefon: +49 800 33 44 5 33
- Sprechzeiten: Mo, Di, Do: 13.00 bis 17.00 Uhr; Mi und Fr: 08.30 bis 12.30 Uhr
- Webseite: www.deutsche-depressionshilfe.de

SeeleFon

- Kosten: 14 ct/min aus dem deutschen Festnetz
- Telefon: für Angehörige +49 228 71 00 24 24 und für Flüchtlinge (Arabisch, Englisch, Französisch) +49 228 71 00 24 25
- Sprechzeiten: Mo–Do: 10.00 bis 12.00 Uhr und 14.00 bis 20.00 Uhr; Fr: 10.00 bis 12.00 Uhr und 14.00 bis 18.00 Uhr
- Webseite: www.bapk.de/angebote/seelefon

Nummer gegen Kummer

- Kosten: kostenfrei
- Kinder- und Jugend-Telefon: +49 11 6 111
- Kinder- und Jugend-Telefon Sprechzeiten: Mo–Sa: 14.00 bis 20.00 Uhr sowie Mo/Mi/Do: auch von 10.00 bis 12.00 Uhr
- Eltern-Telefon: +49 800 111 0 550
- Eltern-Telefon Sprechzeiten: Mo–Fr: 9.00 bis 17.00 Uhr; Di und Do: 17.00 bis 19.00 Uhr
- Webseite: www.nummergegenkummer.de

Hilfe-Portal und Hilfe-Telefon Sexueller Missbrauch

- Kosten: kostenfrei
- Telefon: 0800 22 55 530 erreichbar.

Hilfetelefon Gewalt gegen Frauen

- Kosten: kostenfrei
- Telefon: 08000 116 016

Hilfetelefon Schwangere in Not

- Kosten: kostenfrei
- Telefon: 0800 40 40 020

Chat-Angebote

https://www.jugendnotmail.de
https://kummerchat.com
https://kummerkasten-chat.de
https://online.telefonseelsorge.de
https://www.nummergegenkummer.de

Mehr von Anna Eckert und Lisa Irani:

https://www.cuteaberpsycho.com
https://www.psychologischeberatung-eckert.com
Folge uns auf Instagram: @cuteaberpsycho_derpodcast
Schau dir unsere Videos auf YouTube an: Cute aber Psycho
Entdecke unsere Inhalte auf TikTok: @Cuteaberpsycho

Literatur- und Quellenverzeichnis

Ainsworth, M., Blehar, M., Waters, E. & Wall, S. (1978). Patterns of attachment. A psychological study of the Strange Situation. Hillsdale: Erlbaum.

American Psychiatric Association (2000). Diagnostic and Statistical Manual of Mental Disorders 4th edn. (DSMIV-TR) American Psychiatric Association, Washington DC.

American Psychiatric Association (2013). Diagnostic and Statistical Manual of Mental Disorders (5th ed.). Washington, DC: American Psychiatric Association.

Antonovsky, A. & Kats, R. (1970). The model dental patient: A empirical study of preventive health behavior. Social Science & Medicine, 4(4), 367–380.

Apt, C. & Hurlbert, D.F. (1994). The sexual attitudes, behavior, and relationships of women with histrionic personality disorder. Journal of Sex & Marital Therapy, 20(2), 125–133.

Bessel van der Kolk, T. K. (2015). Verkörperter Schrecken: Traumaspuren im Gehirn, Geist und Körper und wie man sie heilen kann. Lichtenau: G. P. Probst.

Bessel van der Kolk, T. K. (2023). Verkörperter Schrecken: Traumaspuren im Gehirn, Geist und Körper und wie man sie heilen kann. Originaltitel: »The body keeps the score«. 8. Auflage. Berlin: Ullstein.

Blashfield, R. K. & Davis, R. T. (1993). Dependent and histrionic personality disorders. In P. B. Sutker & H. E. Adams (Eds.), Comprehensive handbook of psychopathology, 395–409. New York: Plenum Press.

Bornstein, R. F. (1999). Histrionic personality disorder, physical attractiveness, and social adjustment. Journal of Psychopathology and Behavioral Assessment, 21(1), 79–94.

Bowlby, J. (1969). Attachment and loss: Vol. 1. Attachment. New York: Basic Books.

Bowlby, J. (1970). Disruption of affectional bonds and its effects on behavior. Journal of Contemporary Psychotherapy: On the Cutting Edge of Modern Developments in Psychotherapy, 2(2), 75–86.

Bowlby, J. (1995). Bindung: Historische Wurzeln, theoretische Konzepte und klinische Relevanz. In G. Spangler & P. Zimmermann (Hrsg.), Die Bindungstheorie. Grundlagen, Forschung und Anwendung (S. 17–26). Stuttgart: Klett-Cotta.

Dilling, H. & Freyberger, H. J. (2019). »ICD-1«. 9. aktualisierte Auflage. Bern: Hogrefe.

Enste, Dominik H., Eyerund, Theresa, Suling, Lena and Tschörner, Anna-Carina. Glück durch soziale Beziehungen. In: Glück für Alle? Eine interdisziplinäre Bilanz zur Lebenszufriedenheit. De Gruyter Oldenbourg, Berlin, Boston, 2019, 92–115.

Festinger, L. (1957). A theory of cognitive dissonance. Stanford University Press.

Freud, S. (1914). On Narcissism. The Standard Edition of the Complete Psychological Works of Sigmund Freud, Volume XIV (1914–1916): On the History of the Psycho-Analytic Movement, Papers on Metapsychology and Other Works, 67–102.

Fröhlich-Gildhoff, K. & Rönnau-Böse, M. (2022). Resilienz. 6. Auflage. Stuttgart: UTB.

Hazan, C. & Shaver, P. R. (1987). Romantic love conceptualized as an attachment process. Journal of personality and attachment styles. European Journal of Personality, 18, 103–113.

Johnson, J. G., Bornstein, R. F., Sherman, M. F. (1996). A modified scoring algorithm for the PDQ-R: Psychiatric symptomatology and substance use in adolescents with personality disorders. Educational and Psychological Measurement, 56, 76–89.

Karpman, S. (1968). Fairy tales and script drama analysis. Transactional Analysis Bulletin, 7(26), 39–43.

Kirkpatrick, L. A. & David, K. E. (1994) Attachment style, gender and relationship stability: A longitudinal analysis. Journal of Personality and Social Psychology, 66(3), 502–512.

Krisch, Renate/Rass-Hubinek, Gabriele (Hg.): Paardynamik. Methodenspezifische und methodenübergreifende Beiträge zur Psychotherapie im Paar- und Einzelsetting. Wien: Facultas, S. 255–257.

Main, M., Kaplan, N. & Cassidy, J. (1985). Security in inface, childhood and adulthood: A move of the level of representation. Growing points of attachment theory and research, 59, 66–104.

Morf, C. C. & Rhodewalt, F. (2001). Unraveling the paradoxes of narcissism: A dynamic selfregulatory processing model. Psychological Inquiry, 12, 177–196.

Nestadt, G., Romanowski, A.J., Chalel, R. & Merchant, A. (1990). An epidemiological study of histrionic personality disorder. Psychological Medicine, 20, 413–422.

Cohen, P. & Cohen, J. (1996). Life values and adolescent mental health. Mahaw, NJ: Erlbaum.

Neumann, E. (2002). Von der Eltern-Kind-Bindung zur Paarbindung Erwachsener. Bochum: Ruhr-Universität.

Röhr, Heinz-Peter (2010). Die Angst vor Zurückweisung. Was Hysterie wirklich ist und wie man mit ihr umgeht. München: Deutscher Taschenbuch Verlag.

Sachse, R. (2002). Histrionische und narzisstische Persönlichkeitsstörung. Göttingen: Hogrefe.

Schmoll, J. M. (2021). Die Maschen der Narzissten. Erkennen, verstehen, selbstbewusst Grenzen setzen. München: Gräfe und Unzer.

Schnarch, David (2018): Die Psychologie sexueller Leidenschaft. 3. Auflage. Stuttgart: Klett-Cotta.

Stern, J., Murphy, M. & Bass, C. (1993). Personality disorders in patients with somatization disorder. British Journal of Psychiatry, 163, 785–789.

Teml, S. & Wall, M. (2023). Ent-Eltert euch! Wie wir die emotionale Abhängigkeit von unseren Eltern überwinden und endlich uns selbst leben. München: Gräfe und Unzer.

Süllwold, F. (1990). Zur Struktur der hypochondrischen und der hysteroiden Persönlichkeit. Zeitschrift für experimentelle und angewandte Psychologie, 37(4), 642–659.

Wardetzki, B. (2018). Und das soll Liebe sein? Wie es gelingt, sich aus einer narzisstischen Beziehung zu befreien. München: Deutscher Taschenbuch Verlag.

Wardetzki, Bärbel (2018): Narzissmus und Paardynamik – Wo die Liebe fehlt. In: Hutterer-Krisch, R., /Rass-Hubinek, G. (Hg.): Paardynamik. Methodenspezifische und methodenübergreifende Beiträge zur Psychotherapie im Paar- und Einzelsetting. Wien: Facultas, 255–257.

Werner, E. (1982). Vulnerable, but Invincible. New York: Adams, Bannister and Cox.

Willi, Jürg (2019): Die Zweierbeziehung. 4. Auflage. Reinbek: Rowohlt, 80.

Wink, P. (1991). Two faces of narcissism. Journal of Personality and Social Psychology, 61, 590–597.

Zimmermann, M. & Coryell, W. (1989). DSM-III personality disorder diagnoses in a nonpatient sample. Archives of general Psychiatry, 46, 682–689.

Register

MEHR ENERGIE, MEHR WOHLBEFINDEN!

ISBN 978-3-8338-8153-4

ISBN 978-3-8338-8233-3

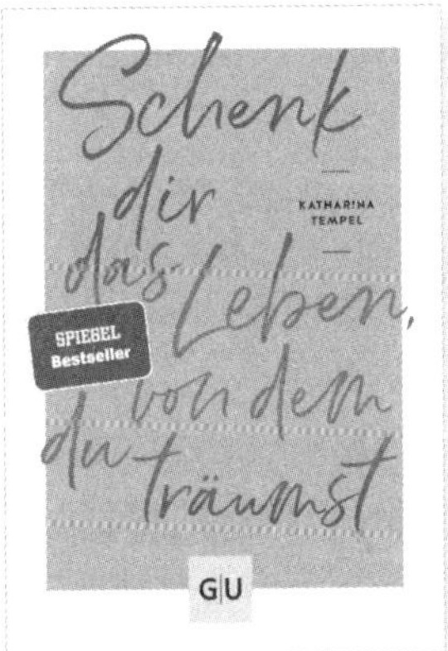

ISBN 978-3-8338-8020-9

ISBN 978-3-8338-8606-5

e Alle hier vorgestellten Bücher sind auch als eBook erhältlich.

G|U

Mehr von GU auf **gu.de** | **gu.verlag** | **gu.verlag**

Impressum

Postfach 860366,
81630 München

GU ist eine eingetragene Marke der GRÄFE UND UNZER VERLAG GmbH, www.gu.de

ISBN 978-3-8338-9266-0
5. Auflage 2025

Projektleitung: Nikola Teusianu
Lektorat: Ulrike Schöber, Dortmund
Umschlaggestaltung und Layout: ki 36 Editorial Design, Petra Schmidt, München
Herstellung: Markus Plötz
Satz: Uhl + Massopust, Aalen
Reproduktion: Ludwig Media, Zell am See
Druck und Bindung: Livonia, Riga

Umwelthinweis

Nachhaltigkeit ist uns sehr wichtig. Der Rohstoff Papier ist in der Buchproduktion hierfür von entscheidender Bedeutung. Daher ist dieses Buch auf PEFC-zertifiziertem Papier gedruckt. PEFC garantiert, dass ökologische, soziale und ökonomische Aspekte in der Verarbeitungskette unabhängig überwacht werden und lückenlos nachvollziehbar sind.

Bildnachweis

Wassertropfen (Cover, Innenteil und Klappen): Shutterstock
Autorinnenfoto (hintere Klappe): Nail Djelosević
Syndication: www. imageprofessionals.com

Wichtiger Hinweis

Die Gedanken, Methoden und Anregungen in diesem Buch stellen die Meinung bzw. Erfahrung der Verfasserin dar. Sie wurden von der Autorin nach bestem Wissen erstellt und mit größtmöglicher Sorgfalt geprüft. Sie bieten jedoch keinen Ersatz für persönlichen kompetenten medizinischen Rat. Jede Leserin, jeder Leser ist für das eigene Tun und Lassen auch weiterhin selbst verantwortlich. Weder Autorin noch Verlag können für eventuelle Nachteile oder Schäden, die aus den im Buch gegebenen praktischen Hinweisen resultieren, eine Haftung übernehmen.